aruco

ホーチミン

ダナン　ホイアン

Ho Chi Minh　Da Nang, Hoi An

ベトナム行き、ついに実現！
なのにみんなと同じ、お決まりコース？

ずっと行ってみたかったベトナム。
どんな出会いが待ってるのか、
想像しただけでワクワクしちゃう！

名物料理も食べたいし、テッパン観光名所もおさえなきゃ……。

でも、待ちに待ったベトナム旅行だもん。
せっかく行くのに、みんなと同じ定番コースだけじゃ、
もったいなくない？？

『aruco』は、そんなあなたの
「プチぼうけん」ごころを応援します！

★ 女子スタッフ内でヒミツにしておきたかったマル秘スポットや穴場のお店を、
　 思いきって、もりもり紹介しちゃいます！

★ 見ておかなきゃやっぱり後悔するテッパン観光名所 etc. は、
　 みんなより一枚ウワテの楽しみ方を教えちゃいます！

★「ベトナムでこんなことしてきたんだよ♪」
　 帰国後、トモダチに自慢できる体験がいっぱいです。

そう、ベトナムでは、もっともっと、新たな驚きや感動が私たちを待っている！

さあ、"私だけのホーチミン、ダナン、ホイアン"
を見つけにプチぼうけんに出かけよう！

arucoには、
あなたのプチぼうけんをサポートする
ミニ情報をいっぱいちりばめてあります。

どの
ぼうけんに
しようかな？

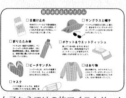

ベトナム語

これは何ですか？
Cái này là cái gì?
カイ　ナイ　ラー　カイ　ジー

（指さして）これをひとつください。
Cho tôi một cái này.
チョー　トイ　モッ　カイ　ナイ

1万ドンください。
Bán cho tôi mười nghìn đồng.
バン　チョー　トイ　ムオイ　ギン　ドン

地元の人とのちょっとしたコミュ
ニケーションや、とっさに役立つ
ひと言会話を、各シーンにおりこ
みました☆

女子ならではの旅アイテムや、ト
ラブル回避のための情報もしっか
りカバー☆

アオザイとは？
アオが上衣、ザイが長いを意
味する、長い上衣とパンツを
組み合わせたベトナムの伝
統衣装。両脇の深いスリット
が特徴。現在では、普段着と
して着ることはほとんどな
いが、学校・職場の制服で採
用されることが多い。

知っておくと理解が深まる情報、
アドバイス etc. をわかりやすく
簡単にまとめてあります☆

140　✉ 「エス・エイチ」

ランドが大幅値下げ！ 📞 141

左ページのはみだしには旅好き女
子のみなさんから、右ページのは
みだしには編集部からのクチコミ
ネタを掲載しています☆

物件データのマーク

🏠 … 住所		Card … クレジットカード

※2F (2nd Floor)、L2 (Level2)
はビルの階数を現地表記で表し
ています。

A：アメリカン・エキスプレス
D：ダイナース　J：JCB
M：マスターカード　V：VISA

🏨 … ホーチミンの市場歩きナビ

TOTAL
3時間

オスメ
時間　9:00〜
12:00〜

予算　30万ドン
〜

✍ 定番からマニアックまで、お好みで
市場歩きは体力を使うので、1日に
ふたつくらいの市場を巡るのがお
すすめ。12:00〜13:00頃のランチ
タイムは避けて、飲料水を忘れず
に。写真を撮る際はひと言声をか
けるのがマナー。

プチぼうけんプランには、予算や
所要時間の目安、アドバイスなど
をわかりやすくまとめています。

■発行後の情報の更新と訂正について
発行後に変更された掲載情報は、「地球
の歩き方」ホームページの本書紹介ペー
ジに「更新・訂正情報」として可能なか
ぎり案内しています（ホテル、レストラ
ン料金の変更などは除く）。ご旅行の前
にお役立てください。
URL www.arukikata.co.jp/travel-support/

📞 …… 電話番号
🕐 … 営業時間、開館時間
㊡ … 休館日、定休日
💴 … 入場料、料金、予算
　　　税・サービス料
予 …… 予約の必要性
🚇 …… 交通アクセス

🏬 …… 客室数
🍴 … 日本語メニューあり
📹 … 日本語会話 OK
👔 … ドレスコード
URL … URL
📷 … Instagram
✉ … e メールアドレス
🏠 …… その他の店舗

別冊 MAP のおもなマーク

S …… ショップ
B …… スパ、マッサージ
H …… ホテル

● …… 見どころ、観光スポット
R …… レストラン、食堂
C …… カフェ

本書は正確な情報の掲載に努めていますが、ご旅行の際は必ず現地で最新情報をご確認ください。
また、掲載情報による損失などの責任を弊社は負いかねますので予めご了承ください。

ホーチミンでプチぼうけん！
ねえねえ、どこ行く？ 何する？

雑貨買いは当然マストでしょ、それに観光と、

ベトナムご飯と、そうそうスパも！

うーん、やりたいことはキリがない！

ココ行っておけばよかった、あれ食べたかった……、

そんな後悔をしないように、

ピピッときたものにはハナマル印を付けておいて！

ホーチミンでは
ドキドキと
カワイイが
待ってるのだ☆

4

一気にベトナム Lover になっちゃう!
コレはゼッタイやらなきゃ☆

ホーチミンの市場を、せっかくなら
もっとディープに楽しみたい! P.24

ホーチミンは写真映えスポット
の宝庫!? SNSにアップしよ! P.20

ベトナムコーヒーと最新こだわ
リコーヒー、どっちがお好き? P.30

一度は着てみたい!
女性の憧れ♡アオザイ P.46

自然に囲まれてリフレッシュ!
メコンデルタの田舎へ P.54

人気急上昇のダナン&ホイアンで、More プチぼうけん!

世界遺産の町ホイアンの夜。
ランタンの明かりにほっこり P.56

今いちばん注目のリゾート、
ダナンを思いっきり満喫! P.60

最旬の
リゾートも!
世界遺産も!

食べ過ぎちゃってもNOプロブレム!? カラダよろこぶ♪ベトナムご飯

何度も通いたくなる! 厳選の
絶品ベトナム料理レストラン **P.70**

滞在中に全品制覇しちゃおう!
ベトナムのソウルフード **P.40**

トレンディなデニッシュも
素朴パンもぜ〜んぶ食べたい **P.90**

ダイエットって、
なんのこと?

地元人気 No.1のB級グルメ
バインミーにかぶりつきっ **P.36**

街歩きの休憩は、おしゃれでおいしい
カフェに決まり♡ **P.88**

気分に合わせてチョイス!
ホーチミンの夜遊びスポット **P.96**

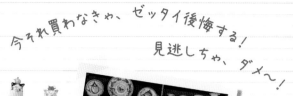
今それ買わなきゃ、ゼッタイ後悔する！
見逃しちゃ、ダメ〜！

カワイイが大渋滞！
ベトナム雑貨をハンティング♡
P.102

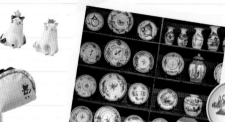

話題の南部ビンテージ＆
アンティーク陶器をチェック
P.104

ベトナム発の
デザイナーズブランドに注目！
P.110

あなたはどっちが好み？
プラカゴ vs. ナチュラルカゴ
P.114

買い過ぎ警報？
聞こえな〜い

キレイになる悦びを実感！
思いっきり自分ケア、してあげましょ

プチプラなマッサージ店は
何回行こっかな♪
P.128

贅沢スパでうっとりタイム
「ベトナムに来てよかった……」
P.124

体の内側からキレイになれちゃう！
ベトナム伝統の自然薬がスゴイ♡
P.134

女磨きは
エンドレス

aruco ホーチミン ダナン ホイアン

19 うわっ、めっちゃ楽しい！　きっとそう叫んじゃう☆　とっておきのプチぼうけん

Let's go!

69 本場のベトナムご飯を味わうシアワセ♥　おいしいベトめし案内

101 かわいい！が止まらないっ 雑貨パラダイスのホーチミンショッピング

巻末 "取りはずせる" 別冊MAP 便利だね！

ざっくり知りたい！ ベトナム基本情報

これだけ知っておけば安心だね

お金のコト

通貨・レート　VND**1000**（ベトナムドン）＝ 約**6円**（2023年10月27日現在）

ベトナムの通貨単位はVND（ベトナムドン）。0（ゼロ）の数が多いので要注意。
ベトナムドン表示価格の0をふたつ取って、×0.6が日本円換算時のおおよその価格。

両替　円→ドンは現地の空港や銀行で

日本の一部の空港では日本円からベトナムドンへの両替が可能
だが、両替は現地のほうがお得。空港や市内の銀行で両替でき
る。市内には銀行よりレートのよい両替商もあるが、銀行代理
の両替認可証をもたない両替商での両替は違法。両替商を利用
する場合は代理銀行のレートを表示している所で。また、ベトナ
ムの法律では、決められた場所以外での外貨での料金表示と支
払いは禁止されている。以前はUSドル表示・支払いの店が多
かったが、近年政府がドン表示の徹底を強化し、今ではほとん
どがドン表示に。現金はドンで持つようにしよう。クレジット
カードでATMからドンをキャッシングするのも便利だが、金利
には留意を。※本書では、一部わかりやすくUSドル表示にして
いる所がありますが、あくまでも目安とお考えください。

チップ　基本的に不要

高級レストランやホテルの料金にはサービス料が含まれて
いるので、その場合はチップ不要。領収書で明細を確認しよ
う。ホテルのポーターやルームサービスに対しては、2〜5
万ドン程度。スパでは別途サービス料を設けていたりするの
で基本的に不要だけれど、サービスがよければセラピストに
直接渡すことも（5万ドン程度）。タクシーでは不要。

物価　日本の3分の1くらい

（例：🍺(500mL)=4000〜6000ドン）

お金について詳細はP.184をチェック！

ベストシーズン
ホーチミン：12〜3月
ダナン＆ホイアン：3〜8月

ベトナムは全体として高温多雨、熱帯モンスーン気候に属するが、地域によって気候はかなり異な
る。ホーチミンなどの南部は比較的涼しく雨が少ない12〜3月がベストシーズン。ダナン＆ホイア
ンなど中部は晴天が多い4〜8月と比較的涼しい3月中旬、北部は10〜11月がベストシーズン。

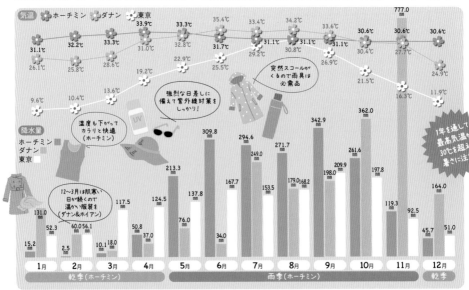

データ：気温は最高気温の月平年値　ホーチミン：weather.com　東京、ダナン：気象庁

日本からの飛行時間

直行便で約5時間20分〜6時間30分

成田国際空港・羽田空港→ホーチミン＝約5時間50分
関西国際空港→ホーチミン＝約5時間30分
福岡国際空港→ホーチミン＝約5時間20分
中部国際空港→ホーチミン＝約5時間45分
成田国際空港→ダナン＝約6時間30分

ビザ

45日間以内の滞在にかぎりビザは不要

パスポートの残存有効期間は入国時点で
6ヵ月以上必要。

詳細はP.176

時差

−2時間（日本の正午はベトナムの午前10:00）

日本	8	9	10	11	12	13	14	15	16	17	18	19	20	21	22	23	0	1	2	3	4	5	6	7
ベトナム	6	7	8	9	10	11	12	13	14	15	16	17	18	19	20	21	22	23	0	1	2	3	4	5

言語

ベトナム語

都市部では英語が通じる所も多く、年配者にはフランス語やロシア語が通じることもある。
ベンタン市場などでは日本語で話しかけられることも。

交通手段

タクシーが便利

長距離は飛行機、中距離はバス、ホーチミンやダナン市内ならばタクシーでの移動がおすすめ。

詳細はP.178〜182

旅行期間

ホーチミンだけなら3泊5日くらい
ダナン＆ホイアンも行くなら
5泊7日くらい

テト(旧正月)
数週間前
から街中が
飾りつけられ
お祭りモードに!

祝祭日＆イベント

1月1日	元日	
2月10日 (2024年)	テト（旧正月、2025年の旧暦元日は1月29日、 2026年は2月17日）	
4月18日 (2024年)	フンヴオンの命日（旧暦3月10日）	
4月30日	南部解放記念日	
5月1日	メーデー	
9月2日	国慶節（独立記念日）	

テトと
フンヴオンの
命日は毎年
日付が変わるよ!

旅の情報収集

旅行前にarucoはもちろん、いろいろなウェブサイトからベトナムの情報や口コミを集めて、楽しい旅を計画しよう。

● 地球の歩き方ホームページ URL www.arukikata.co.jp
● ベトナム観光総局 URL vietnam.travel/jp
● ベトナムナビ URL www.vietnamnavi.com

テト(旧正月)の旅行は注意

テトとは1月下旬から2月中旬の旧正月に、国を挙げて祝う伝統的な農民の春祭り。日本でいう正月で、ベトナム最大の年間行事。ベトナム人はみな故郷に戻って先祖を祀るため、交通機関が大混雑し、多くの店が休みになるので、この時期の旅行は避けたほうがよい。2024年のテト元日は2月10日、2025年は1月29日。

ホーチミンのセール情報

クリスマスからテト（旧正月）あたりがセールの時期。ドンコイ通り周辺では、通常セールが行われないグッチなどの高級ブランドも大幅値下げを行うので、この時期に旅行するなら要チェック。

ベトナムの詳しいトラベルインフォメーションは、P.174〜をチェック!

ホーチミン中心部エリア＆
ベトナムぼうけん都市案内！

ベトナムの面積は日本の約90％。南北に細長いベトナムは、
地域によって気候も文化も楽しみ方もまったく違う。
ベトナムビギナーもリピーターも、まずはこの地図を見て、
自分だけの楽しみ方を見つけて！

ホーチミン
楽しいよ！

ホーチミン
主要エリア

ベトナム最大の商業都市ホーチミン
には計22の行政区画があり、かな
り広いけれど、旅行者が訪れるエリ
アはホーチミン1区と3区が中心。ま
ずは中心エリアを把握しておこう。

ホーチミン Hồ Chí Minh

A ホーチミン最大の市場
ベンタン市場周辺　→ P.25
Chợ Bến Thành

ベンタン市場は旅行者
が必ず一度は訪れる観
光スポット。市場
を中心にホテルや
レストランが並び、
旅行者や市場の商
人たちで1日中にぎ
わっている。

B ホーチミンの目抜き通り
ドンコイ通り周辺　→ P.140
Đồng Khởi Street

高級ホテルやカフェ、
レストラン、ショップ
が集まる通り。周辺
には市民劇場やホー
チミン市人民委員会
庁舎などフランス統
治時代のコロニアル
建築が残り、"プチパ
リ"の街並みが楽し
める。

C 観光スポットが集まる
統一会堂周辺　→ P.142
Hội Trường Tổng Nhất

統一会堂をはじめと
するホーチミンの主
要な観光名所が集
まっている。緑豊か
なエリアでもあり、
ローカ
ルな雰囲気
を楽しみな
がら散策し
たい。

D バーやナイトクラブが密集　→ P.144
ブイビエン通り周辺
Bùi Viện Street

バーやクラブが集まるホーチミン
随一の夜遊びスポット。1泊20US
＄以下のホステルや旅行会社、バ
ス会社なども多く旅人街でもある。

E ホーチミン最大のチャイナタウン　→ P.146
チョロン周辺
Chợ Lớn

あちこちで広東語が飛び交い、ベ
トナムとは思えないほどの濃密な
中国色を感じる。ビンタイ市場
（→P.28）は、キッチュな生活雑
貨が多く
おみやげ
探しに◎。

F 最旬ショップが集まる　→ P.148
タオディエン Thảo Điền

緑が多くゆったりとした時間が流れる
高級住宅街。近年はおしゃれなショッ
プ、カフェ、レストランが続々オープン
し、今最も注目を集めるエリア。

ココナッツ
ジュース
あるよ

ムニャ
ムニャ…

サイゴン駅

3区

戦争証跡
博物館

統一会堂

サイゴン大教会

タオダン公園

1区

ドンコイ通り

10区

4区

サイゴン川

タオディエンへ

5区

ハノイ Hà Nội

ホーチミンから
←約2時間
ダナンから
約1時間

人口約843万5700人を抱えるベトナムの首都。11世紀に首都タンロン（昇龍）がおかれ、以来1000年の歴史をもつ古都の風情漂う町。フランス統治時代に建てられた建築や旧市街の散策を楽しめる。

ベトナムへようこそ☆

ホーチミンから
←約1.5時間
→ P.60、166

リゾートで注目の港湾都市
ダナン Đà Nẵng

『arucoダナン ホイアン フエ』も要チェック！

中部最大の商業都市で、ベトナムを代表するリゾート地。成田空港から直行便も就航。周辺には大理石からなる神秘的な五行山がある。ホイアンへも車で40分～1時間でアクセスできるので、ダナンリゾートを拠点とする旅もおすすめ。

見どころ

●サパ

Viet Nam

ハノイ◎

●ハノイ

『arucoハノイ』を要チェック

ニンビン●

ハロン湾 世界遺産

世界遺産

フエ Huế

世界遺産

1993年にベトナム初の世界遺産に登録された阮（グエン）朝（1802～1945年）時代の王宮群をはじめ、歴代皇帝の廟や寺など、歴史ロマンを感じる建物が点在する。

→ P.183

『aruco アンコール・ワット』を要チェック

ホーチミンから
←約1時間

◎フエ

ダナン

☆ダナン

ミーソン遺跡 世界遺産

☆

ホイアン

世界遺産 → P.56、158

古のたたずまいを残す旧市街
ホイアン Hội An

→ P.50

ジャングルクルーズが楽しい！
ミトー Mỹ Tho

→ P.183

シェムリアップ Siem Reap

カンボジアのシェムリアップは、世界遺産アンコール・ワット観光の起点となる町。リゾートホテルが点在し、町はのんびりとした雰囲気。

→ P.183

マングローブやニッパヤシが繁るメコンデルタの細い水路を、手こぎのボートでスイスイ進むジャングルクルーズが人気。ホーチミンからは毎日観光ツアーが出ている。ミトーの名物料理、象耳魚やフー・ティウをぜひ食べてみて。

見どころ

象耳魚

フー・ティウ

Cambodia

シェムリアップ◎

ホーチミン

ニャチャン●

ミトー☆

海のシルクロードの中継地として古くから栄えた町。木造の伝統家屋が並ぶオリエンタルな町並みは、1999年に文化遺産として世界遺産に登録された。ランタンの明かりがともる、郷愁漂う旧市街を思いのままに歩いてみたい。周辺には世界遺産のミーソン遺跡もある。

見どころ

N

13

おしゃれでおいしい！
スタイリッシュな
精進料理店が人気

仏教徒の多いベトナムでは、毎月旧暦の1・15日に精進料理を食べる習慣があり、専門店も多い。ここ最近、急増中なのがおしゃれな進化系の精進料理店。植物性食材を用いたベトナム料理メニューが豊富な店や高級感あふれる創作料理などさまざま。人気の2店をご紹介。

飲食店が集まるサイゴン・ガーデン内にある

抜群の立地！
カフェ利用もOK

キノコと豆腐のケーキChả Nấm Mối（12万ドン）

彩り美しいイチジクのサラダSalad Sunny（13万5000ドン）

アーティチョークとブルーチーズのタルトBánh Tart Atiso（10万5000ドン）は必食

ベーアン・ベジタリアン・カフェ
Be An Vegetarian Cafe

フォーやコム・タム（→P.74）といった定番ベトナム料理の精進バージョンが美味。キノコや豆腐、腐乳を使った鍋料理（下写真中央、Lẩu Chao Ngũ Sắc、31万ドン）などもある。卵、牛乳を使用。

Map 別冊P.13-C1 ドンコイ通り周辺

🏠GF, Saigon Garden, 99 Nguyễn Huệ ☎3915-0098 ⏰10:00〜22:00（L.O.21:00）テト無休 Card M.V. 予不要 市民劇場から徒歩約6分 URL www.facebook.com/beanvegetarian 🏠11B Trần Cao Vân, Q.3
Map 別冊P.8-A3

奥の精進カニ汁麺（Bún Riêu Be An、9万9000ドン）も人気

クリスピーなキノコのせおこげご飯（9万4000ドン）は前菜の人気メニュー

ジャズが流れるおしゃれな店内

キノコやタロイモ入り揚げ春巻Chả Giò（9万5000ドン）

ドゥドゥ・サン
Du Du Xanh

仏領時代のヴィラを改装した創作精進料理店。ベトナムとヨーロッパのフュージョン料理で、繊細な味つけや食感、美しい盛り付けなど精進料理とは思えないクオリティの高さ。卵、チーズを使用。

Map 別冊P.7-C1 市北部

🏠178A Hai Bà Trưng ☎3824-3877、093-302 2626（携帯）テト無休 Card A.D.J.M.V. 予不要 ⏰11:00〜14:30、17:00〜22:00 サイゴン大教会からタクシーで約9分 URL www.facebook.com/duduxanhvegetarian

現地で話題のホットなニュースから新しい観光スポットまで、
ホーチミンとダナンの最新情報をお届け！

眺めのいい屋上ガーデン席だよ

Drink

ホーチミン

塩コーヒーが大流行中！

中部フエ発祥とされ、ダナンでも大人気の塩コーヒーがホーチミンに上陸。ほんのり塩味が効いたホイップ＆ミルクコーヒーのドリンクで、流行の火付け役となったのは「カフェ・ムォイ・チューロン」。

市内に13店舗あるよ！

カフェ・ムォイ・チューロン
Ca Phe Muoi Chu Long

Map 別冊P.13-C1 ドンコイ通り周辺

🏠66A&68 Nguyễn Huệ　☎033-8529425（携帯）　⏰24時間　休テト
Card不可　予不要　市民劇場から徒歩約5分　URLcaphemuoichulong.com

ホーチミン

塩コーヒー=Cà Phê Muối（2万ドン）。ボトル入り（6万ドン）もある

タピオカドリンクならここ！

ベトナムでもすっかり定番ドリンクの仲間入りをしたタピオカミルクティー。専門店も多数あるけれど、今話題のタピオカドリンクなら高原の町、ダラット発のカフェチェーン「フェーラー」へ。ダラット産ウーロン茶葉を練り込んだモチモチの自家製タピオカが大人気。

フェーラー
Phe-La

Map 別冊P.13-C1 ドンコイ通り周辺

🏠125 Hồ Tùng Mậu　☎1900-3013（ホットライン）　⏰7:00~23:00　休無休　CardM.V.　市民劇場から徒歩約6分　URLphela.vn　ホーチミン、ホイアン

Information

ホーチミン
ダナン

EVタクシー＆シェアサイクルが登場！

VinFast社の電気自動車を使ったタクシー「サンSM」が営業を開始。アプリで使えるシェアサイクル「TNGO」も登場し、市内観光や移動の幅が広がった。

青緑色の車体が目印。ガソリン車より静かで乗り心地もいい

詳しくは→P.179,181

30分5000ドンから利用可能

詳しくは→P.179,181

夕涼みに訪れるのもおすすめ！

ホーチミン

ホーチミンメトロ1号線
2024年開通予定

ベンタン市場～スイティエン間を結ぶメトロ1号線が2024年に開通予定。

市内に地下鉄出入口がお目見え

写真はフェンコン洞窟のもの

ダナン

五行山の碑文がユネスコ世界記憶遺産に

五行山にある17～20世紀に彫られたマーニャイ（漢字とベトナムの古い文字、チューノムの混じり書き）碑文が世界記憶遺産に登録された。

碑文はフェンコン洞窟とタンチョン洞窟にある

五行山→P.172

五行山→P.172

拡大！

ホーチミン

サイゴン川沿いが遊歩道に

水上バス（→P.179）や高速フェリー乗り場があるサイゴン川沿いがきれいに整備され、バクダン埠頭公園として生まれ変わった。南側の国旗掲揚塔周辺は、ハスの花デザインの芝生になっており、ハスの花モチーフの照明が設置されている。

バクダン埠頭公園
Công Viên Bến Bạch Đằng

Map 別冊P.13-D1~D2
ドンコイ通り周辺
北側からは大きなつり橋のトゥーティエム橋が見える

15

ホーチミン3泊5日 aruco的 究極プラン

ダナン&
ホイアンは
P.18

定番スポットはおさえつつ、観光にショッピングにスパ、ちょっと遠出してメコンデルタも！
ホーチミンでやりたいことをぜーんぶ詰め込んで思いっきり楽しんじゃおう☆
アレンジプランも参考にしてね。

Day 1 直行便でホーチミンに到着！さっそくショッピングへGO！

成田発のベトナム航空ならホテル着は15:30頃。
ホテルにチェックインしたらショッピングへ！

16:00 キトで
いきなり買い物モード
全開！ P.102

刺繍小物
かわいい〜

徒歩
約6分

16:45 ゴック・フェンで
バッグ探し
P.114

バッグの種類が
豊富♪

タクシー
8分

17:30 ナン・セラミックスで
陶器をゲット！ P.106

趣ある
素朴な陶器
がいっぱい！

徒歩
約6分

18:30 水上人形劇でベトナムの伝統芸能に触れる
P.49、143

一見の
価値アリ
だよ！

アレンジプラン 1 ベトナム旅行リピーターにおすすめのエンタメ

水上人形劇の代わりに、新しいエンターテインメントと
して注目を浴びているアー・オー・ショーへ。
まずは上演スケジュールをチェック。

アクロバットが
すごい！

☑ アー・オー・ショー P.48

Day 2 定番観光スポット巡り＆ベトめしを堪能の1日

ホーチミンに慣れるためにはやっぱり街歩き＆グルメ！
観光地を回りながらおいしいベトナム料理に舌鼓。

南部グ
の定番
コム・

9:30 ティエム・コム67
タムでがっつり
朝ご飯
P.143

肉は炭火焼だよ！

タクシー
5分

10:00 SNS映えスポットを
巡りながら市内観光 P.20

アオザイを
レンタルして
散策

ラブリーな
マジョリカ
タイル

タクシー
10分

13:00 タルティーヌ・サイゴンの
オープンサンドイッチで
ランチ P.88

自家製の
ジンジャーエール
もおすすめ

徒歩
約5分

14:30 ベンタン市場でショッピング＆
チェーでひと休み
P.25

ひんやり
冷たくて
甘い♡

タクシー
7分

17:00 ベップ・ニャー・スークアンで
中部ベトナム料理のディナー
P.71

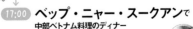

古民家風
の店

Day3 タオディエン・エリアで
のんびりショッピング

中心部から車で約20分のタオディエンは旬の店
が集まる今いちばんホットなエリア。

9:30 カシュー・チーズ・
デリで朝ご飯
P.148

徒歩
約9分

チーズが
おいし～

11:00 トゥーフー・セラミックスで
陶器を大人買い
P.106

タクシー
6分

ニュー・
ソンベー焼

12:30 ヴェスタ・ライフスタイル＆
ギフトでベトナム雑貨を買う P.149

タクシー
4分

じっくり見て
回りたい

14:00 ソンで軽めのランチ
P.74

タクシー
8分

家庭料理が
味わえるよ

15:30 ハナでカゴバッグを買う P.115

プラカゴも
ナチュラルカゴ
もかわいい

タクシー
5分

17:00

マダム・ラムで
早めのディナー
P.71

モダンベトナム
料理を楽しんでね！

Day4 メコンに日帰りトリップ。
最後の夜は優雅にディナー＆バー

旅のフィナーレはメコンデルタで決まり。空港へ向かう
ギリギリまでラストホーチミンナイトを楽しもう。

8:00 メコンデルタで
ジャングルクルーズ体験
P.50

フルーツ
おいしいよ

**アレンジ
プラン
2**

メコンツアーはアレンジいろいろ

日帰りから宿泊、ホタルを観に行く夜ツアーなど
メコンツアーは多彩なアレンジプランが
あるのでじっくり選んで。

☑ メコンデルタのホタルツアー P.52

17:30 ホーチミンに帰着したら
ノワール・スパへ直行！
P.125

マッサージで疲れ
を取ろう

薬草風呂も
あるよ

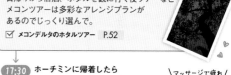

タクシー
10分

19:30 ラストディナーは
アンアン・
サイゴンへ
P.70

バーも併設

タクシー
20分

深夜 タンソンニャット
国際空港発

Day5 早朝 日本着

ただいま～

こんなおみやげ
買っちゃいました

サイゴン・エコ・クラ
フトの陶器コースター
8万5000ドン
P.103

サイゴン・エ
コ・クラフト
のバッグ
99万ドン
P.103

キトの
ポーチ
45万ドン
P.102

リベの
ワンピース
49万ドン P.111

ダナン＆ホイアン3泊5日 <small>aruco的</small> 究極プラン

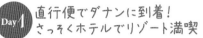

ホーチミン→ダナンは飛行機で1.5時間！

一緒に周遊するのもいいね！

成田からの直行便なら約6時間30分。実質3.5日間、3泊5日でダナン＆ホイアンを満喫できる。
憧れのリゾート滞在もノスタルジックなホイアン旧市街もダナンの町もあれこれ楽しむ充実プラン。

Day1 直行便でダナンに到着！さっそくホテルでリゾート満喫

成田発のベトナム航空ならホテル着は15:30頃。
ホテルにチェックインしたらプールやビーチでのんびり。

Day2 終日おこもり。ホテルのアクティビティをフル活用！

せっかくリゾートに滞在するなら、早起きして朝ヨガで気持ちよく目覚めたい。リゾート主催のアクティビティを上手に活用しよう。P.64

スパの予約は早めに☆

Day3 ダナンの町へ繰り出そう！市内観光＆SUP体験

のどかな港町の風情がダナンの魅力。市内観光をしてローカルに触れながら海遊びもエンジョイ。

5:30 ダナンのビーチで朝のおさんぽ P.61

一度ホテルへ戻ったあと

ローカル朝ご飯！

9:00 ミーケー・ビーチでSUPに挑戦 P.62

タクシー15分

ダナンなら気軽にSUP体験できるよ

午後 ミー・クアン1Aでランチ後、市内観光 P.166, 169

ダナンの名物麺

アレンジプラン 足を延ばして世界遺産＆パワスポへ

ダナンから車で約1時間30分の所にあるミーソン遺跡や、中心部から約20分のパワースポット、五行山へ。

☑ 世界遺産、ミーソン遺跡 P.183
☑ パワースポット、五行山 P.172

Day4 世界遺産のホイアン旧市街でノスタルジックさんぽ

ホイアン旧市街へはダナンから車で40分〜1時間。
ホテルでタクシーを手配してもらって、いざ出発！

11:00 旧市街さんぽ＆ホイアン名物料理のランチ P.158

古い町並みがすてき〜♥

4大名物は外せない！

徒歩約1分

朝の光が気持ちいい

名物盛り合わせ

18:00 ホア・アン・ダオ（サクラ）サンセット・ディナー P.57

夕日観賞のベストスポット

徒歩約1分

19:00 ランタンの明かりのなかのんびり夜さんぽ P.56

Day5 0:20頃ダナン国際空港発 7:30頃成田空港着

こんなおみやげ買っちゃいました

ホアリーのダナンスノードーム16万ドン P.171

ジーハイユンのポーチ8万ドン P.167

フーララのバッグ45万ドン P.165

フーララの民族布ポーチ35万ドン P.165

ホアリーのダナンTシャツ40万ドン P.171

+1〜2泊で大満喫☆ 周辺都市も一緒に楽しもう！

ホーチミンやダナンから飛行機で1〜2時間の下記2都市を組み合わせるのもOK。プランは各都市のaruco（→P.13）を参考に。

かつての面影を残す旧市街散策
ハノイへ

1000年以上の歴史をもつ首都ハノイ。同業者組合が軒を連ねていた旧市街散策がハノイ観光の醍醐味。

神秘的なたたずまいに感激！
アンコール・ワットへ

クメール建築の最高峰といわれるアンコール・ワットをはじめとする遺跡群は世界遺産に登録されている。

街歩き、世界遺産に、最旬リゾートも♪

うゎっ、めっちゃ楽しい！
きっとそう叫んじゃう☆
とっておきのプチぼうけん

雑貨買って、フォー食べて、スパ三昧は当たり前。
旅好き女子なら、もっと、も〜っと
深いところでベトナムを楽しまなきゃ。
テンション上がりまくり☆の12のプチぼうけん！

LET'S GO!

プチ
ぼうけん
1

撮ったらシェアしたくなる
ホーチミン市のフォトスポット巡り

内部の装飾やステンドグラスもとてもきれい！

イエスです！

仏領時代のコロニアルな建物から、思わず写真に収めたくなるスイーツやドリンクまでarucoイチオシのフォトスポットを巡ろう！

美建築と街並みを撮る
昼&夜おすすめスポット6

昼も夜もフォトジェニックなスポットがいっぱいのホーチミン市。昼は観光も楽しみつつ夜は夜景スポットにも行ってみよう！

Day 1

ラブリーな
ピンクの教会
タンディン教会
Nhà Thờ Tân Định

1876年建立の教会。建築自体はゴシック様式だが、装飾などにバロック様式も用いられている。ミサの時間帯は見学不可のため注意。

Map 別冊 P.7-C1　市北部

🏠289 Hai Bà Trưng　📞なし
🕐7:00〜12:00、14:00〜16:00（ミサは5:00、6:15、17:30、19:00、日曜は前記に加えて7:30、9:00、16:00もあり）
🚫ミサ・土・日曜は見学不可
💴無料　🚕中心部から徒歩15分

point 📷
ピンクの壁はどこで撮っても絵になる。昼間は観光客で混雑するので朝がおすすめ。

Day 2

旅の記念に
エアメールを出そう
中央郵便局
Bưu Điện Thành Phố

1886〜1891年のフランス統治時代に建てられた駅舎のような建物で、現在も中央郵便局として立派に機能している。

Map 別冊 P.10-B2
サイゴン大教会周辺

🏠2 Công Xã Paris　📞3822-1677　🕐7:30〜18:00（日曜8:00〜17:00）　🚫無休
🚕市民劇場から徒歩約8分

point 📷
郵便局内のレトロな電話ボックスの前やアーチ形の天井を入れて撮影すると◎。

point 📷
ヒンドゥーの神様の絵はタイルの床とミントグリーンの天井を入れて撮影。

Day 3

美しいタイル
装飾のヒンドゥー寺院
スリ・タンディ・ユッタ・パニ寺院
Sri Thenday Yuttha Pani

南インドに多いドラヴィダ建築のヒンドゥー教寺院で建立100年以上と歴史は古い。寺院内の壁一面に張り巡らされたマジョリカタイルや極彩色のゴープラム（塔門）に注目。

Map 別冊 P.13-C1　ドンコイ通り周辺

🏠66 Tôn Thất Thiệp　📞なし　🕐6:00〜19:00（毎月旧暦1・15日〜20:00）　🚫無休　💴無料
🚕市民劇場から徒歩約6分

壁面を彩るさまざまな柄のタイル

美建築&夜景を楽しむ

TOTAL 3時間

オススメ時間：午前中または夕方
予算：昼0ドン～ 夜80万ドン～

昼の写真なら午前中に
昼に撮影する場合は、まだ比較的涼しい午前中に回るのがおすすめ。タンディン教会はミサの時間は入れないので注意。

+α レンタルアオザイで撮影会

アオザイを着て街を歩けば、心なしかみんなフレンドリー♪ 日本語スタッフが常駐する日系の旅行会社、HISホーチミン支店では、アオザイを着て記念撮影が可能。レンタルは1日15US$。

→P.183

HISホーチミン支店
HIS Ho Chi Minh

Night 4

プチぼうけん 1

夜のライトアップは見逃せない

ホーチミン市人民委員会庁舎
Ủy Ban Nhân Dân Thành Phố Hồ Chí Minh

1908年建造のフランス風建築。現在はホーチミン市人民委員会の本部として使用されており、内部の見学はできない。夜はライトアップされ美しい。

Map 別冊P.10-B3
ドンコイ通り周辺

⌂86 Lê Thánh Tôn 市民劇場から徒歩約1分

point 📷
グエンフエ&レロイ通り交差点にあるハスの花の噴水を入れると幻想的な写真に。

夜景のハイライトはドンコイ通り付近

Night 5

クルーズ船から街を眺める

サイゴン川からの夜景
Night View from Saigon River

ホーチミンの夜景を見るなら、ディナー付きのクルーズ船がいちばん。ビテクスコ・フィナンシャルタワー（→P.68）やライトアップしたグエンフエ通りのビル群など、きらめく夜景を夜風に吹かれながら楽しめる。

インドシナ・クイーン号→P.48

point 📷
インドシナ・クイーン号ならデッキに出て夜景をバックに船の帆を撮影してみよう。

Night 6

「ホテル・マジェスティック・サイゴン」（→P.150）屋上の由緒あるバー。夕暮れのトワイライトタイムの利用がおすすめ。

Map 別冊P.15-D1
ドンコイ通り周辺

⌂8F, Hotel Majestic Saigon, 1Đồng Khởi ☎3829-5517
🕐15:00～24:00 無休
Card A.D.J.M.V. 不要
市民劇場から徒歩約10分

しっとり飲めるバー

エム・バー
M Bar

毎日20:30からライブ演奏あり

オリジナルカクテルは各25万ドン

point 📷
川沿い席から撮影。バイクや車が行き交う通りや川を一緒に写して躍動感ある写真に。

2色の
クリームだよ

ビジュアル最強の
カフェ＆レストラン5選！

プレゼンテーションも美しい絶品スイーツやとっておきドリンク、フォトジェニックな内装など、最旬のカフェ＆レストランを巡ろう。

フォトジェニックなカフェ＆レストラン巡り

TOTAL 3時間

オススメ時間 午後　　予算 70万ドン〜

混み合う時間ははずそう
②と⑤は混み合う食事どきは外すのがベター。④以外は中心部にあるので観光の休憩に訪れるのもいい。

パークハイアットなどで修業した敏腕シェフが手がけるスイーツは、味のクオリティはもちろん、思わず見とれてしまう美しさ。演出も楽しいジョイマグマは必食。

Map 別冊P.10-B2
サイゴン大教会周辺

🏠15 Hàn Thuyên　☎093-4010286（携帯）　🕗8:00〜21:00
🈺無休　Card J.M.V.　🈺不要
🚶サイゴン大教会から徒歩約3分
URL thedreamersdessertbar.com

フワフワの
わたあめ付き！

1
アートなスイーツに
ひと目惚れ！
ドリーマーズ・
デザート・バー
The Dreamers Dessert Bar

point 📷
ジョイマグマはテーブルでフルーツクリームをかけてくれるので、その瞬間を狙おう！

1. ラズベリーソルベを添えたシフォンケーキにクリームをかけていただくジョイマグマ（23万1482ドン）
2. ライチムースのケーキ、レディ（14万ドン）
3. 店内もおしゃれ

2
大人気の
ベーカリー・カフェ
ソコ・カフェ・ベイク・
ブランチ
Soko. Cafe Bake Brunch

オリジナリティあふれるデニッシュ系パンが話題のカフェは、華やかな見た目のドリンクにも注目したい。

データは →P.91

ハイビスカス・ジャスミンティーのルビールージュ11万ドン

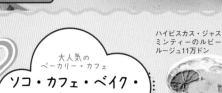

マシュマロ付きソコ・スモアーズ・ラテ11万ドン

ドリンクと一緒に試したいデニッシュ類（→P.90）

point 📷
トップのデコレーションもグラスも見えるように、やや斜め上から撮ってみて。

食事メニューも充実

point 📷

アフタヌーンティーは単体でも絵になる。俯瞰で、川を背景になど試してみよう。

ボリューミーなアフタヌーンティー。ひとり39万ドン

3

川沿いで
アフタヌーンティー
ロス・ヨットクラブ
ROS Yacht Club

川にせり出したデッキ席は要予約

サイゴン川沿いに立つラグジュアリーレストラン＆バー。のんびりとした川の景色を眺めながらアフタヌーンティー（14:00〜17:00）が楽しめる。

Map 別冊P.11-D3 ドンコイ通り周辺

🏠10B Tôn Đức Thắng　☎090-3796236（携帯）　⏰11:00〜23:00（金〜日曜8:00〜深夜）　休無休　Card J.M.V.　予不要　交市民劇場から徒歩約9分　URL rossaigon.vn

4

見た目もかわいい
チェーカフェ
ミス・ダック
Miss Dac

オウギヤシの実の中にある胚乳、ダック（Đắc）を使ったチェー専門店。フルーツやプリンなど盛りだくさんのチェーは見た目もかわいくテンションアップ！

Map 別冊P.5-C1 市北部

🏠111B Hoàng Sa, P.Đa Kao
☎086-2261326（携帯）
⏰9:00〜21:45　休テト　Card不可
予不要　交中心部からタクシーで約25分

point 📷

チェーを撮影するなら氷を入れる前に。店内の女性たちの壁画も写真映えする。

1. ミルクティー Trà Sữa Miss Đắc（4万9000ドン）
2. プリン入りチェー Miss Đắc Flan（3万7000ドン）

5

プロパガンダ
アートに浸る
プロパガンダ
Propaganda

揚げ豆腐、ブラウンライスなどがのった米麺、プロパガンダ・ヌードル（16万ドン）

「毎日新しいひと皿を」をスローガンに、ベトナム家庭料理にアレンジを加えたヘルシーなメニューが並ぶ。肉料理もおいしいと評判で、特にBBQハニーポークチョップ（19万6000ドン）は肉の臭みもなくジューシーで軟らか。

Map 別冊P.10-B2 サイゴン大教会周辺

🏠21 Hàn Thuyên　☎3822-9048　⏰7:30〜22:30　休無休　Card A.D.J.M.V.　予不要　交サイゴン大教会から徒歩約1分　URL propagandabistros.com

point 📷

壁のプロパガンダアートを撮影するなら比較的客の少ない平日朝がおすすめ。

壁画すぎいでしょ

MỖI NGÀY TA CHỌN MỘT MÓN ĂN

aruco的★
市場徹底
ガイダンス

ベトナムパワーはじける★
ホーチミンの市場を歩こう!

ベトナムの活気をめいっぱい体感できる場所、それがChợ（市場）。
ここに来れば何でも揃うし、人々の生活が見えてくる。
定番の楽しみ方はもちろん、もっとディープに
楽しむためのポイントをナビゲート!

見て食べて買って遊ぶ!
市場をとことん楽しむ

ホーチミンには性格の
異なるさまざまな市場
がある。ホーチミンの
混沌とした市場の世界
へ飛び込んでみよう!

市場内の
食堂で休憩♪

ベトナムの
雑貨揃え
てます

ホーチミンの市場歩きナビ

TOTAL 3時間

オススメ 9:00〜
時間 12:00
予算 30万ドン〜

定番からマニアックまで、お好みで
市場歩きは体力を使うので、1日に
ふたつくらいの市場を巡るのがお
すすめ。12:00〜13:00頃のランチ
タイムは避けて、飲料水を忘れず
に。写真を撮る際はひと言声をか
けるのがマナー。

気を
つけて!!

市場で楽しく買い物するために

市場は楽しい! だけど観光客が集まるベンタン市場などではトラブル
が続出しているのも事実。実例とともに注意点を紹介。

被害
報告の1
注意点

値段交渉や物選びに夢中になっているすきに、バッグのファス
ナーを開けられてサイフをすられる。

バッグはたすき掛けにして口を閉め、常に注意を払う。大金を持って行
かないこと。日本語がうまい妙に調子のいい売り子や子供には注意。

被害
報告の2
注意点

木製サンダル屋で強引に椅子に座らされ、あれよあれよという
間に自分の足に合うサンダルを作って買わされた。

市場では値段交渉が必要になるが、強引なセールスを行う店も。最初に
値段を確認し、交渉しても希望額に近づかないときは、ほかの店へ。あ
いまいな態度は絶対にせず、毅然とした態度をとることがいちばん大事。
雑貨店（→P.102）などで相場を知っておくのがベター。

NO!

さあ交渉開始!

ベトナム語

試食できますか?
Ăn thử được không? アントゥードゥックホン

これは何ですか?
Cái này là cái gì? カイ ナイ ラー カイジー

安くしてくれませんか?
Giảm giá được không? ヤムヤードゥックホン

1

ベンタン市場
Chợ Bến Thành

ベトナム雑貨、生鮮食品、宝石、化粧品、お茶、コーヒー……、あらゆる物が揃うホーチミン最大の市場。観光のハイライトともいえるこの市場では、買い物はもちろん、市場内の食堂でベトナム料理やスイーツも楽しみたい。

Map 別冊P.12-A1〜B2 ベンタン市場

🏠 Lê Lợi 🕐 店によって異なるが、だいたい7:00〜19:00 🚫テト 🚇市民劇場から徒歩約12分

プチ
ぼうけん 2

ホーチミンの市場を歩こう！

レロイ通りに面した
正面出入口

みやげ物
たくさん！

市場DATA
店数：約1500店
性格：観光客の多い
　　　ツーリスティックな市場
ローカル度：5%

楽しみ方Point
● 値段はどの店も高めで「Fixed Price」と掲げ、値段交渉に応じない店もある。交渉できる場合は言い値の半額くらいからスタートしよう。
● 小腹がすいたら食堂街へ。
● 朝の活気ある雰囲気も見どころ。

食べる
フォーやブンなどの麺料理や皿飯からデザートまで、食堂ではさまざまなベトナム料理を食べることができて、休憩にもピッタリ。目指すはこの3品！

市場内に
食堂街が
あるよ

オスス✗ 1 チェー

「ベー・チェー」（→P.43）ではチェーやフレッシュココナッツジュース、ヨーグルトなどローカルスイーツが味わえる。

1.モチモチ食感のバナナのチェー、バン・チューイ Bánh Chuối（2万ドン）　2 ミックス・チェーのチェー・タップ・カム2万5000ドン

オスス✗ 2 バン・ベオ

フエ名物バン・ベオ（米粉の蒸し物）の「Banh Beo Hue」は、いつもベトナム人でいっぱい。

＋αテクニック

パクチーが苦手なら……
シン ホン デェ ゴー リー
Xin không để ngò rí.
パクチーを抜いてください。

1. メニューは、バン・ベオとエビ入りのBánh Bột Lọcなどの盛り合わせ（2万5000ドン）のみ　2. その場で手作り

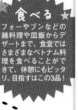

オスス✗ 3 バン・カン

「Dao Mai」やその周辺の店ではモチモチ食感のスープ麺バン・カンが人気。

1. エビとカニ入りのバン・カンは5万ドン　2. 注文すると手際よく作ってくれる

ベンタン市場散策マップ

N

トイレ 　　野菜、肉、魚介類　　 トイレ

2 3 1	米、乾物、お茶
食堂	野菜 果物
陶器、おみやげ類	乾物、お菓子 コーヒー豆 6
	化粧品 5
衣類、生地、衣料雑貨	

コーヒー豆

4 4

正面出入口

ノートや
バッグも
あるよ〜！

買う

定番みやげからコーヒー豆までおみやげなら何でも手に入るけれど、特に雑貨の値段は高め。交渉を楽しんで、まとめ買いで賢く買うのが◎。

4 ベトナム雑貨

注目店はイラストアートの店「Ben Thanh Art」。刺繍グッズを買うなら日本語堪能なリウさんの「Shop Binh Minh」がおすすめ。

1,3「Shop Binh Minh」の花刺繍のポーチ（20万ドン）とカメの形をしたキュートなメジャー10万ドン　2.「Ben Thanh Art」のイラストマグネット各4万ドン。クスッと笑えるイラストが多い

フォーの
本格的な
スパイスセットも！

スパイスの
調合も
OKさ

オススメ
6 ドライフルーツ&ナッツ

「Thanh Hue」はドライフルーツやナッツなどお茶請けが勢揃い。トロピカルなドライフルーツは珍しい物も多くておすすめ。

ベトナム産のカシューナッツは皮付きがおいしい。40万ドン／1kg

試食していってね！

オススメ
5 スパイス

老舗スパイス店「Anh Hai」ではスパイスの量り売りをしてくれるほか、オリジナルスープの素などが揃う。

1. ブン・ボー・フエ（→ P.76）の素4万ドン　2. ベトナム版ビーフシチューの素1万ドン　3. フォーのスープの素1万5000ドン

見る

市場北口付近には肉、魚、野菜といった生鮮食品の店がズラリ。活気あふれる市場の様子を見るなら朝いちで訪れるのがオススメです。

今朝
取れたカニ
だよ〜

魚介

野菜

果物

肉

1. フルーツはその場で試食させてもらい、食べたぶんだけを勘定してもらうことも可能　2. 新鮮＆大きなカニ！　3. 迫力のある肉売り場　4. みずみずしい野菜がおいしそう　5. 珍しい南国野菜がたくさん並ぶ

このくらいにまけとくよ

やった〜!!

布を買うならココ！

2 タンディン市場
Chợ Tân Định

「布市場」の別名をもつローカル市場。生鮮食品やナッツ類、洋服に靴などもあるけれど、ここに来たら布売り場へ直行。あらゆる素材の色とりどりの布がズラリ。

Map 別冊P.7-C1 市北部

🏠 336 Hai Bà Trưng ☎ 3829-9280
🕐 店によって異なるが7:00〜18:00頃
㊡ テト 🚕 中心部からタクシーで約10分

買う
布は1mから買えます（6万ドン〜）。気に入ったお店で何種類か買って値引きしてもらうのが◎。

市場DATA
店数：約1200店
性格：布市場の別名をもつ
ローカル度：90%

楽しみ方point
● かわいい布が揃っている。
● ベンタン市場ほど混んでいないのでゆっくり見られる。

正面入口はハイバーチュン通りだけど交通量が多いので道を渡る際は注意。周辺には路上市場が広がり、特に朝は活気があって見て歩くのも楽しい

裁縫好き必見！

3 ダイクアンミン・モール
Thương Xá Đại Quang Minh

糸、ビーズ、ワッペン、ボタン、ファスナーなど手芸用品だけを取り揃えた市場。市場に面したトンユイタン通りは裁縫道具街となっているのでこちらもチェックしてみて。

Map 別冊P.16-B3 チョロン周辺

🏠 31-33-35 Châu Văn Liêm
☎ 3822-1902 🕐 店によって異なるが6:00〜18:00頃 ㊡ テト 🚕 中心部からタクシーで約13分

+αテクニック
狙いはチロリアンテープ
シンプルなカバンや洋服に簡単に付けられる、レースやチロリアンテープ（1万5000ドン〜）が格安なので、まとめ買いがおすすめ。

市場DATA
店数：約600店
性格：手芸用品なら何でも揃う
ローカル度：90%

楽しみ方point
● ベトナムチックなワッペンはいろいろと使えそう。
● 英語はほとんど通じない。

買う
キャラクターものののワッペンや有名ブランドのタグなど、ちょっと怪しい物もあるので要注意。ぐるりと1周してみよう。

ワッペンはセット売りよ

1. チロリアンテープ各3万ドン
2. フルーツのワッペン10枚入り2万ドン〜

中華街にある卸市場

4

ビンタイ市場
Chợ Bình Tây

売り子さんと勝負！

2000以上の店舗数を誇るチョロン最大の市場。ほとんどが卸売りメインなので、観光客は圧倒されてしまうけれど、キッチュな雑貨やキッチン雑貨の宝庫なので、雑貨好きは覚悟を決めて乗り込んでみよう！

Map 別冊P.16-A3 チョロン周辺

🏠57A Tháp Mười, Q.6 ☎3857-1512 ⏰店によって異なるが6:00〜18:00頃 休テト 🚕中心部からタクシーで約25分

市場DATA
店数：約2000店
性格：卸売りメイン。
　　　商人が集う市場
ローカル度：80%

楽しみ方point
● 英語はほとんど通じない。
● 本気買いなら客の少ない朝いちが◎。
● 大幅な値下げは期待できない。

・ビンタイ市場散策マップ・

```
N              食堂                    肉類  パン   卵・野菜

乾物    仏具、祭祀用具           日用雑貨        日用雑貨、カゴ、ザル

        ナイロン、ビニール、      日用雑貨

乾物  乾物              ヘアアクセサリー   アルミ製品        おもちゃ
乾物  砂糖
食料品  事務所  トイレ   創業者の碑      トイレ           台所用品
                        中庭                          ナイフ、刃物
        サンダル、靴                              帽子  プラスチック製品

        サンダル、靴   おもちゃ、           すげ笠    乾物
                     インテリア小物
サンダル、靴                                          穀類
        サンダル、靴   バッグ          生地
                靴   バッグ          生地
                     正面入口
                     (1階)
```

★買う★
卸市場だけあってダース単位で販売する店が多いけれど、1個から買える店もあるので、欲しいものがあれば積極的に交渉して！ 基本的に観光客は相手にしていないので、冷やかしではなく「買うんだぞ！」という態度で臨むのが大切です。

値切り必勝！

ベトナム語

1ダースいくら？
Một chục bao nhiêu tiền?
モッ チュック バオ
ニュウ ティエン

1個で売ってくれますか？
Bán một cái được không?
バン モッ カイ
ドゥック ホン

高い！
Mắt quá!
マッ クア

オススメ

1 陶磁器＆ガラス製品

素朴なソンベー焼（→P.105）やフタ付きのヨーグルト用ガラス瓶など、地元で愛されるキッチン雑貨も格安で手に入る。

ニュー・ソンベー焼のミニコップ
近年ニュー・ソンベー焼（→P.106）アイテムも増えている

3万ドン

フタ付きガラス瓶
地元ではヨーグルト用として使われているがプリンを作るのにも最適

7000ドン〜

2万ドン

ソンベー焼の茶碗
ご飯が冷めないようフタが付いていて便利。塩や砂糖入れにもいい

2 プラスチック&シリコングッズ

プラスチック製品は数も種類も豊富。ここ数年は、シリコン製のキッチン用品なども増えてきている。

3万ドン

シリコンの月餅型
焼かない生月餅用の型。ゼリーの型としても使えて便利

文字のシリコン型
数字やアルファベット、記号などのシリコン型

セットで
11万3000ドン

花のシリコンカップ
大きさも色もさまざま。お弁当の小分けカップにも使えそう

10個5万ドン

タワシ
カラフルでキッチュなタワシは10個で5万ドンという安さ

猫の爪楊枝ケース
猫の頭から爪楊枝が出てくるプラスチック製の爪楊枝入れ

2万ドン

3万ドン

ザル
カラフルでかわいい。小5000ドン、中1万ドン、大1万5000ドン

5万ドン

6本1万5000ドン

マドラー
ローカルカフェで大活躍の目が動くプラスチック製アニマルマドラー

「手に取って見てってね！」

3 ステンレス&アルミ鍋

シンプルになりがちなステンレスやアルミのキッチン雑貨も、ベトナムならこんなにキッチュでかわいい！

サーバースプーン
汁物から炒め物まで、料理の取り分けに。赤い持ち手がかわいい

1万2000ドン

アルミ製の鍋
存在感のあるアルミの両手鍋。鍋敷きは1万ドン

12万ドン

バン・セオ鍋
ミニサイズのバン・セオ（→P.42）鍋。小さいので小物入れにしてもいい

1万8000ドン

ハスのポイント入りレンゲ
シンプルな形だがハスの花のマークでベトナムらしさを演出

各1500ドン

1万5000ドン

コーヒーフィルター
これさえあれば自宅でベトナムコーヒーが楽しめる。入れ方は→P.32

「たくさん買うならまけるよ！」

各3500ドン

「アルミ鍋は熱伝導がいいよ」

アルミの製菓型
丸形、四角形のほかリーフ形もある。鳥や魚の模様もキュート

ミニフライパン
顔形パンケーキが焼けちゃうミニサイズのフライパン

3万5000ドン

昔ながらのベトナムコーヒー
vs. 最新サードウェーブコーヒー

ブラジルとコーヒー豆輸出量
世界1位を争うベトナムには、
路上カフェや専門店がたくさんあって
みんなコーヒーが大好き。
最近、ベトナムにもサードウェーブ
コーヒーが上陸し、流行中！
昔ながらのベトナムコーヒーとの
違いを知って飲み比べちゃお♪

自社焙煎のコー
ヒーを販売するカ
フェも多い

ベトナムコーヒーを満喫

オススメ 時間	15:00〜18:00	予算	15万ドン

TOTAL
3時間

カフェを巡り、コーヒー豆を購入する
コーヒー専門カフェでじっくり味わった
ら、市場のコーヒー店やスーパーを回っ
て、コーヒーをゲット。余裕があれば、
ローカルなカフェにも行ってみて。

ひきたての豆で
入れるコーヒーは
格別の味わい♪

コーヒーで
癒やされるぅ〜

Drip
Cafe

COFFEE

焙煎から入れ方まで
比べてみよう！

ベトナムコーヒーとサードウェーブコーヒーってどう違うの？
まずは違いを知ってそれぞれの人気カフェで飲み比べてみよう。

コーヒー豆ができるまで

1 コーヒーノキを栽培
ベトナムでは中南部、バ
ンメトート周辺やダラッ
ト周辺の高原地帯がメイ
ンの生産地。標高500m
を超える気候や土壌が
コーヒー栽培に適合。

2 実を収穫
ベトナムでは乾季の12月
頃が収穫期。実が緑色か
ら赤色に熟したら収穫
し、皮や果肉の部分を取
り除く精製作業をして、
タネを生豆にする。

生豆

3 焙煎方法
焙煎することによ
り、豆に独特の風
味や香りが加わ
る。大きく分けて
直火式焙煎と、熱
風式焙煎がある。

焙煎後

1 特徴

Characteristic

入れ方やコーヒー豆の種類など、大まかな特徴をご紹介。

路上カフェから
チェーン店まで

「コーヒー飲んだ?」が朝のあいさつにもなっているほど、コーヒー文化が根付いているベトナム。特にホーチミンをはじめベトナム南部はコーヒー文化が色濃く、街のいたるところに路上カフェやコーヒー専門店があり、ベトナムコーヒーブランドのチェーン店も幅広く展開している。

※路上カフェの値段:アイスブラックコーヒーは1万5000ドン〜、ミルク入りなら2万ドン〜。

ベトナムコーヒーとは?

もともとはフランス統治時代に持ち込まれ(→下記)、アルミかステンレス製の組み合わせ式フィルターで1杯ずつ入れるスタイル。豆は深煎りのロブスタ種を使うことが多く、濃厚な味わい。コンデンスミルクを入れて飲むのも特徴。ちなみにアイスコーヒーの氷の大きさはベトナム各地で異なり、例えばハノイはブロックアイスだがホーチミンはクラッシュアイスが主流。

路上カフェもたくさんあるよ!

サードウェーブコーヒーとは?

おもにアメリカにおける3回目のコーヒーブームのこと。1回目のブーム、ファーストウェーブコーヒーは大量生産で一般家庭にも普及した19世紀から1960年代頃。2回目のセカンドウェーブコーヒーは豆の質を重視し、シアトル系に代表されるラテやアレンジコーヒーが登場した1960年頃から2000年頃。2002年頃から登場したサードウェーブコーヒーは、さらに豆の品質や焙煎、抽出方法にこだわり、シングルオリジンの豆やハンドドリップ、ラテアートなどに特徴がある。

究極の1杯を出す
カフェが増加中

高品質な豆をいちばんおいしく提供できるよう、厳選した豆を適したドリップ方法でバリスタが入れてくれる本格的なサードウェーブコーヒーのカフェが増えている。なかには焙煎も自社で行い、生豆の品質評価が極めて高いスペシャルティコーヒーを出す店もある。

2 焙煎

Roast

コーヒーは焙煎の度合いによって風味や香りに変化が生まれる。

酸味 〈〈〈〈〈〈〈〈〈〈〈〈〈〈〈〈〈〈〈〈〈〈〈〈〈〈〈〈〈 苦味

| 生豆 | 浅煎り | 中煎り | 中深煎り | 深煎り |

収穫し、精製を終えた焙煎される前の生の状態のコーヒー豆。薄い緑色をしており、味もほとんどしない。

焙煎の浅い順にライトローストとシナモンローストがあり、前者は香りとコクが薄く後者は酸味が強く生豆の風味がある。

焙煎の浅い順にミディアムローストとハイローストがあり、前者はまろやかな酸味でアメリカンコーヒーに使われる。後者は酸味と苦味のバランスがよい。

焙煎の浅い順にシティローストとフルシティローストがあり、前者は酸味がほぼなく、苦味とコクが多い。

焙煎の浅い順にフレンチローストとイタリアンローストがあり、前者は甘く苦味の強い濃厚な味わいでカフェオレ向き、後者は苦味が強くエスプレッソ向き。

ベトナムコーヒーは深煎り、
サードウェーブコーヒーは浅煎り

ベトナムコーヒーはバターを入れて深煎りが基本。これが独特の甘味とコクを生む。サードウェーブコーヒーは豆本来の味をダイレクトに楽しめる浅煎りが多い。

ベトナムコーヒー百科

ヒストリー

フランス統治時代の19世紀にフランス人が中南部バンメトートとダラットで大規模なコーヒー農園の開拓を開始。20世紀以降にベトナム人もコーヒーを楽しむようになり、今では生活に欠かせない嗜好品のひとつとなっている。

コーヒー豆

大きく分けてアラビカ種とロブスタ種がある。ベトナムで栽培、飲用されているのは、ロブスタ種が多いが、最近はアラビカ種も増加傾向。

★ふたつの品種比べ★

	アラビカ種	ロブスタ種
特徴	香り豊かで酸味がある	苦味が強く、酸味は少ない
カフェイン	少ない	多め
値段	高め	安価
用途	レギュラーコーヒー	インスタントコーヒーや缶コーヒー

3メニュー

Menu

ベトナムコーヒーと
サードウェーブコーヒーの
おもなメニューを紹介。

ベトナム語

注文時に使える！

練乳を少なめに
してください。
Để ít sữa nhé!
デー イッ スア ニェー

砂糖を入れないで
ください。
Không đường nhé!
ホン ドゥーン ニェー

基本の4メニュー — ベトナムコーヒー

ブラックコーヒーはホット、アイスともに砂糖たっぷ
りがデフォルト。そのほかベトナムコーヒーのカフェ
オレ版バック・シウ（Bac Xiu）などのメニューもある。

HOT（ノン·Nóng）

カフェ·デン·ノン
Cà Phê Đen
Nóng
ブラックコーヒー

カフェ·スア·ノン
Cà Phê Sữa
Nóng
**練乳（ミルク入り）
コーヒー**

ICE（ダー·Đá）

カフェ·ダー
Cà Phê Đá
**アイスブラック
コーヒー**

カフェ·スア·ダー
Cà Phê Sữa Đá
**練乳（ミルク入り）
アイスコーヒー**

サードウェーブコーヒーで味わいたいメニュー

厳選した豆の特性をストレートに感じられるハンドドド
リップコーヒーがおすすめ。生豆の品質評価が極めて
高いスペシャルティコーヒーもあればトライしたい。

ラテアートも
おすすめ！

4入れ方

Brew

自宅でも入れられる
ベトナムコーヒーの入れ方と
注文時に役立つ
サードウェーブコーヒーの
入れ方を伝授。

ベトナムコーヒーの入れ方

ベトナムコーヒーはフィルターで入れるのがいちば
んおいしい。コーヒーの量と蒸らし時間がポイント。

1 中ブタをはずしたフィル
ターの中に大さじ2〜3杯
の豆をひいた粉を入れる

2 中ブタで軽
く押さえる

3 お湯を少量注ぎ、
粉全体にお湯を
含ませる

4 数十秒間その
ままで蒸らす

5 8分目くらいま
でお湯を注ぎ、
上ブタをして
待つ

6 フィルターの穴に粉が詰
まって、コーヒーが落ちて
こないこともある。その場
合は上ブタをスプーンでコ
ンコンとたたいてみる

7 それでも出が
悪いなら、フィ
ルターの底を
スプーンでこ
すってみる

8 待つこと5〜8分。
抽出し終わった
ら、上ブタをテー
ブルに置き、その
上にフィルターを
置く

サードウェーブコーヒーの入れ方

器具によってコーヒーの味わいは変わる。好みの味
や豆のもつ特性を生かした1杯を味わいたい。

ハリオV60
HARIO V60
円錐形ドリッ
パー。クリアで
フルーティな
味わいのコー
ヒーができる

カリタ·ウェーブ
KALITA WAVE
3つ穴構造の
ドリッパー。
よりリッチで
複雑な味わい
のコーヒーに

ケメックス
CHEMEX
手吹きガラス
で作られたハン
ドブロウ。ク
リーンで甘
味のある1杯に

コーン
KONE
メッシュ加工
のステンレス
フィルター。
雑味のない重
厚な味わいに

ウッドネック
WOODNECK
布使用のネル
フィルター。
油分や雑味が
なくまろやか
で芳醇な味に

フレンチ·プレス
FRENCH PRESS
金属製メッシュ
でろ過。豆本
来の味が楽し
める。深煎りの
豆に合う

サイフォン
SYPHON
サイフォン式。
蒸気圧を利用
して抽出し、
豆の甘味を引
き出す

エアロプレス
AEROPRESS
空気で圧力を
かけ抽出。酸
味は控えめ
だがコクのある
1杯に

※練乳を入れる場合は最初にグラスに入れておき、そこにコーヒーを抽出して混ぜ合わせる。

5 飲み比べ Comparison

ベトナムコーヒーとサードウェーブコーヒーの人気カフェへ行ってみよう。

Vietnam Coffee

ベトナムコーヒーショップ

HOT：カフェ・デン・ノン（ホットブラックコーヒー）
ICE：カフェ・スア・ダー（アイスミルクコーヒー）

ベトナムコーヒーといってもブランドによって特徴がある。
代表的なコーヒーブランド3社が展開するカフェでベトナムコーヒーを楽しもう。

HOT
香りがよく若干酸味のある味わい。あと味にはかすかに豆の味が香る。4万9000ドン～

ICE
苦味は控えめで比較的ライト。3万5000ドン～

観光客が利用しやすい

HIGHLANDS COFFEE

ハイランズ・コーヒー

苦味は残しつつも比較的マイルドで飲みやすい。香りにこだわり、独自の方法で焙煎。ショッピングセンター内や観光拠点など便利な場所に店舗があるのがグッド。

- [味] ベトっぽい苦味…★★★
- [お店] おしゃれ度……★★★
- [お店] コーヒーメニューの多さ…★★★
- [お店] 値段の安さ……★★★★
- [お店] ロケーション……★★★★★

[Map] 別冊P.11-C2 ドンコイ通り周辺

🏠B3F, Vincom Center, 70-72 Lê Thánh Tôn ☎3827-2981
🕘7:00～22:00 [休]無休 [Card]J.M.V. [予]不要 [交]市民劇場から徒歩約3分
[URL]www.highlandscoffee.com.vn [他]ホーチミン、ダナン、ホイアン

ベトナムコーヒーを世界に広めた

TRUNG NGUYEN LEGEND

チュングエン・レジェンド

コーヒー文化を愛し、ベトナムコーヒーを進化させた老舗ブランド、チュングエン・コーヒーによるカフェ。チュングエンのコーヒーは、苦味と甘味のバランスが絶妙。

- [味] ベトっぽい苦味…★★★★
- [お店] おしゃれ度……★★★★★
- [お店] コーヒーメニューの多さ…★★★★★
- [お店] 値段の安さ……★★
- [お店] ロケーション……★★★★

[Map] 別冊P.14-B1 ドンコイ通り周辺

🏠80 Đồng Khởi ☎091-5289932（携帯） 🕘7:00～21:00
[休]無休 [Card]J.M.V. [予]不要 [交]市民劇場から徒歩約2分
[URL]www.trungnguyen.com.vn [他]ホーチミン、ダナン

HOT
コクがあり苦味が強めだが、甘い香りがフワッと広がる。5万5000ドン～

ICE
ミルクを混ぜるとチョコのような質感と色に変化。味は甘苦くてまろやか。5万9000ドン～

HOT
テイクアウトがメインなので紙コップで提供。香ばしい香りが強く、苦味があとから広がる。3万ドン～

ICE
ミルクが多め。独特の苦味、香ばしさとミルクがうまく溶け合う。4万ドン～

スタッフいち押し

ツウ好みのストロングな味

PHUC LONG

フックロン

1968年創業のコーヒーとお茶の老舗メーカー。自家農園をもち、生産から販売まで一貫して管理している。刺激的な苦味のコーヒーには地元ファンが多い。

- [味] ベトっぽい苦味…★★★★★
- [お店] おしゃれ度……★★★
- [お店] コーヒーメニューの多さ…★
- [お店] 値段の安さ……★★★★
- [お店] ロケーション……★★★

[Map] 別冊P.15-D1 ドンコイ通り周辺

🏠31 Ngô Đức Kế ☎7100-1968、1800-6779（ホットライン） 🕘7:00～22:00 [休]無休
[Card]J.M.V. [予]不要 [交]市民劇場から徒歩約7分 [URL]phuclong.com.vn [他]ホーチミン、ダナン

サードウェーブコーヒー

熟練のバリスタが入れる、とっておきのコーヒーを楽しめる本格的なサードウェーブコーヒーショップが急増中。なかでも人気の4店を紹介。

Thirdwave Coffee

コーヒー愛好家が集う名店

HUMMINGBIRD

ハミングバード

スペシャルティコーヒーに情熱を傾ける3人のオーナーが立ち上げたコーヒー専門店で、生豆から焙煎まですべてのプロセスを管理。エチオピア産など輸入豆もあるがダラットをはじめベトナム産も品質の高いものだけを提供している。

Map 別冊P.7-C1 3区

⌂103Bis Võ Thị Sáu, Q.3 ☎6270-3153 🕘8:00～21:00 [休]テト [Card]J.M.V. [予]不要 [交]中心部からタクシーで約15分 [URL]thehummingbirdsaigon.com

ハチドリの看板が目印

1. バニラアイスクリーム添えのワッフル7万ドン。クロワッサンも美味 2. 自家製塩カラメルとバニラシロップを加えたラテ8万ドン 3. しゃれた店内 4. ハンドドリップコーヒーは7万5000ドン～

店内で焙煎してます

1. どの豆を選んだらいいか迷ったらバリスタに相談してみて 2. ラテはダラット産アラビカ100%（8万ドン）またはエチオピア産（9万5000ドン）を選べる 3. 店内は広々。屋外席もある

腕のいいバリスタがいる

SAIGON COFFEE ROASTERY

サイゴン・コーヒー・ロースタリー

店で焙煎し、ひきたての豆で入れるため店内はコーヒーの香りでいっぱい。熟練のバリスタがおり、スペシャルティコーヒー（8万ドン～）はハリオV60、エアロプレス（→P.32）、ベトナム式フィルターのいずれかから選ぶ。

Map 別冊P.6-B2 3区

⌂232/13 Võ Thị Sáu, Q.3 ☎093-8808385（携帯） 🕘7:00～22:00 [休]無休 [Card]A.D.J.M.V. [予]不要 [交]中心部からタクシーで約15分 [URL]saigoncoffeeroastery.com

好みの入れ方を選んでね

「コーヒー好きに人気です」

自家焙煎のこだわりコーヒー

LES MONTS
レ・モン

「キュートなラテアート」

ベトナムをはじめ世界各国の50種類以上の厳選生豆を専任の焙煎士が店内でロースト。週替わりのシングルオリジン豆は約10種類あり、ハリオV60(→P.32)のハンドドリップで楽しめる。

Map 別冊P.13-C2
ドンコイ通り周辺

🏠 51 Hàm Nghi
☎3822-7713　🕐8:00
～18:00（L.O.17:30）
㉠テト　Card J.M.V.
㉟不要　🚇市民劇場から
徒歩約10分　URL www.
facebook.com/lesmon
tscafe

「ひきたてで入れるよ」

1. 店の中央にカウンターがあり、バリスタが入れる様子が見られる　2. 古い建物の3階にある　3. バリスタの腕が試される布のフィルターで抽出するネルドリップも楽しめる

コーヒー器具が豊富

THE WORKSHOP
ワークショップ

ハンドドリップだけでなくフレンチ・プレスやサイフォン(→P.32)など、バリエーション豊かなコーヒー器具が揃うカフェ。定期的に銘柄が変わるスペシャルティコーヒーは9万ドン～。

Map 別冊P.15-D1　ドンコイ通り周辺

🏠 3F, 27 Ngô Đức Kế
☎3824-6801　🕐8:00～21:00
㉠テト　Card A.
D.J.M.V.
㉟市民劇場から
徒歩約7分
URL www.
facebook.com/
the.workshop.
coffee

1. クリーミーでおいしいカフェラテ7万5000ドン　2. 居心地のいい店内。2階の焙煎＆テイスティングルームでは毎週豆の品質をチェック　3. ハンドドリップは豆の種類によって異なるが8万ドン　4. おしゃれな内装

縦書き右: ベトナムコーヒー vs. サードウェーブコーヒー

Take Out

ベトナムのコーヒーお持ち帰り！

ベトナムコーヒーは欲しい分量だけ買える市場で購入。サードウェーブコーヒーは各店舗で販売しているコーヒー豆をバリスタに相談しながら選ぶのがおすすめ。

「コーヒーフィルターはビンタイ市場でGet！→P.28」

ベトナムコーヒー　　トイヴィン3　Thoi Vinh 3

バターを入れて焙煎した豆はまろやかな風味。コーヒー豆は約12種類あり、価格は7万～18万ドン　100g。お茶も販売している。

Map 別冊P.12-A1～B2　ベンタン市場内

🏠 Shop 907 Chợ Bến Thành　☎3520-
1466、3520-1050　🕐8:00～18:00
㉠無休　Card不可

練乳は食料品店やスーパーで買える

店のおすすめはバンメトート産のブルーマウンテン。購入前に香りをチェック

サードウェーブコーヒー

P.34～35で紹介したカフェでは、コーヒー豆を販売している。豆の種類や産地などによって値段は大きく変わるが「サイゴン・コーヒー・ロースタリー」では1Kgで22万ドン。

コーヒー店で使えるベトナム語

香りをかがせてください。
Cho thử mùi cà phê được không?
チョー　トゥー　ムイ　カーフェー　ドゥッ　ホン

100gでいくらですか？
100g cà phê bao nhiêu tiền?
モッチャム　グラム　カーフェー　バオ　ニュウ　ティエン

豆をひいてください。
Xay cà phê dùm tôi.
サイ　カーフェー　ユム　トイ

プチ
ぼうけん

ベトっ子
も大好き♪

バリエーションは無限大∞
バインミーを食べ尽くせ!

朝ご飯や、おやつはもちろん
ディナーにもなっちゃうベトナム版
バゲットサンドのバインミー。
人気No.1の愛されB級グルメは、
食べれば食べるほどヤミツキに☆

バインミーって どんなもの?

バゲットにたっぷりの具材を挟んだ「バインミー」は、フランスの食文化がもたらしたベトナム定番のローカルフード。使われるバゲットの特徴は、フランスのものよりもずんぐり小ぶりで、皮は薄くてクリスピー、生地は軽くて軟らかめ。素朴な甘味ともちもち食感がたまらない! 今はパン工場の電気オーブン焼成が主流だけど、昔ながらに薪を燃やして焼く所も残っているんだって。

step **1**

まずは
バインミーを
知ろう

パンのひみつ
独特の生地は小麦
粉の種類やその配
合による。米粉を
入れることも

Let's eat Bánh Mì!

ニンジンと
ダイコンのなます
Đồ Chua
なますの酸味が、味
のアクセントに

コリアンダー
Rau Ngò Rí
ベトナム料理に
欠かせない香草。
サンドイッチに
も香り付けに

フワ
フワ

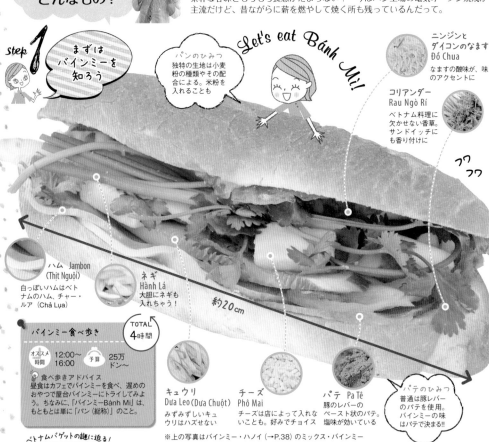

ハム Jambon
(Thịt Nguội)
白っぽいハムはベト
ナムのハム、チャー・
ルア (Chả Lụa)

ネギ
Hành Lá
大胆にネギも
入れちゃう!

約20cm

バインミー食べ歩き

TOTAL **4時間**

| オススメ時間 | 12:00〜16:00 | 予算 | 25万ドン〜 |

● 食べ歩きアドバイス
昼食はカフェでバインミーを食べ、遅めの
おやつで屋台バインミーにトライしてみよ
う。ちなみに、「バインミー Bánh Mì」は、
もともとは単に「パン (総称)」のこと。

キュウリ
Dưa Leo (Dưa Chuột)
みずみずしいキュ
ウリはハズせない

チーズ Phô Mai
チーズは店によって入れな
いことも。好みでチョイス

パテ Pa Tê
豚のレバーの
ペースト状のパテ。
塩味が効いている

パテのひみつ
普通は豚レバー
のパテを使用。
バインミーの味
はパテで決まる!!

※上の写真はバインミー・ハノイ (→P.38) のミックス・バインミー

ベトナムバゲットの謎に迫る!
パン工場潜入レポート

NHƯ LAN

バゲットの独特の風味と
食感の謎に迫るべく、ニューラン
(→P.38) のパン工場へ!

ニューランのパンは
すべて店の隣のパン工場
で製造しています。
作り方は1960年代の
創業時のままです。

ニューラン社長の
タインユォンさん

① Check!
秘訣はアヒルの卵
を使うこと。鶏卵
よりもパンがふっ
くら軟らかくなる。

小麦粉、卵、塩、水、
2種類の酵母をミキサー
で混ぜ合わせこねる。

☆☆

36

バインミーを食べ尽くせ！

豚肉フレークの
バインミー
Bánh Mì Chà Bông
甘辛く煮付けたフレーク、チャーボン（Chà Bông）は珍味 Ⓑ Ⓖ Ⓗ

ミックスハム
のバインミー
Bánh Mì Thịt Chả
数種類のハムが入った最もポピュラーなタイプ Ⓑ Ⓖ Ⓗ

ミートボールの
バインミー
Bánh Mì Xíu Mại
中身は甘辛味のポークミートボール（Xíu Mại）Ⓑ Ⓖ

トマトソース味の
サバのバインミー
Bánh Mì Cá
ポピュラーな缶詰のサバ（イワシのこともある）をたっぷり挟む Ⓐ Ⓑ Ⓖ

定番モノ

ローストポーク
のバインミー
Bánh Mì Heo Quay
中華の人気メニュー、ローストポークとベトパンのコラボ Ⓖ

**カフェの
洋風サンド**

卵焼きの
バインミー **Bánh Mì Trứng**
たっぷりの油で揚げるように焼いた卵は香ばしくおいしい Ⓐ Ⓑ Ⓖ Ⓗ

ハノイのチャー・
カー風バインミー
Bánh Mì Chà Cá
白身魚のターメリック炒め、チャー・カー・ラボン風の練り物と香草をミックスした珍味系。カフェやパン屋などで

臓物煮込みの
バインミー
Bánh Mì Phá Lẩu
地元では人気のサンド。煮込みのファー・ラウ（Phá Lẩu）は甘辛味。屋台で

ワサビ風味の
バゲットサンド
The Umami
ワサビマヨネーズがさっぱりしていてヘルシー。ローストポークとポークパテ、タマネギ、キュウリ入り Ⓐ

クロワッサンのバインミー
Bánh Mì Croa-Xăng
クロワッサンにハム、ローストチキン、ツナなどの具材をサンド。カフェやパン屋などで

エビのバインミー
Bánh Mì Tôm Tươi
ゆでエビにチリソースが絡まり、レタス、タマネギもたっぷり。カフェなどで

**ユニークな
具材**

酸っぱい
ハムのバインミー
Bánh Mì Nem
発酵させた豚肉のハム、ネム（Nem）入り。酸味がパンと合う。屋台で

精進料理のバインミー
Bánh Mì Chay
豆などで作る肉もどき入り。「ディン・イー」
Map 別冊 P.14-A2 など精進料理店で

照り焼きチキンのバインミー
Bánh Mì Gà Nướng Teriyaki
照り焼きチキンとチリソース、ネギ、香草入りのバインミー。カフェなどで

チーズ入りバインミー
Bánh Mì Phô Mai
パテ、野菜にカマンベールチーズ入りでまろやかな味わい Ⓑ

**ローカル
アレンジ系**

ベジタブルバインミー
Bánh Mì Chay
トマト、キュウリ、香草など野菜たっぷりのバインミー。マヨネーズソースが合う Ⓐ

バインミー・
クエ・ファップ
Bánh Mì Que Pháp
細長いカリカリのパンにピリ辛風味のパテのみをサンド。出店が市内各所にある

鶏肉のバインミー
Bánh Mì Gà Xé
裂いたジューシーな鶏肉がたっぷり入り、食べ応えがある Ⓑ Ⓒ

---

②

Check!
熟練の技が要求される工程で、これが食感の決め手となる。

機械で一定量に分割し、素早いスピードとこなれた手さばきで丸めていく。

③

丸めた生地を形成機に通して、細長いパンの形にする。

④

Check!
天気、湿度によって微妙に時間を調整。

約
40分後

しばらく生地を置いて発酵が進むのを待つ。生地に切り込みを入れてオーブンへ。

完成！

バインミーの達人
目指して食べまくり！

カフェではメニューを見て注文。パン屋や屋台では英語が通じない所もあるけれど、P.39の注文方法を参考にしてみて。

step **2**

初級編
カフェで食べる

サイズは小ぶり

キレイで英語メニューもある
カフェから食べ歩きSTART！

カフェのバインミーも持ち帰りOKだよ！

1階のカウンターで注文を

Ⓑ 持ち帰りもOK！ バインミーカフェ
バインミー362
Banh Mi 362

定番を中心に13種類のバインミーを揃える店。明るく清潔感のある店内にはイートインスペースがある。4万1000〜5万5000ドンで、卵やハム、野菜などのトッピングもできる。

|Map| 別冊P.8-A3 市北部

🏠25 Trần Cao Vân ☎7300-0362、090-9385384（携帯）⏰6:15〜20:30 休無休 Card不可 予不要
📍中心部からタクシーで約5分
URL www.banhmi362.com
🏠ホーチミン

Ⓐ 通りを眺めながらガブリ
ル・バインミー
Le Banhmi

オープンカフェの小さな店。バインミー（3万5000〜8万ドン）はヌックマム、コショウ、ワサビの3種類のマヨネーズソースから好みの味を選べる。ベトナム料理もある。

|Map| 別冊P.16-A1 ティーサック通り周辺

🏠17/11 Lê Thánh Tôn ☎096-1855067、090-3379169（携帯）⏰7:00〜23:00または翌2:00 休無休 Card M.V. 予不要 📍市民劇場から徒歩約8分

Ⓒ チェーン系カフェ
パッシオ
Passio

市内に複数店舗があり、このレユアン通り店ではバインミーを販売。バインミーは3種類で各2万9000ドン。ドリンクとのセット（5万4000ドン）もある。

|Map| 別冊P.9-C3 ティーサック通り周辺

🏠17 Lê Duẩn ☎1900-9434（ホットライン）⏰6:00〜21:00 休テト Card不可 予不要 📍サイゴン大教会から徒歩約11分 🏠ホーチミン

step **3**

中級編
パン屋＆専門店で食べる

カフェよりもローカル色の濃いバインミーに出合えそう！

その他のパンもチェック！→P.90

Ⓓ パンも具もおいしく人気あり
バインミー・ハノイ
Banh Mi Ha Noi

ホーチミンっ子に人気の、パンがおいしい店。昔ながらの菓子パンやプリンなどのスイーツも販売。

|Map| 別冊P.6-B3 3区

🏠83-85 Nguyễn Thiện Thuật, Q.3 ☎3833-4288、090-9429955（携帯）⏰5:30〜21:00 休無休 Card J.M.V. 📍中心部からタクシーで約10分

いつもお客さんでいっぱい

イートインスペースもあるよ！

バインミー3万ドン

Ⓕ 行列必至のバインミー専門店
バインミー・フィンホア
Banh Mi Huynh Hoa

地元の人にも観光客にも大人気のバインミー専門店。開店とほぼ同時に行列ができるので並ぶ覚悟で。バインミー6万5000ドン。店の右隣はイートインスペース。なお、同じ通りの26番地にも店舗があるが、フードデリバリー業者専用。

|Map| 別冊P.7-C3 ブイビエン通り周辺

🏠32 Lê Thị Riêng（携帯）☎089-6698811 ⏰6:00〜22:00 休テト Card不可 予不要 📍ベンタン市場から徒歩約10分

具だくさんでボリューミー

Ⓔ ハムやパテがおいしい
ニューラン
Nhu Lan

パンはもちろん、ケーキや菓子類、肉まん、ハムなど何でも揃う大型店。食堂を併設しており、朝食メニューも豊富（→P.156）。

|Map| 別冊P.13-C2 ドンコイ通り周辺

🏠50, 66-68 Hàm Nghi ☎3829-2970 ⏰4:00〜翌2:00 休無休 Card不可 📍ベンタン市場から徒歩約8分

step **4** 上級編 屋台で食べる

ディスプレイがお見本！

道沿いで営業中！

自分でカスタマイズオーダーができるようになったら上級者！

注文の際は 通常「バインミー」と言えば、その店の代表的なものを作ってくれる。が、具をチョイスしてと促されたら、入れたい具を指さし注文すればいい。また、メインの具を言えば、それに合う具を挟んでくれる場合もある。香草がダメなら「香草抜いて」と言おう！（→下のミニ会話参照）

値段は 市内中心部なら2万ドンくらいが目安。場所によっては1万5000ドンもある。

プチぼうけん♪ バインミーを食べ尽くせ！

How to order
キング・オブ・ファストフードをオーダーしてみよう

具ミックスのバインミーひとつください！
Cho một ổ bánh mì thập cẩm!
チョー　モッ　オー　バンミー　タップカム

パンに切り口を入れる前に七輪で焙るお店も

ありがとう！
Cám ơn!
カム　オン

はいよ！

① パンの断面に切り口を入れ、バターとパテを塗ってくれる。

② ハム、なます、キュウリ、香草など指さしする。

③ お好みで塩コショウ、醤油をかけてもらう。

④ できあがり。

Ⓖ タイビン市場の一角にある
バインミー・タイビン
Banh Mi Thai Binh

コンクィン通りにある人気屋台。具は少なめだけれど1万2000～2万5000ドンと安い。

Map 別冊P.14-A2
ブイビエン通り周辺

⌂Cổng Số 3, Chợ Thái Binh
☎093-8131291（携帯） ⊙6:00～18:00
休テト **Card**不可
交ベンタン市場からタクシーで約5分

Ⓗ 具材のバランスがいい
バインミー・バーラック
Banh Mi Ba Lac

2万5000ドンと屋台にしてはやや割高だけれど、ハムやマヨネーズがおいしく地元の人に人気。

Map 別冊P.10-B3
ベンタン市場周辺

⌂85B Lê Thánh Tôn
☎3822-0327
⊙6:00～13:00
休無休 **Card**不可
交市民劇場から徒歩約6分

バインミーオーダー時のベトナム語

ひとつください。
Cho một ổ bánh mì.
チョー　モッ　オー　バンミー

香草は抜いてください。
Đừng để lá thơm.
ドゥン　デ　ラー　トーム

半分に切ってください。
Xin cắt làm đôi.
シン　カッ　ラム　ドイ

---

step **5** バインミー持って帰ろ★

バインミーが作れる缶詰はスーパーマーケットでゲット。

1.2. バインミーの具になる缶詰は1万5000ドンくらいから。パテやハムの缶詰を購入したら帰国時に動物検疫カウンターで申告を。詳細はP.177

レア屋台を探せ！
平日の夕方頃は学校の周辺に、週末なら公園に出没することがある。

アイスクリームのバインミーを発見！

はい、どうぞ～

39

プチ
ぼうけん
5

これを食べなきゃ帰れない！
ベトナムのソウルフード Best6 は
この店で食べる！

フォーやバン・セオは、絶対食べたいベトナム名物。
どうせならベトナム人も認める名店で食べてみたい！
最初に頂点の味を覚えて、さっそくベトめし通になっちゃお！

TOTAL 1日

ベトナム名物料理を食べ歩き

オススメ時間　12:00～13:00の混雑時以外
予算　50万ドン～

観光の合間にうまく組み込もう
朝食に①フォー→昼食に②バン・セオ→
夕食に③④揚げ春巻とカニ料理→デザートに⑤バン・フランと⑥チェーという流れ
がオススメ。一気に巡るなら12:00～
13:00のお昼時を外したほうがよい。

わざわざ行きたい店はこの8軒！

きれいな高級店ではないけれど、長年愛されてきた専門店にしか出せない味がある。
そんな名店の店主に、ウマさの秘密をコッソリ教えてもらいました。

1 フォー Phở

濃厚なスープがとっても美味。肉厚な牛肉もたっぷりで食べ応えあり（カメラマンO）

こってりスープ
すごい具だくさん！
たっぷりのアサツキ

使える通オーダー
メニューには載ってないけれど、半生肉が苦手な人は火の通った牛肉＋牛肩バラ肉Chin Nam（7万ドン）をオーダーしてみて。

言わずと知れたベトナムのソウルフード。
牛で取った透き通っただしと
平打ちの米麺が絶妙なハーモニーを奏でる。
北部風、南部風（→P.41下）など、
各店によって味が異なるので
食べ比べもおすすめ。

半生牛肉

このお店もチェック！→P.76

軟らかい牛肩バラ肉

午後休みの場合があるので、午前中に食べに来てね！

ここで食べたい！

北部 軟らかい牛肉にノックアウト！
フォー・ボー・フーヤー
Pho Bo Phu Gia

創業20余年のハノイ風フォーの店。英語はほぼ通じないが、濃厚なスープ、軟らかくジューシーな肉にファンが多く、閉店時間前に売り切れることもしばしば。ニンニク酢やライムを入れるとまた違った味わいに。

Map 別冊P.6-B1 3区

146E Lý Chinh Thắng, Q.3　094-2848268（携帯）
6:00～11:00、17:00～21:00　不定休
Card不可　不要　中心部からタクシーで約15分

★頼み方
フォー＋○○（肉の種類）＋△△（料理方法）と頼む。発音が難しいので、メニューを指差しでもOK。ただしに「フォー」は語尾を上げるように発音すると通じやすい。

例えばいちばんメジャーなレア牛肉のフォーなら「Phở Bò Tái フォー・ボー・タイ」

肉の種類	料理方法
牛肉 Bò ボー	よく火を通す Chín チン
鶏肉 Gà ガー	レア Tái タイ
牛肩バラ肉 Nạm ナム	

揚げパンは別料金で注文できるよ！

フォー・タイ・ナム
Phở Tái Nạm（7万ドン）
半生の牛肉と牛肩バラ肉入りのフォー

タマネギ
平麺を使用

半生肉、肉団子、ホルモンなど牛肉の具が全種類入ったフォー・ダック・ビエット・ドゥートゥー Phở Đặc Biệt Đủ Thứ（10万5000ドン）

牛肉のうまみが染み出した、やや甘めのスープに香草を入れるとまた違った味わいに！（編集O）

臭みがなく食べやすいホルモン

赤身の半生牛肉

やや甘めのスープ

プリプリの肉団子

細めの特注麺を使用

こちらもオススメ！

細めの特注麺を使用した優しい味わいの南部風フォー

定番のフォー・タイもおいしいよ！

南部 フォーひとすじ40年以上
フォー・ホア・パスター
Pho Hoa Pasteur

3代続く老舗のフォー屋。創業時から変わらぬレシピのフォーは地元ファンが多い。フォーは12種類あり、小9万ドン、大10万5000ドン。写真メニューもある。揚げ春巻や生春巻も一緒にどうぞ。

Map 別冊P.6-B1　市北部

🏠260C Pasteur　☎3829-7943　🕐6:00～22:30　📅無休　Card J.M.V.
予不要　🚕中心部からタクシーで約15分

路上にまでテーブルが出る人気店

こちらもオススメ！

北部 朝だけ営業のあっさりフォー
フォー・ヤウ　Pho Dau

1958年創業の店で、北部風フォーを提供。時間をかけてだしを取った透明なスープはあっさりとした味わい。無料で付いてくる生タマネギには卓上のチリソースをかけてフォーと一緒にいただこう。

熱々のフォーだよ～

Map 別冊P.6-B1　3区

🏠288M1 Nam Kỳ Khởi Nghĩa, Q.3
☎3846-5866、090-3611505（携帯）
🕐5:00～13:00　📅テト9日間　Card 不可
予不要　🚕中心部からタクシーで約20分

ベトナムのソウルフードBest6はこの店で食べる！

牛肩バラ肉入りのフォー・ナム Phở Nam（Mサイズ9万ドン、Lサイズ10万ドン）

クリアなスープはかなりあっさり。牛肉も脂身が少ないので食欲のない時でも食べられそう（編集O）

あっさりスープ

たっぷりのネギ＆パクチー

脂身が少ない大きめの牛肉

細めの麺を使用

南部風と北部風のフォー どこが違うの？

Soup & ingredients

南部 スープは甘め＆香草たっぷり

甘めのスープに、モヤシや各種香草を好みでちぎり入れるのが一般的。トウガラシや甘い黒味噌で味を自分好みにカスタマイズする人が多い。

北部 スープはこってり、具はシンプル

南部に比べるとスープはややこってりめで、肉以外の具はアサツキだけというシンプルなフォーが多い。調味料もニンニク酢、ライム、トウガラシとシンプル。

How to eat Phở

南部

❶ 好みの香草類をちぎり入れる。比較的クセがないのがバジル類

❷ ライムを搾り入れる。ライムを入れるとさわやかな酸味が加わる

❸ モヤシを入れる。こちらも好みで調節。辛いのが好みならトウガラシを入れて

❹ 箸とスプーンを使ってしっかり混ぜ合わせたら、いただきま～す！

北部

❶ ライムを搾り入れる（キンカンの場合もある）

❷ ニンニク酢を好みで入れよう

❸ 辛いのが好みならカットされたトウガラシも

いただきま～す！

バン・セオ
Bánh Xèo（11万ドン）
皮は厚めでカリカリなのがここのウリ。炭火で焼いた香ばしいバン・セオ

皮がパリパリ！

うちのバン・セオは昔ながらのオーソドックスなスタイル。炭火で焼くから皮が厚めでパリパリになるのよ！

使える [通] オーダー
スペシャル・バン・セオ（18万ドン）もある。こちらは殻をむいてある大きめのエビが入り、さらに卵も入る！

ここで食べたい！

1945年創業の老舗食堂
バン・セオ46A Banh Xeo 46A

地元のベトナム人と観光客で常に大にぎわい。店の外には炭火のコンロがズラリと並び、豪快に焼き上げられていく姿が見られる。もちもちスープ麺のBánh Canh（6万5000ドン）もおいしい。

Map 別冊P.7-C1　市北部

⌂46A Đinh Công Tráng　☎3824-1110
🕘10:00～14:00、16:00～21:00　[休]テト2週間
[Card]不可　[予]不要　[交]中心部からタクシーで約10分

こちらもオススメ！
生春巻（5本9万ドン）や揚げ春巻（5本8万5000ドン）も人気メニュー。
詳細は→P.79

2 Bánh xèo
バン・セオ

ベトナム版お好み焼き。ベトナム南・中部の家庭料理で、大人も子供も大好き。米粉とココナッツミルクベースの外皮の中に、豚肉、エビ、モヤシ、緑豆などがたっぷり。野菜で巻いて、なます入りのヌックマムにつけてパクリ！

How to eat

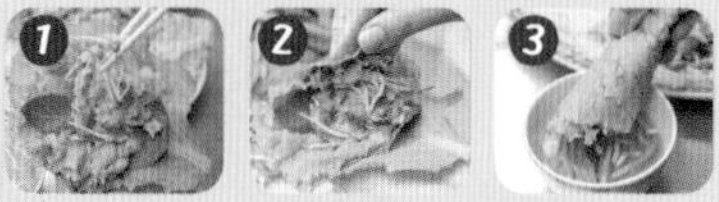

1 からし菜に香草、バン・セオをのせて
2 少しきつめに巻いて
3 たれにつけて食べる

午後から開店だよ！

エビ＆イカ、豚肉、エノキ、卵入りのバン・セオ・ダック・ビエットBánh Xèo Đặc Biệt（8万ドン）

こちらもオススメ！

メコンデルタ風バン・セオ
バン・セオ・ミエンタイ335
Banh Xeo Mien Tay 335

夜は満席状態で売り切れ次第終了となる人気店。薄皮でパリッと焼き上げる生地の中には豚肉やモヤシなどの具がたっぷり。マンゴーやルートビアの葉など他店にはない多種類の野菜も魅力。

Map 別冊P.6-B2　3区

⌂335/2 Điện Biên Phủ, Q.3　☎088-842517（携帯）
🕘14:30～19:00　[休]無休
[Card]不可　[予]不要　[交]中心部からタクシーで約15分

使える [通] オーダー
ひと口サイズのバン・コットBánh Khọt（7万ドン）も看板メニューのひとつ。

3 チャー・ヨー Chả Giò

ひとくちに揚げ春巻といっても、北部はネム・ザン(Nem Rán)、南部はチャー・ヨー(Chả Giò)と呼ばれ具材はさまざま。地元のイチバン人気のチャー・ヨーは、カニ肉入りのこの一品!

使える 秘 テクニック
揚げ春巻とは香草とブン(細い米麺)がセットで付いてくる。器に麺、揚げ春巻、野菜を入れてヌックマムをかけてあえ麺風で食べるのもGood。

ここで食べたい!

チャー・ヨー・クア Chả Giò Cua (20万ドン)

カニ肉とひき肉、キクラゲ、春雨入りのバリバリ食感の豪華な揚げ春巻

① レタスに米麺ブンと香草をのせる
② その上に揚げ春巻をのせて……
③ レタスで巻いてたれにつけて食べる

ここで食べたい!

素朴なスイーツとローカルグルメが人気
キムタン Kim Thanh

直営牧場の牛乳を使ったカスタードプリンやヨーグルト、ヤギミルクが人気商品。ベトナム料理もあり、朝食には麺類やベトナム風ビーフステーキが食べられる。

Map 別冊P.10-B1 サイゴン大教会周辺

🏠 4 Lê Văn Hưu ☎ 3829-3926 ⏰ 6:30〜15:30 (土・日曜〜14:00) 🈺テト Card不可 ⓟ不要 🚶サイゴン大教会から徒歩約5分

5 バン・フラン Bánh Flan

カスタードプリン。かつて新鮮な牛乳が手に入りにくかった時代に、バン・フランは貴重なスイーツだった。昔ながらの手作りの味わいにほっこり。

サイズはかなり小さめ

使える 通 オーダー
かわいいボトル入りの自社ブランドの牛乳(2万8000ドン)にコーヒーの原液を入れると、甘さ控えめの激ウマコーヒー牛乳のできあがり。店員さんにスア・トゥオイ・カーフェ=Sữa Tươi Cà Phê (3万5000ドン)と頼もう。

バン・フラン Bánh Flan (1万8000ドン)

自社牧場で取れる牛乳と、こだわりの卵、砂糖で作る、無添加の優しい味わいのプリン

---

4 クア・ロット Cua Lột

脱皮直後のカニ(ソフトシェルクラブ)のから揚げ、クア・ロット。殻まで軟らかいカニのうま味が凝縮した贅沢な一品。

使える 秘 テクニック
普通チリソースをつけて食べるけれど、ムーイ・ティウ・チャン(→P.83)というライム塩コショウをつけて食べるのもオススメ。

プチぼうけん5
ベトナムのソウルフードBest6はこの店で食べる!

カニ味しちゃお

チリソースをつけて食べる

足も甲羅の部分も全部食べられる

カニがたっぷり!

ここで食べたい!

庶民派カニ料理専門店
94トゥイ 94 Thuy

新鮮なカニをふんだんに使った料理が自慢のカニ料理専門店。味とボリュームは地元の人のお墨付きで、在住日本人にも大人気。チャー・ヨー(→左記)もクア・ロットも味は太鼓判!

クア・ロット Cua Lột (28万ドン)

カニ専門店だから、毎日新鮮なカニが手に入る! 軟らかくてホクホクで幸せ〜♡

Map 別冊P.8-A1 市北部

🏠 84 Đinh Tiên Hoàng ☎ 3910-1062 ⏰ 10:00〜22:00 🈺無休 CardJ.M.V. ⓟ不要 🚶中心部からタクシーで約10分

---

6 チェー Chè

「ベトナム版あんみつ」として日本でも有名なチェーは、やっぱり本場で食べたい! 果物や豆類、漢方ゼリーなど具材もさまざま。

こちらもチェック!→P.92

使える 秘 テクニック
チェーだけでなくヨーグルト(2万ドン)やプリン(2万ドン)も人気。持ち帰りもできるので試してみて!

ココナッツミルク
緑豆ペースト
タピオカ粉とクワイの実のゼリー
麺状のゼリー

チェー・スーン・サー・ハッ・ルー Chè Sương Sa Hạt Lựu (2万5000ドン)

ザクロに似せて作るクワイの実のゼリーが主役のチェー

ここで食べたい!

素朴な味わいが人気
ベー・チェー Be Che

ベンタン市場の食堂街にある人気のチェー専門店。クラッシュアイスを入れて食べる冷たいチェーと温かいチェーの2種類がある。メニューは写真付きでわかりやすい。

Map 別冊P.12-A1〜B2 ベンタン市場内

🏠 Shop 1154, Chợ Bến Thành, Lê Lợi ☎ 6685-3461、090-9634917、091-3714412 (携帯) ⏰ 6:00〜18:00 🈺テト Card不可 ⓟ不要 🚶市民劇場から徒歩約12分

甘さ控えめ&量も多過ぎないので、おやつにぴったりだよ

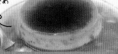

バイクに乗って気分は地元っ子
安ウマ! B級グルメ巡り

おいしーよ!

出発!

街には安くておいしいB級グルメがいっぱい！ でもどこで何を食べたらいいの!?
そんな悩みを解決してくれる日本語ガイドと行くバイクツアーに参加しちゃお！

地元っ子おすすめ!
安ウマグルメ3選

普通のガイドブックには載っていない、ちょっぴりレアな料理を中心にピックアップ。おなかをすかせて、おいしいB級グルメにありつこう！

安ウマ! B級グルメ巡り TOTAL 3時間

オススメ時間	12:00〜15:00	予算	20万ドン〜

🛵 持ち物＆覚えておきたいベトナム語
ローカル店のため、衛生面は期待できないのでウエットティッシュがあると便利。覚えておくと便利なベトナム語は「これひとつください Cho tôi một cái này（チョー トイ モッ カイ ナイ）」と、「お会計 Tính tiền（ティン ティ エン）」。

❷
❸

軽食ストリート
サイゴン川
統一会堂
ベンタン市場
❶

0 — N — 1km

保険完備＆安全運転で安心!
ポコロコベトナム　Poco Loco Vietnam

日本語ツアーガイドがバイクでおすすめの屋台など要望に合わせて連れて行ってくれるプライベートバイクツアーを主催。日本人経営で保険完備。おすすめの3時間のグルメツアーは67US$（食事代別途必要）、2〜3日前までにメールで要予約。

Map 別冊P.5-D1 ビンタン区

🏠 Room 1411, Lot C, 79 Phạm Việt Chánh, Q.Bình Thạnh ☎093-3605003（英語、携帯）📧pocolocovietnam@gmail.com ⏰10:00〜18:00 休不定休 Card不可 ⏰中心部からタクシーで約15分 URLwww.pocolocovietnam.com

---

❶ 軒目

あんかけフーティウ
Hủ Tiếu Mỹ Thọ

「ミトー風フー・ティウ」と銘打ち、南部の名物麺フー・ティウ（→P.77）をあんかけのあえ麺として提供。魚介のうま味がしっかり感じられるトマトソースに麺とたっぷりの具が絡み、絶妙な味わい。

**エビ・カニ入りスペシャル
7万ドン
Hủ Tiếu Đặc Biệt Tôm Cua**
スペシャルにはエビ、カニのほかレバーや豚ひき肉が入る

おいしそう！
うわ〜!

スープが付いてくる
お好みで野菜をイン！

いただきま〜す!

知る人ぞ知る老舗の名店
タンスアン　Thanh Xuan

1946年創業の歴史のある店。店構えは小さく、うっかりすると見逃してしまいそう。ミートパイ（Bánh Pâté Chaud）も人気。売り切れ次第閉店、雨の日は休むことが多いので注意。

Map 別冊P.13-C1 ドンコイ通り周辺

🏠 62 Tôn Thất Thiệp ☎090-9542097（携帯）⏰6:30〜13:30（土・日曜〜19:00）休テト、不定休（雨の日など）Card不可 ⏰不要 ⏰ベンタン市場から徒歩約10分

LOCAL'S point

中華麺とフー・ティウ麺のミックスがおすすめ。注文時に「フー・ティウ・ミーHủ Tiếu Mi」と伝えればOK。

がやがや

おいしー！！ よってらっしゃい！ おいしー！！♪

2 軒目 露干しライスペーパーの生春巻 Bánh Trang Phơi Sương

南部タイニン省名物の、湿気を含みしっとり軟らかな食感の露干しのライスペーパーを使う。15種類の野菜＆香草と豚肉を一緒に巻き、マム・ネム（Mắm Nem）という発酵調味料ベースのたれにつけて食べよう。

ゆで豚スネ肉
18万3000ドン／1人前
Thịt Bắp Luộc
Thịt Bắp Luộcを注文すると露干しライスペーパー、野菜、たれが付いてくる

優しい甘さのもちもちスープ麺バン・カン（10万ドン）もおすすめ

地元で有名なレストラン
ホアンティー
Hoang Ty

露干しライスペーパーだけでなく野菜もタイニン省から仕入れており、他店では見られない種類のものも。ゆで豚ヒレ肉Thịt Nạc（18万3000ドン）も人気。

Map 別冊P.7-C1 市北部

🏠1 Nguyễn Hữu Cầu ☎3820-7535 🕘10:00～21:00（L.O.）
[休]無休 [Card]M.V. [予]不要
[交]中心部からタクシーで約10分
ホーチミン

LOCAL'S Point
香草は数種類入れて。酸味、苦味、肉のうま味が三位一体となり複雑な味わいに！

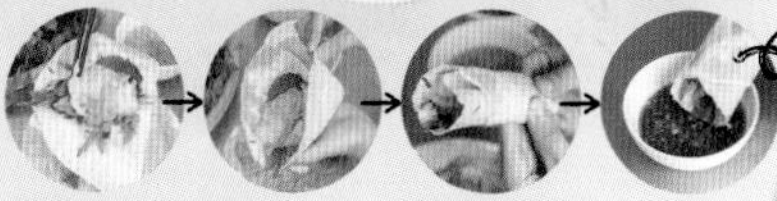

野菜と肉をのせて → なますも入れると美味 → 巻き巻き…… → たれにつけてパクリ！

野菜がたっぷり取れるよ～

ピータン抜きなら2万ドンだよ

3 軒目 ピータン入りカニスープ Súp Cua Hột Vịt Bắc Thảo

カニスープ（Súp Cua スップ クア）はベトナム南部ではおなじみのストリートフードだけれど、ピータン入りが珍しい。

LOCAL'S Point
ゴマ油をたっぷり入れると、さらにおいしい！

パクチー入れないで！
Đừng cho ngò rí nhé!
ドゥン チョー ゴーリー ニェー

ピータン入りカニスープ
3万ドン
Súp Cua Hột Vịt Bắc Thảo
ピータン、カニ肉、シイタケ、鶏肉、ウズラの卵が入り、満足度が高い

ゴマ油たっぷり入れて！
Cho dầu mè nhiều nhé!
チョー ヤウ メー ニュウ ニェー

夕方は若者でにぎわう

番外編 軽食ストリート

1. 20種類ほどのおやつやスナックが集合　2. 手前はエビ入り蒸し餃子（Há Cảo）、奥は臓物のココナッツ煮込み（Phá Lấu）

ハイバーチュン通り76番路地の軽食ストリート

小さな天秤棒屋台が連なる路地。生春巻や麺類など、どれも3万～4万ドン程度。ドリンク（1万5000ドン～）を注文すれば奥の飲食スペースが使える。

Map 別冊P.16-A2 ティーサック通り周辺

🏠Hẻm 76 Hai Bà Trưng ☎なし
🕘14:30～19:00頃 [休]テト [Card]不可
[予]不要 [交]市民劇場から徒歩約5分

タンディン市場内の一画に店を構える
スップ・クア・リエン Sup Cua Lien

グエンヒューカウ通りに面した食堂エリアにある。英語も通じないローカル店だけれど食べてみる価値は大！

Map 別冊P.7-C1 市北部

🏠Shop 867, Chợ Tân Định, 48 Mã Lộ ☎093-8220818（携帯） 🕘6:30～18:30 [休]1/15、テト10日間 [Card]不可 [予]不要 [交]中心部からタクシーで約10分

できた！

見て着て作ってカワイイ♪ 魅惑のアオザイ体験

プチ
ぼうけん
7

最も女性を美しく見せる伝統衣装といわれる、アオザイ。ベトナムに来たのなら、アオザイの新旧に触れつつ、オーダーメイドや変身写真にもトライ！

憧れの
アオザイ
体験！

アオザイは色も形もさまざま

アオザイというと、チャイナカラーの立襟に長袖が一般的なイメージだけど、時代の変遷とともに形も色もバリエーション豊かに。襟なし、ノースリーブなどさまざまなスタイルのアオザイがある。

アオザイ体験　TOTAL 7時間

オススメ時間	9:00〜16:00
予算	500万ドン〜

💡午前早めにスタート
変身写真の創寫舘は必ず電話で予約を入れること、16:30閉店なので、①〜④すべて巡るなら早めの動き出しを心がけよう。

刺繍入りも
花柄もすてき！

レンタル
アオザイもOK ➡P.21

アオザイとは？
アオ＝上衣、ザイ＝長いを意味する、長い上衣とパンツを組み合わせたベトナムの伝統衣装。両脇の深いスリットが特徴。現在では、普段着として着ることはほとんどないが、学校・職場の制服で採用されることも多い。

アオザイ博物館でお勉強♡

まずは昔のものから現代のものまで、実物を見ながらアオザイの歴史をお勉強。

貴重なアオザイを保存・研究

アオザイ博物館 Bảo Tàng Áo Dài

有名アオザイデザイナーのシー・ホアン氏が自身で集めた新旧約100点もの貴重なアオザイを展示したベトナム初のアオザイ博物館。17世紀から現代までのアオザイ変遷の歴史がわかりやすく展示されている。

Map 別冊P.5-D1参照　トゥードゥック市

🏠 206/19/30 Long Thuận, P.Long Phước, TP.Thủ Đức
📞 091-47269 48(携帯)
🕐 8:30〜17:30　🚫無休
💰5万ドン　🚕中心部からタクシーで約1時間
🌐 baotangaodai.com.vn

アオザイの原型、アオトゥータン
アオザイの原型である、17世紀の衣装「アオトゥーッン Áo Tu Thân」は前後2枚ずつ、計4枚の布で作られた前開きの上衣。パンツではなくスカートを合わせた。

アオザイ新時代でデザイン一新
1930年代はフランス文化の影響を受けた西洋風アオザイが登場。レース生地や襟元にフリルをあしらった、従来とは異なるデザインが流行した。

アメリカに傾倒！ヒッピー風アオザイ
1968〜1989年は、当時アメリカで流行していたヒッピースタイルを取り入れたアオザイが登場。ビビッドカラーの布地や短めの丈などが若者の間で流行。

46

② イマドキのアオザイをゲット

スタイル
よく見えるよ

若者の間では普段着でも
使えるカジュアルアオザイが
流行中。最旬スタイルを
ピックアップ。

緻密な
手刺繍入り

Casual
カジュアル

キト（→P.102）考案
のアオザイワンピース
210万ドン～。柄、色
の組み合わせともに豊
富。オーダーメイドは
230万ドン～

大人の
雰囲気↘

Feminine
フェミニン

コーラウ（→P.110）の
シースルーアオザイ97
万5000ドン。落ち着い
た緑色がすてき

Retro
レトロ

花柄の生地×大き
な花刺繍が印象的
なアオザイ（289
万ドン）。ナウ・
コーナー（→P.110）
のもの

---

③ 自分だけのアオザイをオーダー

形も柄も好みのものを
選び、世界にたった1着だけの
マイ・アオザイを作ろう！

こんな
すてきな
アオザイが
できちゃった♪

日本人経営の安心テーラー

フレームツリー・バイ・ザッカ
Flame tree by Zakka

Map 別冊P.17-C2

タオティエン

オーダーメイドの有名店。
日本人のパタンナーがお
り、日本語対応可能なので
イメージが伝わりやすく仕
上がりの満足度が高い。木
版プリントの布や、さしこ
の布、シルクのろうけつ染
めなど生地も豊富に揃う。

⌂7A Đỗ Quang, Thảo
Điền, TP.Thủ Đức
☎070-3134714（携帯）
⏰11:00～16:00
⏰12/24、12/25、テト
CardM.V. 🚕中心部からタク
シーで約20分 ⌂14 Trần
Ngọc Diễn, Thảo Điền, TP.
Thủ Đức Map 別冊P.17-D2

オーダーメイドの注意点

◎所要日数、生地とオーダー
の金額を明確にしておく
（通常3日～。フレームツリー・
バイ・ザッカの場合、アオザイ
のオーダーメイド180万ドン～）

◎サイズ違い、納期遅れな
どのトラブル時に返金される
のかを事前にチェック

◎既製品を見ながら希望を
しっかり伝えて

何だか
緊張しちゃう

アオザイの形と布を決め
たら、大きめの既製品を
着て採寸。体のラインを
強調するデザインの場合、
採寸はおよそ16ヵ所も！

---

④ アオザイの変身写真にトライ！

メイクもポージング
指導もしてくれる写真館で、
アオザイ美人に変身しよう！

たくさん撮って
くれるので、ベスト
ショットを選ぼう

仕上がりに大満足の写真館

創寫館 Soshakan

日本のスタジオが経営。メイク、
アオザイ2パターン撮影、写真の
修整、写真6点が含まれるプラン
（150万ドン）
が人気。通常
翌日仕上げ。

ちょっと
大きいかな？

撮影のコースを決めたら衣
装選び。日本語OK

アイプチに付けまつげと、
ばっちりメイクで大変身！

Map 別冊P.5-C3参照

7区

⌂1F Đường 3A, Q.7
☎3925-0355, 090-
8387622（携帯、日本
語可）
⏰8:30～16:30
⏰水曜 CardA.D.J.M.V.
◎要予約 🚕中心部か
らタクシーで約7分

感動！興奮！爆笑！が待っている
ホーチミンのエンタメにくびったけ♡

伝統芸能から摩訶不思議なテーマパークまで、ホーチミンにはエンターテインメントが満載！
楽しめること間違いナシの厳選スポットを訪れて、もっとディープにホーチミンを楽しんじゃお☆

アー・オー・ショーを観賞

TOTAL 1時間

🎭ショー時間 18:00〜19:00 または 20:30〜21:30

💰予算 60万〜175万ドン

💡チケットは事前に購入しておこう
市民劇場（→P.140）横にチケットカウンターがあるのでそこで購入するのがいちばん簡単。ウェブサイトからも購入できる。

エンタメ その1

地元っ子のイチオシならコレ！

ベトナム文化に浸れる
アー・オー・ショー

市民劇場で上演される「ニュー・サーカス」。17種類の伝統楽器の調べにのって竹のお椀舟やカゴなどを使ったアクロバットが繰り広げられる。

踊って跳ねて飛んで躍動感たっぷり！

完成度の高いパフォーマンスに圧倒されること間違いなし。ユーモアたっぷりな演出もあり約1時間の公演はあっという間

ホーチミンを代表するエンタメショー
アー・オー・ショー
AO Show

ベトナムの人々の生活に欠かせない竹を使い、ベトナムの農村と都会の暮らしを描くアクロバットショーで、「ベトナムの文化や暮らしの美しさを知ってほしい」という願いから誕生。ベトナムの伝統漁で使われる竹製のお椀舟を弾ませてその上で宙返りしたり、竹竿を綱渡りの要領

で歩いたりと、飽きさせない演出が満載。

Map 別冊P.14-B1
ドンコイ通り周辺

🏠7 Lam Son Square ☎084-5181188（携帯）⏰18:00または20:30（上演日は不定期で月に16日程度。ウェブサイトで要確認）、市民劇場内のチケットカウンターは9:00〜18:00 🏖テト 💰80万〜175万ドン
Card A.J.M.V. 🚶ベンタン市場から徒歩約10分 🌐www.luneproduction.com

エンタメ その2

夜景＆料理を楽しめちゃう

サイゴン川の
ディナークルーズ

ホーチミンの夜景を船から楽しめるクルーズは、ベトナム料理のディナーも楽しめて一石二鳥。4区サイゴン港から出航し、約45分かけて北上しUターン。

夜景クルーズを楽しむ！

TOTAL 3時間15分

⏰オススメ時間 18:00〜21:15

💰予算 49万9000ドン

💡旅行会社を通しての予約がベター
週末は混むので予約を。電話またはウェブサイトからも予約可能だけど旅行会社で予約するのがいちばん簡単。

夜景のハイライトは1区ドンコイ通り付近。ランドマーク81タワー（→P.68）も見えるあたりで折り返す。帰港は21:15頃。

ビュッフェディナーが好評
インドシナ・
クイーン号
Indochina Queen

3階建ての大型クルーズ船。階によって料金が異なり1階席が最も安い。食事後に出航となり伝統音楽やバンド生演奏もある。

Map 別冊P.13-D3 4区

🏠5 Nguyễn Tất Thành, Q.4 ☎088-8024240（携帯、ホットライン）、3895-7438 ⏰乗船18:00、出航19:45 🏖無休 💰49万9000ドン Card M.V. 🚶中心部からタクシーで約5分 🌐indochinaqueencruise.com.vn

ビュッフェの一例。セットメニューも選べる

エンタメ その3

ベトナムの鉄板エンタメならコレ!

ベトナム北部の伝統芸能
水上人形劇

ベトナム北部で約1000年前から庶民の娯楽として親しまれてきた水上人形劇。水面を舞台に人形たちがひょうきんに舞い踊る姿に視線が釘付け!

水上人形劇を観賞　**TOTAL 50分**

上演時間 18:30～19:20　予算 30万ドン

2～3日前までの予約がベター
劇場の入口右側にあるチケット窓口(9:00～11:30、13:30～18:00)でチケットを事前購入できる。ツアーの団体客も多く、2～3日先まで満席のことも。水上人形劇&ディナークルーズのツアーを催行する現地旅行社(→P.183)もある。

仙女 Tiên ティエン
物語のクライマックスに登場する。伝説によるとここの仙女の子孫がベトナムのもとになる国を興したのだそう

伝統的なスタイルの劇場

楽器隊

ここが舞台!　水

人形

牛を引き土をならし、田植えをして収穫するまでの一連の流れが演じられる

豊作への願いが込められた田植え作業

めでたい四霊獣の踊り。獅子が水を噴き、龍は火を噴き迫力満点!

龍、獅子、鳳凰、亀
四霊獣の踊り

舞台両脇の6人の楽器奏者が奏でる、太鼓、笛、ベトナム琴、一弦琴、胡弓、木魚の6つの伝統楽器の生演奏にも耳を傾けてみよう

昔ながらの伝統芸
ロンヴァン
水上人形劇場

2023年9月現在、ホーチミンで唯一、定期上演を行う劇場。最前列は水しぶきが飛んでくるほどの距離。

データは→P.143

水上人形劇って?

ベトナム語でムア・ロイ・ヌックMúa Rối Nước。彩色した木製の人形を水中で操り、水面を舞台に繰り広げられる人形劇。内容は地域や劇場によって多少異なるが、基本は農村での生活や行事、民話などを演じている。およそ1000年前にベトナム北部タイビン省の農民たちが、収穫の祭りのときなどに屋外の水辺を使って演じており、李朝(1010年～)の時代には宮廷にまで広まったとされる。

舞台裏図解
客席側　幕　舞台裏　水面

エンタメ その4

とにかく笑いたいなら

珍百景
ファンタジーランド
スイティエン

ベトナムの神話と伝説を題材にしたテーマパーク。巨大像にアトラクション、プール、ワニ園からお寺に仏像まで、ごちゃまぜ感が楽しい。ツッコミを入れつつ、思いっきり笑っちゃお。

ベトナムの本気を見よ!
スイティエン Suối Tiên

ホーチミン中心部から北東へ約20km。105ヘクタールの広大な敷地に50以上のアトラクションを揃えたテーマパーク。笑えるネタが大好きな人は、1日かけて行ってみるべし。水着があれば準備万端。

Map 別冊P.5-D1参照　**トゥードゥック市**

🏠120 Xa Lộ Hà Nội, P.Tân Phú, TP.Thủ Đức 🕿3896-0260 🕘8:00～17:00 🈺無休 🎫入場料15万ドン、子供(身長140cm未満)8万ドン 🚕中心部からタクシーで約1時間、路線バスで約1時間20分 URLsuoitien.com

スイティエンに行く!　**TOTAL 4時間**

オススメ時間 9:00～　予算 30万ドン～

ローカルバスで簡単アクセス
サイゴン・バスターミナル **Map別冊P.14-B2** から19番バス(5:00～20:15の間に6～15分間隔。7000ドン)で所要約1時間20分。タクシーを利用するなら信頼できるタクシー会社を使おう。広い園内を歩くので日焼け止めと帽子は必携。

全長22mの巨大菩薩像!

200億ドン以上を費やして完成した神々しい菩薩像に祈りを捧げよう

プチぼうけん 8
ホーチミンのエンタメにくぎづけ♡

49

プチ ぼうけん 9

気分はメコン探検隊
ホタルを探してボートに乗り込め!

ホーチミン市内から約2時間のドライブでメコンデルタへ!
モーター船から小さな木船までいくつも船を乗り継いで
ワイルドな自然も絶品グルメも満喫したら、
最後はホタルの光に大感動!

1年中
ホタルが
見られるよ☆

メコンへ
ようこそ

プヒプヒ

ミトーでジャングルクルーズ

TOTAL 7時間30分

オススメ 時期
5〜8月
初旬頃

予算
78US$〜
(ホーチミン発着
日本語ツアー)

ホタル観賞にオススメの時期は
天気に左右されることもあるが、ミトー
ではホタルは1年中観られる。特に5〜8
月の雨季の雨上がりに最も数が多い。晴
天率が高いのは乾季の12〜4月頃。現地
ツアーの詳細は→P.183。

ワクワク
しちゃう☆

ホタルを観るなら
昼過ぎ出発のツアーで

TNK&APT トラベルJAPANホーチミン本店
(→P.183) をはじめ各社がホタルツアーを催行
している。13:30頃出発し、21:00頃ホーチミン
に戻るスケジュール。ホーチミンからメコンデル
タへのツアーはさまざまな旅行会社によって毎日
催行されているので、内容をしっかり確認して決
めよう。

島間は
ボートで
移動するよ

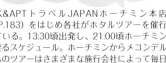

メコンデルタツアー
どうやって行く?

1 ホーチミン発のバスツアーがいちばんラクで安い!

◇いつどこで申し込めるの?
現地の旅行会社のオフィスで
直接前日までに申し込むか、
大きな会社ならウェブで事前
申し込みも可能。オフィスは
ブイビエン通りやデタム通り
(→P.144) に多い。

◇ツアー内容は全部同じ?
訪れる場所はほとんど同じだが、
昼食や夕食の内容は会社によって
少しずつ異なる。また、ボートに
乗り込むポイントは以前はミトー
だったが、最近はベンチェーから
の会社も増えている。

◇料金は?
ホタル観賞を含まない英語のグ
ループツアーは21US$くらい〜。
日本語ツアーで最も安いのは
TNK&APTトラベルJAPANホーチミ
ン本店の49US$のもの。ホタルツ
アーなら日本語ツアーで78US$〜。

◇こんなツアーもあるよ
・ヤシ教団の寺 (→P.51) を含むツアー
・メコンクルーズ+カオダイ寺院
　1日ツアー
・メコンクルーズ+クチトンネル
　1日ツアー

ミトーってどんな所?

インドシナ最大の河川、メコン川が造り出した巨大な三角州、メコンデルタを代表する町。三角州の肥沃な大地に育まれたアジアの一大穀倉地で、果物の産地としても有名。

Map 別冊P.3-D2

新鮮な魚だよ〜

ミトー市場

永長寺

永長寺の巨大像です

My Tho City
ミトー

ミトー・クルーズターミナル

フェリーターミナル
ヴィエット・ニャット・ラックミウツーリスト (→下記)

トイソン島

ミトーとベンチェーを結ぶ橋へ

ラックミウ橋

フン島

ロン島

クイ島

Mekong River

D

A B C
START

E
タンタック村

Ben Tre Province ベンチェー

F ホタル観賞ポイント

G

プチぼうけん9

ホタルを探してボートに乗り込め!

焼き鳥 Gà Nướng

地鶏を使用した鶏料理もメコンデルタで味わいたい。

フー・ティウ Hủ Tiếu

米粉から作られるフー・ティウ麺の本場はミトー (詳しくは→P.77)。

ミトー名物を予習

ソイ・チン・フォン Xôi Chiên Phồng

米と緑豆を混ぜた生地を油の中で転がしながら丸く揚げて、甘く味付けしたもの。

象耳魚
(エレファントフィッシュ)
Cá Tai Tượng

メコン川で養殖されている大きな象耳魚のから揚げ、カー・タイ・トゥーン。

宇宙と交信!? 謎のヤシ教団の寺へ潜入

ヤシ教団の寺 Di Tích Đạo Dừa

ヤシ教団が共同生活をしていた場所。1990年に教祖ダオユアが死亡し教団は解散させられたが、宗教の世界観を表現した、宇宙の様子を表すタワーなどの建造物は今も残っている。

🏠 Ấp Tân Vinh, Châu Thành Cù Lao Cồn Phụng
☎0273-3822-198　⏰7:00〜19:00　無休　💰4万ドン

ヤシ教団って?
ダオユア (1909〜1990年) が開いた、仏教、キリスト教、イスラム教、カオダイ教、ホアハオ教を融合した宗教で、ヤシの実だけを食べて生活した。

ヤシ教団の寺へはツアーに参加して行こう

お寺の中は極彩色!

---

② タクシーかバスでミトーへ行き、現地ツアーを申し込む方法も

メリット　現地で申し込めばふたり参加の場合、ひとり33US$くらいで日本語ガイドのプライベートツアーが申し込める。また、ヤシ教団の寺やホタル観賞を組み込んだツアーなど、自由にアレンジできるのもうれしい。ホタル観賞は会社によって、ホタルの多い支流に手こぎボートで入って観るので、事前に確認しておこう。

ミトーの現地旅行会社
ヴィエット・ニャット・ツーリスト
Viet Nhat Tourist

Map 上図 ミトー

🏠1 Hoang Sa　☎0273-3975-559　⏰7:30〜17:00　無休　Card不可　URL dulichvietnhat.com

デメリット　ホーチミンから車をチャーターして往復すると高くつく。ホーチミン市内またはミエンタイ・バスターミナルからミトー行きのバス (9万ドンくらい〜) もあるが、たいていは降車場所 (バス会社によって異なる) からボート乗り場まで移動する必要があることや、英語が通じにくいバス会社も多く、やや不便。ミトーに1泊するなら、格安ツアーでメコンクルーズを体験したあと、帰路を放棄する手もあり。

13:30

ホーチミンを出発

無料でホテル送迎が付く
ツアーもある。

酔い止めを
飲むと安心！

ホタルを
見つけに
さあ、出発！

ホタルを観ない
日帰りツアーでも
だいたい訪れる
ポイントは
同じだよ！

民謡を
聴きながら
ひと休み♪

A 15:30

**ベンチェーのアンカン村着。
村の小道をお散歩**

のどかな田舎道をのんびり散策。
にこやかな村人にごあいさつ。

※メコンデルタツアーの出発地点は旅行
会社によって異なる。おもにミトーかベン
チェー。

ヤシの木製品が
たくさん！

B 15:40

**果樹園で
新鮮フルーツ
いただきます☆**

パイナップルやド
ラゴンフルーツ、
ザボンなど、果樹
園で育ったもぎた
てフルーツでビタ
ミン補給！

村のマーケット

触って
みない？

Hương Nhãn
NSX 01 06 23

C 16:00

**手こぎボートに乗り込んで、
リアル・ジャングルクルーズ**

ローヤルゼリーは
10gで24万ドン
くらい

のんびり
楽しみましょ♪

ボートがすれ違うか
どうかのほそ～い中
州をスイスイ小舟が
進む。ヤシの木々が
生い茂るワイルドな
景色のなか、リアル・
ジャングルクルーズ
体験。

ハチミツ茶でひと息

D 16:30

**ハチミツ農園で美容に
効くおみやげをGet！**

養蜂場ではハチの巣に指を入れ
てハチミツをなめるなんてスペ
シャルな体験もできちゃうよ！
健康増進や美肌効果のあるロー
ヤルゼリーや、取れたてのハチ
ミツをおみやげにいかが？

ほんとに
ジャングルだ～！

いちから
手作業で
作ります！

D 17:00

甘い香りの漂うココナッツ
キャンディ工場に到着
メコン名物のココナッツキャ
ンディの製造工程がわかる工
場見学。熱々のできたてキャ
ンディの味に感動！

おみやげ
あるよ！

キャンディは
3万ドン〜

ヘビと
記念撮影は
いかが？

プチ
ぼうけん9

ホタルを探してボートに乗り込め！

E 17:30

レストランで夕食
ツアーで立ち寄るレストランで
は、メコンデルタ名物の料理を
味わえる。象耳魚はゼッタイ食
べたーい！

魚の身を
巻き巻き

象耳魚の身は
ふわふわ

象耳魚の
生春巻が完成

E 17:15

夕暮れの
タンタック村を散策
日も暮れかけて涼しく
なったなか、家路を急
ぐ子供や店じまいする
露天商を横目にお散歩。

シン
チャオ☆

Goal!
21:00
ホーチミン
市内帰着
ホテルへの無料送迎
付きツアーもある。

すてきな
夜でした〜！

静かに
メコンの夜を
照らします

F 19:30

本日のクライマックス！
ホタル観賞ポイントへ
水上から眺めるホタルの光
は、なんともロマンティッ
ク。まるでクリスマスのイ
ルミネーションのように美
しい。
※ベンチェーでは1年中ホタルが観ら
れるが、天候に左右されることもある。

アップにすると
こんなかんじ
日本でポピュラーなゲン
ジボタルと違って米
粒くらいの大きさ

G 20:00
ミトー・
クルーズターミナル

ホタルの不思議

Q ホタルはなぜ
光るの？

A 求愛のためが有力
説。強い光を放つホ
タルが魅力的なのだそう。

Q ホタルはどの
ように光るの？

A 種によってそれぞれ
2〜4秒に1回。メコ
ンのホタルは点滅が速い。

Q ホタルはどこに
群がってるの？

A 水辺に多いニッパヤ
シの葉はつるつる滑
るので、それ以外の木に
群がる。

身も心もリラックス
メコンデルタの田舎でのんびりエコステイ

ジャングルクルーズを楽しむ日帰りツアー（→P.50）もいいけれど、メコンデルタの魅力は
ゆったりと流れる時間と目を楽しませてくれる南国の花々や緑。
ベンチェーの片田舎でのんびりエコステイはいかが？

緑が鮮やかで
キレイ〜♡

ベンチェーの田舎へ

TOTAL 3時間

オススメ時間	サイクリングは早朝か夕方	予算	230万ドン〜

※予約は早めに
「メコン・ホーム」は10棟のみの小さな宿
のため早めの予約が望ましい。サイクリ
ングはまだ涼しい早朝か暑さのやわらぐ
15:00以降がおすすめ。

1泊2日で新たな
メコンの魅力を発見！

「メコン・ホーム」に宿泊してロー
カル市場や周辺の村を探訪するサイ
クリングと家庭料理を楽しもう。

大自然に囲まれたガーデンホテル

メコン・ホーム
Mekong Home

ベンチェーで生まれ育ったオーナーが地元の
魅力を伝えたいと、観光客のほとんど来ない
田舎にオープン。自転車レンタル、釣り体験
無料。宿主催のツアーにも申し込める。

緑に囲まれた長さ約
12mの屋外プール

客室はすべてバンガロータイプでイン
テリアも洗練されている。敷地内には
スパもある

Map 別冊P.3-D2 ベンチェー

🏠 Ap 9, Xã Phước Long, Huyện Giồng Trôm, Bến
Tre ☎098-7299718（携帯）🏠150万ドン〜（朝
食付き）**Card** V. 🛏10室 🚗ベンチェー市内から車で
約20分 **URL** www.mekonghome.com

サンセット
クルーズツアー
もあります

「メコン・ホーム」
へのアクセス

バス会社フーンチャ
ンならベンチェー行
き（片道13万ドン、
所要約2時間）を購
入するとベンチェー
から無料で宿近くま
で送ってくれる。帰
りのバスは宿で手配
してくれる。

●ホーチミン

●ミトー
●ベンチェー
★メコン・ホーム

フーンチャン Phuong Trang

Map 別冊P.4-B3 チョロン周辺

🏠231 Lê Hồng Phong, Q.5
☎1900-6067（ホットライン）
🕕6:30〜21:30 🏠無休
Card M.V. 🚗中心部からタクシーで約
15分 **URL** futaexpress.vn

南国植物が生い茂るガーデンは約5000㎡。各バ
ンガローにはハンモック付きのテラスが備わる

ニワトリや
七面鳥に遭遇

メコン川の支流、ハムルーン川中州の島々
へは自転車と一緒にフェリーで移動

プチ
ぼうけん 10

メコンデルタの田舎でのんびりエコステイ

おすすめの過ごし方 1 サイクリング

希望すると、地元の人の生活や自然に触れられる約2時間の無料自転車ツアーを楽しめる（フェリー代別途）。

地元の人の生活が垣間見える小さな市場を散策。訪れるならにぎやかな朝がおすすめ

メコン川の
支流を渡るよ

宿周辺にはココナッツ工場が点在。一つひとつ手作業で殻を剥がしていく作業が見られる

鮮やかな南国の緑と雄大なメコン川を眺めながらサイクリング。坂道はほぼなく平坦な道

できたてを
召し上がれ〜

ヘルシーで
おいしいよ！

おすすめの過ごし方 2 メコンの家庭料理に舌鼓

優しい味わいのメコンデルタの家庭料理を楽しもう。7〜8品のセットでひとり25万ドンくらいが目安。

野菜たっぷり
でうれし〜

1. パリッとジューシーに焼き上げたバン・セオ（→P.42）
2. ココナッツジュースを使った魚の煮付けは、ご飯が進む味
3. 生春巻もおいしい　4. 揚げたての揚げ春巻はビールにも合う
5. さっぱりとした味わいのカボチャとひき肉のクリアスープ
6. 川沿いにせり出したテラス席。夕方〜夜の雰囲気もすてき

世界
遺産

ベトナムいち穏やかな夜にほっこり

ホイアン旧市街で
しっとり夜のおさんぽ

かつて中国やインド、アラブを結ぶ
中継貿易都市として栄えたホイアン。
ノスタルジックな雰囲気が漂う世界遺産の
旧市街で、ぶらりお散歩♪

世界遺産で夜さんぽ

TOTAL 4時間

オススメ時間 18:30〜22:30

予算 50万ドン〜

"ホコ天"でのんびり歩こう
ホイアン旧市街の歴史保存地区
Map 別冊P.18〜19 は決められた時間帯の
み、歩行者天国になる。詳細はP.161を
チェック。

ホイアンって
どんな所？

ベトナム中部に位置するホイアンは古くからの
港町。16〜17世紀には日本人街も形成された。
郷愁を誘う古い町並みが魅力で、世界遺産の旧
市街には世界中から観光客が訪れる。

ダナン
ホイアン
ホーチミン 1.5時間

ランタン祭りって？
毎月満月の前夜に行われるランタン祭りは
旧市街内の電気が消され、ランタンの光だけ
がともされる。よりいっそう幻想的なホイアン
の町並みが楽しめるが、かなり混み合う。
開催日は毎月旧暦14日で、2024年は1/24、
2/23、3/23、4/22、5/21、6/19、7/19、
8/17、9/16、10/16、11/14、12/14。

ホイアンへの行き方
ダナン空港〜ホイア
ン旧市街は車で40分
〜1時間、36万ドン

ホイアンの
町の詳細は → P.158

昼とは違う
風情が
あるわね〜

18:30 旧市街でサンセットを見る

サンセットならホアイ川沿いへ。川沿いのベンチから手こぎボートや対岸の町並みを眺めるのもいいけれど、ボートやレストランなどarucoイチオシの夕日観賞ポイントなら感動もひとしお！

水面から眺める旧市街もいいもんだよ

夕日の時間になるとホアイ川沿いにボートが集まり、「ボートに乗らないか？」と客引きが始まる

arucoイチオシ 1 ボートに乗ってホアイ川から

16:00～21:30の時間帯は、旧市街すぐそばを流れるホアイ川で手こぎ舟に乗れる。乗船時間は約20分で1隻につき3人までは15万ドン、4～5人は20万ドン。

チケット売り場 Map 別冊P.18-B3

arucoイチオシ 2 レストランのテラスから

ホアイ川沿いのベトナム料理店「ホア・アン・ダオ（サクラ）」の2階テラスは、夕日観賞の特等席！ 晴れた日は早めに行って席をおさえよう。

川沿いでしっとりディナーなら

ホア・アン・ダオ（サクラ）

Hoa Anh Dao（Sakura）

古い中国式家屋を改装したベトナム料理店。セットメニュー（24万5000ドン～）は満足度が高く人気がある。

Map 別冊P.18-B3 ホイアン旧市街

住119-121 Nguyễn Thái Học ☎0235-3910-369 営10:00～22:00 [休]無休 [Card]A.J.M.V. [日] [予]川沿いの席は要予約

1. オリエンタルな内装 2. 手前はカオ・ラウ（10万9000ドン）。海鮮料理もおいしく、エビ料理が特におすすめ

19:30 夜市でショッピング

アンホイ島のナイトマーケットには夕方以降、数十メートルにわたってランタンの店やみやげ物屋台が並ぶ。ランタンは小さいもので2万ドン〜。 Map 別冊P.18-B3

NGỌC HÒA
WORKSHOP OF LANTERNS

立体的なカード

ランタンの店での写真撮影は店舗により異なるが1万ドン〜

ナイトマーケットは毎晩18:00〜23:00頃。ランタン、ベトナム雑貨、アクセサリーの屋台が並ぶほか、B級グルメの屋台も出る

20:00

ホアイ川で灯篭流し

火の明かりがとても幻想的

ホアイ川に架かるアンホイ橋近くでは、夜になると灯篭流しが行われる。橋の近くにいる売り子から購入でき、ひとつ5000ドン〜。

Map 別冊P.18-B3

ホイアンに来たらぜひ体験して♪

昼間とはまた違った表情を見せる夜の日本橋

20:40

スイーツを食べる

甘酸っぱくておいしい旧市街名物のハーバルティー

旧市街にはローカルスイーツを楽しめる屋台や食堂がたくさん。見かけたらぜひ試してみて！

旧市街で人気のハーバルティーだよ

ハーバルティー元祖の店「モット・ホイアン」（→P.163）

ホイアン旧市街でしっとり夜のおさんぽ

20:30

日本橋（来遠橋）のライトアップを見る

ベトナムの2万ドン紙幣にもデザインされている日本橋（→P.158）は、毎日18:00頃からライトアップされる。
※日本橋は2023年8月現在、改修工事中。2024年初旬終了予定。

Map 別冊P.18-B3

ひんやり豆腐のデザートもホイアンでは定番。2万ドン〜

シクロで回るのもおすすめ

20:50

旧市街をおさんぽ

チェーは1万5000ドン〜

ランタンの光がともる旧市街を気の向くままに歩こう。月明かりとランタンの光だけがともされ、ロマンティックな雰囲気に包まれるランタン祭り（→P.56）の日に訪れるのもいい。

寒天風ゼリーの入ったチェー・ソアソア（手前）とトウモロコシのチェー（奥）

アンホイ橋近くの広場では伝統的な遊びが催され縁日の雰囲気

旧市街は夜も絵になるスポットがいっぱい

夜は寺の門が池に鏡面反射し、幻想的な雰囲気に包まれるバーム寺 **Map** 別冊P.18-B2

やわらかな光を放つランタンが連なるグエンタイホック通り

aruco とっておきプランで

注目のリゾート、ダナンを誰よりも満喫！
最旬スポット＆人気ホテルの楽しみ方

今いちばんホットなビーチリゾート、ダナン。海や町でアクティブに遊ぶプランと、
ホテル滞在を満喫するプランの、ふたつのaruco的ダナンの楽しみ方を紹介！

ダナンのアクセス
＆町歩きは → P.166

ダナン
ホイアン
ホーチミン ● 1.5時間

マリン
スポーツも
楽しめるよ

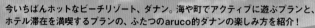

How to enjoy
Resorts in Da Nang!

① アクティブプラン

朝から夜までローカル
旬スポットで遊び尽くす！

早朝から夜まで、海遊びもローカル体験も1日でできちゃう欲張りプラン。海辺の町、ダナンをちょっぴりディープに楽しもう。

リゾート感
満点〜

「ナムアン・リトリート」（→P.66）
のインフィニティプール

朝から夜までローカル満喫

TOTAL 16時間30分

| オススメ時間 | 5:30〜22:00 |
| 予算 | 100万ドン〜 |

🌴 午後はしっかり休憩を
早朝から夜遅くまで動いていると、暑さの厳しい季節は体調を崩してしまうことも。午後はホテルに戻って休憩を取るのもいい。また、日の出の時刻は季節によって異なるので事前に確認を。

白砂のビーチが
美しいミーケー・ビーチ

早朝から漁に出発！

朝 Morning

Resort Da Nang

朝焼けのビーチをおさんぽ

まずは美しい朝日を見に早朝からローカル・ビーチへ。
遠くに浮かぶ漁船を見やりながら、地元の人にならって、浜辺を歩いてみよう。

A 早朝から人出が多く運動する人でにぎわう

B 日の出サーフィンやSUPを楽しむ人が多い

まったくキレイだねぇ

C 人が少なく穴場のビーチ。漁船が遠くに見える

Good morning Da Nang!

シャッターチャンス♪

朝に訪れたい
ダナンのビーチ

長い海岸線をもつダナンには複数の特徴あるビーチが存在。サンライズを見に朝に訪れるなら、右の3つのビーチへ行ってみよう。

1. 朝からにぎやかなミーケー・ビーチ 2,3. ホアンサー・ビーチは早朝限定で取れたて海鮮が売られる

A ミーケー・ビーチ Bãi Biển Mỹ Khê
Map 別冊P.20-B2 Ⓣ ハン市場からタクシーで約10分

B マンタイ・ビーチ Bãi Biển Mân Thái
Map 別冊P.21-C3 Ⓣ ハン市場からタクシーで約12分

C ホアンサー・ビーチ Bãi Biển Hoàng Sa
Map 別冊P.21-C3 Ⓣ ハン市場からタクシーで約15分

地元の
絶品朝ご飯は
この2店で

地元の人に交じって、ダナンの定番朝ご飯で1日の活力をチャージ！

ダナンでは定番の朝ご飯。牛肉と大きな肉団子が熱々の鉄板で提供される。バインミーと目玉焼き、野菜が付いて7万5000ドン。

鶏だしで炊いたおこわに、裂いたゆで鶏肉がのったベトナム風おこわ。嚙めば嚙むほど鶏肉のうま味が口に広がる。小3万ドン、大3万5000ドン。

鶏おこわ
Xôi Gà
ソイ・ガー

鶏肉がおいしいおこわが自慢
バー・ヴイ Ba Vui

Map 別冊P.21-D2 ダナン中心部

🏠 55 Lê Hồng Phong, Q.Hải Châu
☎ 0236-3562-467 🕐 5:00〜20:00
🈺 テト1日間 💳 Card 不可 予約 不要
🚶 ハン市場から徒歩約11分

小サイズでもおなかいっぱいになる

肉団子がジューシーで人気
ボーネー・カン
Bo Ne Khanh

Map 別冊P.21-D2 ダナン中心部

🏠 41 Hoàng Văn Thụ, Q.Hải Châu ☎ 0236-3897-405 🕐 5:30〜13:30
🈺 テト6日間 予約 不要 💳 Card 不可 🚶 ハン市場から徒歩約11分

牛肉＆肉団子のステーキ
Bò Né
ボー・ネー

肉＆卵増量のスペシャル
(Đặc Biệt、9万5000ドン)

SUPでダナンの海を水上さんぽ！

サーフボードに乗ってパドルをこぎながら進むスタンドアップ
パドルボード（SUP）。ミーケー・ビーチでSUPデビュー！

SUPに
挑戦！

体験者　コーチ
あかりさん　あつしさん

まずは浜辺で、板の取
り扱いや立ち方などの
レクチャーを受ける

レクチャーが終わったら実際に海へ！

①

うわわっ！

②

1.落水時に板と体が
離れないようリー
シュを装着　2,3.バ
ランスを取りなが
ら立ってみよう

feel soooo great!

立てた！
気持ちいい〜！

SUP
最高！

③

SUP教室

サーフシャック
Surfshack

日本人コーチによるSUP＆サーフレッスン
を行っており、サーフボードのレンタルの
みもOK。SUPは乾季のみ可能だが、乾季で
も波の状態によっては催行不可となること
も。SUPのレッスンはふたりなら90分100
万ドン（ボード代込み）。予約はインスタグ
ラムで。ウェットスーツの貸し出しもある。

Map 別冊P.20-B3　ミーケー・ビーチ南側

🏠 33 An Thượng 4, Q.Ngũ Hành Sơn　☎070-
2579544（携帯）🕐8:00〜18:00　🈺不定休
CardJ.M.V.　▶1週間前までに要予約　🚕ハン市場から
タクシーで約12分　**URL**www.facebook.com/
surfshackdng　📷surfshackdanang

人気のハンバーガーショップでランチ

ランチ後は
ダナンの町歩きへ！→ P.166

口コミ人気で満席

バーガー・ブロス Burger Bro's

SUPで思いっきり体を動かしたあとは、
売り切れ必至の人気バーガーでおなかを満たそ♪

アメリカで飲食業に携わっていた日本人オー
ナーによる本格的なバーガーショップ。毎
日、生肉から仕込む手作りパテがジューシー
で美味。ハンバーガーは14種類で7万ドン〜。

Map 別冊P.20-B3　ミーケー・ビーチ南側

コンボが
おすすめです！

1. 店内　2. ビーフ
パテ2枚、チェダーチーズ
が入ったミーケー・バーガー15
万ドン。フレンチフライまたは
コールスロー、選べるドリンク
付きのコンボはプラス4万ドン〜

🏠 30 An Thượng 4, Q.Ngũ Hành Sơn　☎094-
5576240（携帯）🕐11:00〜14:00、17:00〜21:00
🈺祝日、テト2週間　**Card**不可　▶不可　🚕ハン市場からタ
クシーで約12分　**URL**www.facebook.com/burgerbros.
danang
🏠4 Nguyễn Chí Thanh, Q.Hải Châu
Map 別冊P.20-A1

夜 Night スパでリラックス&人気のバーへ!

Resort Da Nang

午後の町歩きのあとは、スパで極楽マッサージタイム。
心も体もリフレッシュしたらダナンの人気バーへ行ってみよう!

おすすめスパ2店

1. 色とりどりのランタンが飾られた部屋 2. トリートメントルーム。館内は明るく清潔 3. ペディキュアも人気

気軽に入れる町スパ

コン・スパ&ネイル Cong Spa & Nail

サクッと気軽に入れる雰囲気が魅力。マッサージは6種類のみでいずれも60分31万5000ドン、90分38万5000ドン、120分48万ドン。人気はドライマッサージ。

Map 別冊P.21-D1 ダナン中心部

🏠80 Trần Phú, Q.Hải Châu ☎093-5171 088(携帯) 🕘10:00~22:30(最終予約21:30) [休]テト [Card]M.V. [日] [予]不要 [交]ハン市場から徒歩約5分

もみほぐします!
CONG

技術の高さに定評がある

ゴールデンロータス・オリエンタル・オーガニック・スパ Golden Lotus Oriental Organic Spa

フットマッサージ(60分35万ドン)からフェイシャルやボディスクラブなどメニューが豊富で、ツボを的確に押してくれると人気が高い。

Map 別冊P.21-D2 ダナン中心部

🏠209 Trần Phú, Q.Hải Châu ☎0236-3878-889 🕘9:00~22:00 [休]無休 [Card]J.M.V. [予]要予約 [交]ハン市場から徒歩約10分 [URL]gloospa.com

1. トリートメント前は足湯でリラックス 2. オーガニックハーブボールのマッサージもおすすめ 3. エスニックな雰囲気のトリートメントルーム

Spa time
予約してからきてね!

人気のバーはこの2店

Enjoy!
不定期で生演奏あり

開放感たっぷりのイタリアンパブ

ルナ・パブ Luna Pub

本格的なイタリア料理が楽しめる、スポーツ・バーのような雰囲気のパブ。半オープンエアの店内は在住外国人や旅行者で毎晩にぎわう。生ビールは8種類あり5万ドン~。

Map 別冊P.20-A1 ダナン中心部

🏠9A Trần Phú, Q.Hải Châu ☎090-5400298(携帯) 🕘17:00~24:00 [休]無休 [Card]J.M.V. [予]不要 [交]ハン市場からタクシーで約7分 [URL]www.facebook.com/LunaPubDanang

1. 大きな壁画が目を引く店内 2. 16種類あるパスタ(14万~22万5000ドン)は自家製パスタがおすすめ。ピザも人気

隠れ家的大人のバー

テー・ミクソロジー Te Mixology

「コン・カフェ」の2階奥の階段からアクセスするしゃれたバー。フォーの香りをカクテルで再現したフォー・カクテル(18万ドン)などベトナムらしい変わり種を試したい。

Map 別冊P.21-D2 ダナン中心部

🏠3F, 39 Nguyễn Thái Học, Q. Hải Châu ☎078-8334343(携帯) 🕘19:00~翌1:30(L.O.翌1:00) [休]テト [Card]M.V. [予]不要 [交]ハン市場から徒歩約10分

1. ゆったり座れるソファ席とカウンター席がある 2,3. フォー・カクテルは作るのを見るのも楽しい。トウガラシ&ライムを入れるとよりフォーの味わい

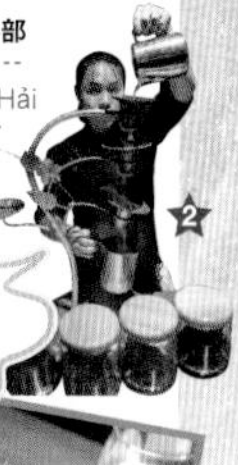
カクテル作ってます

体験プランを活用して
リゾートホテルを120%満喫！

何もしない贅沢を楽しむのもいいけれど、せっかくなら
リゾートホテルの体験プランにも参加して、
プライスレスな思い出をつくっちゃお！

🏠 その他のダナン
おすすめホテル → 別冊 P.23

リゾートホテル120%満喫プラン

TOTAL 1時間〜

オススメ時間 7:00〜16:00　予算 0ドン〜
※参加アクティビティで異なる

💡 各アクティビティプランは予約時にチェック
アクティビティの内容やスケジュールは、定期的に変更しているため、予約時にどんな体験教室があるのか、ホテルに確認してみよう。

心身ともに
リフレッシュ

Relaxing getaway!

のび〜

スパ無料＆ウェルネス系プランが充実

ティア・ウェルネス・
リゾート
TIA Wellness Resort

「フュージョン・マイア・ダナン」がリブランディングし、よりウェルネス＆リトリートに特化したリゾートに生まれ変わった。宿泊料金には1泊につき2回のスパ（合計80分間）、終日食べられるオールデイ・ブレックファスト、ハーブティーなどのウェルネスミニバー、ヨガなどのウェルネスアクティビティ参加費が含まれる。

Map 別冊 P.21-C3　ダナン郊外

🏠 109 Võ Nguyên Giáp, Q.Ngũ Hành Sơn
☎ 0236-3967-999　💰 450US$〜（朝食付き）　Card A.D.J.M.V.　🛏 87ヴィラ
🚕 ダナン中心部からタクシーで約15分
URL tiawellnessresort.com

1. 毎日開催されるアクティビティにはヨガ、太極拳、呼吸法などがあり、宿泊客は すべて参加無料　2,3. 客室はヴィラタイプのみ。全ヴィラにプライベートプールが付く　4,5. 飲食施設は3つあり、健康に配慮した食事を楽しめるのも魅力

おすすめアクティビティ ★1

スパマッサージやフェイシャル、スクラブなどメニュー豊富。施術室は22室あるが早めの予約を！

呼吸がだいじ！

おすすめアクティビティ ★2

ヨガ ヴィンヤサとハタヨガを組み合わせたヨガフローの教室。7:00〜7:45に開催。

立地を生かした自然体験＆文化体験が楽しい
インターコンチネンタル・ダナン・サン・ペニンシュラ・リゾート
InterContinental Danang Sun Peninsula Resort

ソンチャー半島の山の斜面を利用して建てられた、贅を尽くした5つ星リゾート。ヨガや太極拳、キッズボクシングなど体を動かすアクティビティのほかベトナム料理教室、マッサージ教室などプランが豊富。

注目のリゾート、ダナンを満喫！

Map 別冊P.21-C3 ダナン郊外

🏠Bãi Bắc, Sơn Trà ☎0236-3938-888 💰600US$～（＋税・サ15%）
Card A.D.J.M.V. 🛏201室 🚕ダナン中心部からタクシーで約30分
URL www.danang.intercontinental.com

1,3. レストラン「シトロン」では毎日14:30～16:30にアフタヌーンティー（ひとり129万9000ドン）が楽しめる。海にせり出したノンラー（ベトナムのすげ笠）形のテラス席利用ならひとり179万9000ドン 2. ゴージャスな内装の客室。写真はテラス・スイート 4. ヴィラタイプの客室は全室プライベートプール付き 5. 真っ白な砂浜の広大なプライベートビーチ。マリンアクティビティや釣りなども楽しめる

静かな海をひとり占め

Ocean view!

おすすめアクティビティ

太極拳 月・木・土曜15:00～16:00にビーチすぐ近くの「ロングバー」で開催。参加無料、当日10:00までに要予約。

おすすめアクティビティ

ヨガ 朝ヨガは毎日7:30～8:30、キッズヨガは木～月曜11:30～12:00でいずれも参加無料。9:00～10:00は有料のヨガ教室もある。

すべて要予約！

おすすめアクティビティ

リゾートデザイン・ウオーキング・ツアー 著名な建築家ビル・ベンスリーが手がけたリゾートを歩きながら散策するツアー。水～日曜11:30～12:30、参加無料。

その他のアクティビティ 月～土曜13:00～15:00のコーヒーアート教室（有料）、ストレッチ、瞑想（各無料）などがある。

リゾート内で
体験できるアクティビティが豊富
ナムアン・リトリート
Naman Retreat

竹をふんだんに使うなど、ベトナムの伝統的なエッセンスをデザインに盛り込んだ、自然と調和した5つ星リゾート。紹介アクティビティのほか、ランタン作り（5万ドン）やノンラーペインティング（8万ドン）、漁で使われるお椀舟体験など、ベトナム文化に触れられるプランが充実している。

Map 別冊P.21-C3　ダナン郊外

🏠 Trường Sa, Q.Ngũ Hành Sơn
☎0236-3959-888　💰700万ドン〜　**Card** A.D.J.M.V.
🛏253室　🚕市中心部からタクシーで約20分　**URL** namanretreat.com

Private courtyard

お部屋でリラックス♥

1. 海に面した屋外プールは南国リゾートの趣たっぷり　2. スパも好評で、無料トリートメントが付く宿泊プランもある　3. 客室はビルディングタイプとヴィラタイプ、レジデンスタイプの3種類あり、ヴィラにはプライベートプールが付く　4. 飲食施設は全部で5つ。ホーチミン、ハノイ、ダナンから選べるベトナム風アフタヌーンティー（59万9000ドン）も楽しめる

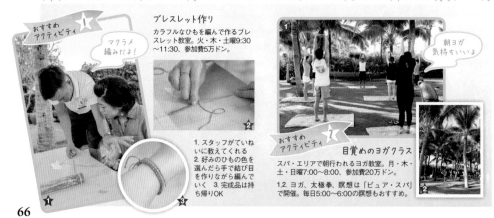

おすすめアクティビティ

マクラメ編みだよ！

ブレスレット作り
カラフルなひもを編んで作るブレスレット教室。火・木・土曜9:30〜11:30、参加費5万ドン。

1. スタッフがていねいに教えてくれる　2. 好みのひもの色を選んだら手結び目を作りながら編んでいく　3. 完成品は持ち帰りOK

朝ヨガ気持ちいいよ

おすすめアクティビティ

目覚めのヨガクラス
スパ・エリアで朝行われるヨガ教室。月・木・土・日曜7:00〜8:00、参加費20万ドン。

1,2 ヨガ、太極拳、瞑想は「ピュア・スパ」で開催。毎日5:00〜6:00の瞑想もおすすめ。

Infinity pool

施設もアクティビティプランも充実

シェラトングランド
ダナン・リゾート&コンベンションセンター
Sheraton Grand Danang Resort & Convention Center

注目のリゾート、ダナンを満喫！

シェラトングループのなかでも規模が大きくハイクラスの「シェラトングランド」ブランドで、館内は上品かつゴージャスな雰囲気。ダナン最長の250mもの長さをもつインフィニティプールや贅沢気分が味わえるスパなど非日常感を演出してくれる。

Map 別冊P.21-C3 ダナン郊外

🏠 35 Trường Sa, Q.Ngũ Hành Sơn ☎0236-3988-999
💴 450万ドン〜（＋税・サ15%）Card A.D.J.M.V.
🛏270室 🚕ダナン中心部からタクシーで約25分
URL www.sheratongranddanang.com

カクテルが好評です！

1. 自慢のインフィニティプール
2,3,4,5.「ラ・ブラージュ」ではホイアン近郊の名産、シナモンやベトナムハーブを使ったカクテルが楽しめる 6. デラックス・ツイン・プールビューの客室

施設もアクティビティプランも充実

グランヴィリオ・オーシャン・
リゾート・ダナン
Grandvrio Ocean Resort Danang

日本人スタッフが常駐する日系の大型リゾートホテル。和食またはビュッフェを選べる朝食のほか、マリンアクティビティをはじめ、リゾート内で楽しめるプラン（要予約）が満載。大浴場やスパなど施設も充実している。2023年秋リニューアルオープン。

Map 別冊P.21-C3 ダナン郊外

🏠 Võ Nguyên Giáp, Q.Điện Ngọc, Quảng Nam ☎0235
-3788-994 💴426万ドン〜（朝食付き）Card A.D.J.M.V.
🛏150室 🚕ダナン中心部からタクシーで約30分
URL www.grandvriooceanresortcitydanang.com

Luxury resort stay

選べるウエルカムドリンク

1. 女性と子供向け無料のアオザイレンタルが好評 2. ヴィラタイプは全室プール付き
3. ビーチでリラックス
4. サンライズヨガは参加無料

ふたつの展望台から
ホーチミンをぐるり360度一望

ホーチミンてどんな街？
上から見れば
すぐわかっちゃう！
いざ展望台へGo☆

夕方〜日没の時間もおすすめ

81階の屋外エリア

79〜81階
ランドマーク81
スカイビュー

無料の望遠鏡を設置

サイゴン川の向こうも見渡せる

79階には広々としたテラス席をもつ日本料理店「ミワク」がある

ヘリポート！

49階
スカイデッキ

ベトナムいち高い展望台
ランドマーク81スカイビュー
Landmark 81 Skyview

高さ461.2mという東南アジアいちの高さ（2023年9月現在）を誇るビル「ランドマーク81タワー」の79〜81階に展望台「ランドマーク81スカイビュー」がある。最高層の81階からは360度街を一望でき、昼夜ともにすばらしい景色が楽しめる。

[Map] 別冊P.5-D1　ビンタン区

⌂79-81F, Landmark 81, 720A Điện Biên Phủ, Q.Bình Thạnh（チケットカウンターはB1F）　☎なし　🕘10:00〜22:00　※チケット販売は21:00まで　[休]無休　[Card]J.M.V.　[料]30万ドン、子供（身長140cm未満）15万ドン　[交]中心部からタクシーで約15分　[URL]www.landmark81skyview.com

街のシンボル的なビル
サイゴン・スカイデッキ
Saigon Skydeck

ホーチミンのランドマーク、ハスのつぼみの形をしたビル「ビテクスコ・フィナンシャルタワー」の49階にある展望台からは、1区のビル群やサイゴン川を見下ろせ、遠くにはベンタン市場（→P.25）など中心部にある主要な見どころも見える。

[Map] 別冊P.13-C2〜D2
ドンコイ通り周辺

⌂49F, Bitexco Financial Tower, 36 Hồ Tùng Mậu　☎3915-6156　🕘9:30〜21:30　※チケット販売は閉館の45分前まで　[休]テト　[Card]A.D.J.M.V.　[料]大人24万ドン、4〜12歳と65歳以上16万ドン　[交]ベンタン市場から徒歩約10分

食べても
太らない、かな？

本場のベトナムご飯を
味わうシアワセ♥
おいしいベトめし案内

ベトナムご飯は、野菜たっぷりで超ヘルシー。
最近は、プレゼンテーションも洗練されてきて、
見た目もおいしく進化中！　スイーツも何だかかわいい♥
さてさて、何から食べよっか♪

G O U R M E T

今行くべきレストランはココ！
絶品ベトナム料理店 10

味はもちろん、プレゼンテーションや雰囲気も抜群のとっておきのベトナム料理レストランをご紹介！

米粉でクリスピーに仕上げたタコス風バン・セオ 15万5000ドン

ライム&チリソースで味変

ハーブや自家製チリソース、ライムなどで少しずつ味変しながら楽しもう。パリッと食感の揚げパンを浸すのも美味

おすすめ！

牛骨髄のフォー
Bone Marrow Phở
32万5000ドン

グリルした牛骨髄は舌の上でとろけるよう。和牛タンやリブアイなども絶妙な軟らかさで絶品！

1. 肩肘張らない心地よさのカジュアルダイニング
2. バーを併設。屋上にも席があり眺望も楽しめる

1

ミシュラン星獲得の旬レストラン

アンアン・サイゴン

an an Saigon

予算は30万ドン～

フレンチの手法を用いて、ストリートフードを一級の味わいに仕立てたホーチミン市初のミシュラン1つ星店。骨髄、タン、テンダーロインなど複数の部位を贅沢に使った牛肉フォーは必食。

[Map] 別冊P.13-C2
ドンコイ通り周辺

🏠89 Tôn Thất Đạm ☎非公開 🕘17:00～23:00 [休]月曜、テト [Card]M.V. [予]3週間前までに要予約 [交]市民劇場から徒歩約9分 [URL]www.anansaigon.com

フォーの香りを楽しめるモヒートならぬフォヒートPhojto（29万5000ドン）

分厚い和牛ショートリブを挟んだバインミー22万5000ドン。野菜はダラット産、バゲットはモチッとした食感で主張し過ぎないハノイのものを使用

✉「アンアン・サイゴン」(→上記) の炙りエビが入ったクリスピーな生地のタコス風バン・セオが絶品でした。(匿名希望)

2

マダム・ラム
Madame Lam

おすすめ！
ポメロとドラゴンフルーツのサラダ
Gỏi Bưởi Thanh Long Đỏ
16万9000ドン

ドラゴンフルーツの皮を器代わりにした、目にも鮮やかなサラダ。

甘じょっぱいヌックマムソースとフルーツの酸味のバランスが抜群

南中部海沿いの町、クイニョン出身のシェフが手がけるのは母のレシピや伝統の味にひと手間加えたモダンベトナム料理。食べやすさやプレゼンテーションにもこだわった絶品料理の数々が話題。

Map 別冊P.17-D2 タオディエン

🏠 10 Trần Ngọc Diễn, Thảo Điền, TP.Thủ Đức
☎ 070-3226262（携帯）
🕐 7:00～22:00 ※月～木曜7:00～10:00は朝食＆カフェ 休テト Card M.V.
予不要 交中心部からタクシーで約20分 URL www.facebook.com/MadameLamRestaurant

添えられたピクルスでさっぱり食べられるスティック揚げ春巻17万9000ドン

クイニョン風バン・セオ15万9000ドン

インドシナがコンセプトの店内。金～日曜12:00～14:30はビュッフェを開催

キャッサバイモのマッシュ、エー（Lá é）というハーブのソースを添えたシーバスのグリル21万9000ドン

シェフのクオンです！

絶品ベトナム料理店 10

3

ベップ・ニャー・スークアン
Bep Nha Xu Quang

おすすめ！
マム・コム・クエ・ソン
Mâm Cơm Quế Sơn
73万ドン（3～5人前）

魚の煮付け、スープ、ジャックフルーツとエビ＆豚肉サラダなどの7品。

ダナンの名物麺ミー・クアン（→P.169）、シジミサラダ（19万ドン）などダナンやホイアンのある中部クアンナム地方の料理が食べられる。2～3人で訪れるならマム・コム・クエソンなど家庭料理のセットメニューがおすすめ。

Map 別冊P.8-A3 市北部

🏠 16 Trần Cao Vân
☎ 3827-2703、3827-2709 🕐 10:00～22:00 休テト6日間 Card A.J.M.V.
予不要 交中心部からタクシーで約9分 URL www.facebook.com/bepnhaxuquang

鳥籠の照明などおしゃれなインテリアの店内

ピリ辛味が多いよ！

タケノコとスターフルーツを使ったエイのスープも中部ならでは

4
世界各国のVIPが訪れる名店
マンダリン
Mandarine

おすすめ!
フォーの生春巻き
Phở Bò Cuốn
13万5000ドン
牛肉と野菜をぷるぷる食感のフォーの生地で巻いた生春巻。

レストラン内は、宮廷風インテリアで統一され、一歩入った瞬間から凛とした空気に包まれる。洗練された料理はどれも秀逸で、特別なディナーにおすすめ。火・木・土曜19:00～21:00は伝統音楽、それ以外はクラシック音楽の生演奏がある。

Map 別冊P.11-D1 ティーサック通り周辺

🏠11A Ngô Văn Năm ☎3822-9783、090-8870099（携帯、ホットライン） 🕘11:30～14:00、17:30～22:00 [休]無休 [Card]A.D.J.M.V. [日] [予]要予約 [交]市民劇場から徒歩約15分 [URL]mandarine.com.vn

1,3. 市内随一の高級ベトナム料理店。木材を多用した内装で、窓や椅子などには職人による精巧な木彫りが施されている 2. 手前はパイナップルの器に入ったシーフードチャーハン（27万5000ドン）。奥がフォーの生春巻

おすすめ!
春巻盛り合わせ
Mâm Cuốn Thập Cẩm
25万ドン
生春巻、揚げ春巻など5種類が2本ずつ入り、前菜にピッタリ。

1. 豚つくね巻など変わり種もある 2. ナマズの煮付けCá Bông Lau Kho Thộ（9万ドン）。家庭料理は1品8万5000ドン～と比較的リーズナブル

5
ベトナムの田舎をイメージ
シークレット・ガーデン
Secret Garden

Map 別冊P.10-B3 サイゴン大教会周辺

🏠4F, Hẻm 158 Pasteur ☎090-9904621（携帯） 🕘11:00～22:00（L.O.21:30） [休]テト5日間 [Card]A.D.J.M.V. [予]不要 [交]市民劇場から徒歩約10分 🏠131 Calmette **Map 別冊P.12-B3**

ローカルアパートにある牧歌的な雰囲気の屋上レストラン。創作ベトナム料理と南部家庭料理の店で、ご飯が進む味付けの料理が豊富。1品13万～15万ドンの料理が多い。

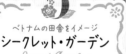

6
1940年代にタイムトリップ
クックガック
Cuc Gach

Map 別冊P.5-C1 市北部

🏠10 Đặng Tất ☎3848-0144 🕘9:00～23:30 [休]テト1週間 [Card]M.V. [予]ディナーは望ましい [交]中心部からタクシーで約15分 [URL]www.cucgachquan.com.vn 🏠ホーチミン

建築家のオーナーがフレンチヴィラを改装し、1940年代のベトナム南部の素朴な伝統生活を再現した隠れ家レストラン。手間暇かけて作られる家庭料理がおいしい。

1. ほろほろ肉が美味 2. レモングラス&チリの揚げ豆腐Đậu Hủ Trứng Chiên Sả Ớt（12万ドン） 3. 魚のつみれ入りスープCanh Chua Cá Thác Lác（14万ドン） 4. カボチャの花のニンニク炒めBông Bí Xào Tỏi（12万ドン）

おすすめ!
ベトナム版角煮
Thịt Kho Trứng
14万ドン
豚の塊肉と卵をココナッツジュースで煮込んだ定番の家庭料理。

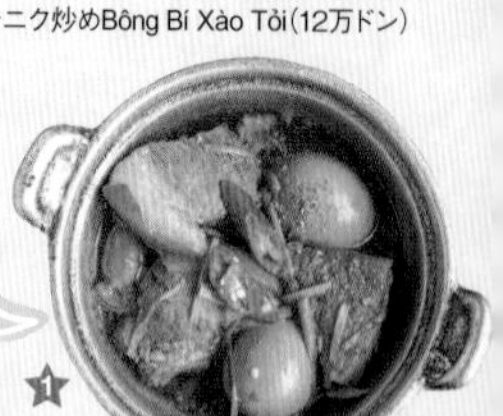

「ベップ・メ・イン」（→P.73）は常に満席なので予約をするか食事時を外したほうがいい。（ベトナム在住・ユン）

7

有名シェフが腕を振るう
ジーマイ
Di Mai

Map 別冊P.12-A3

ベンタン市場周辺

🏠136-138 Lê Thị Hồng Gấm ☎3821-7786 ⏰8:00～22:00（L.O. 21:30）📅テト4日間 Card A.M.V. 予不要 🚶ベンタン市場から徒歩約7分 URLwww.facebook.com/nhahang DiMai

1960年代のサイゴン（現ホーチミン）をイメージしたレトロモダンな内装。有名シェフが指揮を執り、伝統料理にモダンなテクニックを加えた新しいベトナム料理を提供。

おすすめ！

前菜盛り合わせ
Mâm Khai Vị Di Mai
25万8000ドン

生春巻、揚げ春巻、魚のすり揚げ、サラダ2種類などの6品。

揚げ物、サラダ、生春巻などバランスがよく飽きずに食べられる。2～3人前

おすすめ！

牛肉＆キノコ入り
バン・セオ
Bánh Xèo Nhân Nấm Bò
15万9000ドン

他店にはない牛肉＆キノコ入りのバン・セオ。皮がモチモチ！

バン・セオは定番のエビ＆豚肉入り、海鮮入り、野菜入りなど全5種類で11万9000ドン～

8

路地裏のかわいいレストラン
ベップ・メ・イン
Bep Me In

Map 別冊P.12-B1

ベンタン市場周辺

🏠136/9 Lê Thánh Tôn ☎2211-1119 ⏰10:30～22:30 📅無休 Card J.M.V. 予不要 🚶ベンタン市場から徒歩約3分 URLwww.bepmein.com 🏠165/50 Nguyễn Thái Bình 別冊P.12-B3

路地裏の小さなレストランで、カフェのようなかわいらしい内装。料理は南・北部のベトナム料理が中心で、家庭的な味わいが楽しめる。野菜料理で1品7万9000ドン～。

9

料理も雰囲気も大満足
クアン・ブイ・オリジナル
Quan Bui Original

Map 別冊P.11-D1

ティーサック通り周辺

🏠19 Ngô Văn Năm ☎3829-1515 ⏰7:00～22:00 Card A.D.M.V. 予不要 🚶市民劇場から徒歩約15分 URLwww.quan-bui.com 🌐ホーチミン

コロニアル風タイルが敷き詰められた、おしゃれなベトナム料理レストラン。南部、中部、北部の料理をバランスよくラインアップ。麺やご飯物も多く、ひとりでも入りやすいのがうれしい。

おすすめ！

エビとマンゴーのサラダ
Gỏi Xoài Tôm Sú
14万9000ドン

千切りにした未熟なマンゴーとエビの甘酸っぱいサラダ。

プリプリのエビがいっぱい。そのほか海鮮サラダやハスの茎とエビ＆豚肉のサラダなどもある

おすすめ！

生春巻
Gỏi Cuốn Tôm Thịt Chấm Tương Đậu
12万5000ドン

ピーナッツ入りのたれにつけて食べるエビと豚肉の生春巻。

具がぎっしり入り、しっかりと巻かれているので歯ごたえもある

Map 別冊P.16-A2

ティーサック通り周辺

10

路地の奥にある秘密の店
ホアトゥック
Hoa Tuc

🏠74/7 Hai Bà Trưng ☎3825-1676 ⏰11:00～22:30 📅無休 Card A.J.M.V. 予望ましい 🚶市民劇場から徒歩約5分 URLwww.hoatuc.com 🏠6A Ngô Thời Nhiệm, Q.3 別冊P.6-B2

仏領時代のアヘン工場を改装。伝統的なベトナム料理をモダンなスタイルで提供し、化学調味料不使用のひと手間かけた料理が好評。料理教室も開催。

💡「クックガック」（→P.72）の野菜料理はニンニク炒め、サラダなど調理方法で値段が変わる。店員におすすめを聞くのがベスト。

1度食べたらトリコ！

地域ごとに特色が異なるベトナム料理。
これを食べずしては帰れない、ベトナム南部

炒り豚皮

ひき肉と
卵の蒸し物

ヌックマムだれ

小さな米粒がおかずと絡む

Cơm Tấm
コム・タム
碎き米のワンプレートご飯

碎き米に、焼肉や卵焼きなどのおかずを添
えた庶民の味。サラサラとした米がおか
ずやヌックマムだれによく絡み、いく
らでも食べられてしまう。

碎き米

スペアリブの焼肉

おかずはスペアリブ焼肉
(Sườn)、炒り豚皮(Bì)、ひ
き肉と卵の蒸し物(Chả) が
鉄板。これで10万5000ドン

これもおすすめ！
左は肉厚で軟らかい骨
なし鶏モモ肉のロース
ト Gà Rút Xương
Nướng（8万5000ド
ン）、右はカニ肉団子
の Cua Faci（6万
5000ドン）

これもおすすめ！
揚げ春巻（12万
9000ドン）など
のおかずと一緒に

ノコギリ
コリアンダー

リモノフィラ

トマト

ハスイモ

おかずの種類が豊富

コム・タム・トゥアンキウ
Com Tam Thuan Kieu

清潔感のある食堂。や
や割高だが、おかずの
種類が豊富でおいしい
と定評がある。おかず
を頼むと、ご飯は無料
で付いてくる。スープ(1
万8000ドン〜)や漬物
(各5000ドン)と一緒
に楽しもう。

Map 別冊P.6-B3
ブイビエン通り周辺

🏠 26 Tôn Thất Tùng　☎3925-0935　🕐6:00〜21:00
📅テト3日間　Card不可　🚇不要　🚉ベンタン市場から
徒歩約15分　✈ホーチミン

紫イモの食感が残るトロトロスープ

Canh Khoai
Mỡ Thịt Băm
カン・コアイ・モー・ティット・バム
紫イモとひき肉のスープ

粗くすりつぶした紫イモに豚ひき肉を合
わせた、優しい味わいのスープ。南部
の家庭料理で、クアン・コム・ビ
ンヤン（→P.80）の定番メ
ニューでもある。

紫イモ

これもおすすめ！
ヌックマムのカラ
メルソースにつけ
て食べるおこげご
飯11万5000ドン

豚ひき肉

Map 別冊P.17-C1
タオディエン

🏠212 Nguyễn Văn Hưởng,
Thảo Điền, TP. Thủ Đức
☎091-3778963、093-
6778963（携帯）　🕐6:30
〜21:00　📅テト　Card M.V.
🚇不要　🚉中心部からタク
シーで約20分　URLwww.
facebook.com/songsaig
on.thaodien

家庭料理がおいしい

ソン Song

自家製ハーバルドリンクのヌックサ
ムNước Sâm（5万5000ドン）販売
からスタートしたレストランで、家
庭料理がおいしいと評判。この店の
紫イモのスープはひき肉のうま味を
感じながらもあっさりとした味わい。

香草

紫イモとひき肉
のスープ8万
5000ドン

　💬 コム・タムは屋台で食べてもハズレがないと思う。目玉焼きのせもおすすめ。（ベトナム在住・K）

絶品☆南部グルメ5選

美食の街ホーチミンのなかでも、
を代表する必食グルメはこの5品で決まり！

ベトナム
料理図鑑 → 別冊P.24

味の決め手はピーナッツ

ピーナッツ

米麺ブン

Bún Thịt Nướng
ブン・ティット・ヌーン
焼き豚肉の汁なし米麺

野菜と米麺ブンの上に焼いた豚肉をの
せ、砕きピーナッツをまぶした汁なし麺。
甘辛いヌックマムだれであえていた
だく料理で、揚げ春巻をトッ
ピングすることも。

豚皮＆発酵ソー
セージ入りブン・
ティット・ヌーン・
ネム・ビー Bún
Thịt Nướng Nem
Bì（11万ドン）

豚肉

絶品☆南部グルメ5選

具だくさんで栄養たっぷり！

Canh Chua
カン・チュア
甘酸っぱいスープ

タマリンドやトマトで酸味付けした具だ
くさんのスープで、雷魚などの白身
魚を入れるのが一般的。ベトナム
南部のお袋の味ともいえる
家庭料理。

パイナップル

オクラ

これもおすすめ！

北部ハイフォンのご
当地麺バインダー・
クア Bánh Đa Cua
（10万ドン）をはじめ、
麺料理は種類が豊富

屋台系レストラン
ニャーハン・ゴン
Nha Hang Ngon

老舗の家庭料理といえば
ホアンイエン
Hoang Yen

ベトナム南部の家庭料理が
おいしい老舗店。特にカン・チュアは、具とスープ
の酸味・甘味のバランスが
よく、ファンが多い。ベト
ナム人にならって白米、卵
焼きなどのおかずと一緒に
ぜひ食べてみて。

Map 別冊P.15-D1
ドンコイ通り周辺

🏠 7-9 Ngô Đức Kế ☎6684-
2343 🕙10:00〜22:00 (L.O.
21:00) **Card** A.D.J.M.V.
🈵望ましい 🚶市民劇場から徒歩
約7分 🏨ホーチミン

スギのカン・チュアCanh Chua
Cá Bóp（17万9000ドン／2人前）

オリエンタルな雰囲気のなか、
ベトナム全土の庶民料理が食べ
られる屋台形式のレストラン。
150種類以上あるメニューはマ
イルドな味わいで、ベトナム料
理初心者におすすめ。

Map 別冊P.10-B2
サイゴン大教会周辺

🏠160 Pasteur ☎3827
-7131 🕙9:00〜22:00
🈔無休 **Card** A.D.J.M.V.
🈚不要 🚶市民劇場から
徒歩約12分

カニのうま味たっぷりのスープ麺

ウズラの卵や豚肉、エビ、
カニのつみれなどが入り、
具だくさん。4万5000ドン

Banh Canh Cua
バン・カン・クア
カニのモチモチ麺

タピオカ粉や米粉などで作られるモチモ
チの麺に、カニの身がゴロっと入る贅
沢な麺。カニのうま味が染みた
とろみのあるスープも飲み干
したくなるおいしさ。

カニのつみれ

カニの身

ネギ

エビ

ウズラの卵

モチモチ麺

まだお客さんが
少ない午後の
早い時間帯が
おすすめよ

常に満席の大繁盛店
バン・カン・クア・87コー・トゥイット
Banh Canh Cua 87 Co Tuyet

Map 別冊P.5-C1
市北部

開店とほぼ同時に席が埋まっ
ていく、地元の人気店。英語
の通じないローカルな店
だが、味は抜群。メニューはバ
ン・カン・クアのみで、揚げ
パン（小3000ドン）を浸し
て食べるとさらにおいしい。

🏠87 Trần Khắc Chân,
P. Tân Định
☎076-8950878（携帯）
🕙11:00〜20:00または
21:00 🈔毎月旧暦1・15
日、テト8日間
Card不可 🈚不要 🚶中心
部からタクシーで約15分

コム・タム、ブン・ティット・ヌーン、バン・カン・クアの3品はローカルの専門店や食堂、路上などで食べられる。

運命の1杯を求めて！
ご当地麺食べ比べ
inホーチミン

アジアの麺道まっしぐら

ベトナムといえばフォーが有名だけど、
実はたくさんの麺料理があって、ビックリ！
各地方の個性豊かなご当地麺を食べまくる麺の旅。
さあ、お気に入りのグランプリ麺はどれ？

北部 ベトナム代表選手！ フォー Phở

フォーはこちらもチェック！ →P.40

水で溶いた米粉を蒸して裁断した軟らかい麺。諸説あるがハノイ近くのナムディン省が発祥といわれる。スープは、シナモン、八角、焼いたショウガなどをお店独自に配合し、豚骨や牛骨をじっくり煮込んで作られる。具は牛肉か鶏肉。

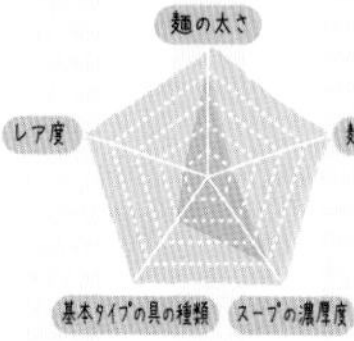

麺の太さ
麺の歯応え
スープの濃厚度
基本タイプの具の種類
レア度

フォー！！！

[ホーチミンイチオシ店] 濃いスープがうまい！

フォー・レ Pho Le

40年以上続くフォーの有名店。半生牛肉&牛肩バラ肉入り（Phở Tái Nạm）がおすすめ。肉団子入りも人気。小9万ドン～。

Map 別冊P.17-D3 チョロン周辺

🏠413-415 Nguyễn Trãi, Q.5
☎3923-4008
🕘6:00～翌1:00
[休]無休 [Card]不可 [予]不要
[交]中心部からタクシーで約10分

[ホーチミンイチオシ店]

フエ料理の老舗人気店

ナムジャオ

Nam Giao

創業20年以上の地元で人気の店。ボリューム満点のブン・ボー・フエは7万2000ドン。

Map 別冊P.12-A1 ベンタン市場周辺

🏠136/15 Lê Thánh Tôn ☎3825-0261 🕘7:30～21:00 [休]無休 [Card]不可 [予]不要
[交]ベンタン市場から徒歩約3分

中部 ピリ辛スープにお肉がどーん ブン・ボー・フエ Bún Bò Huế

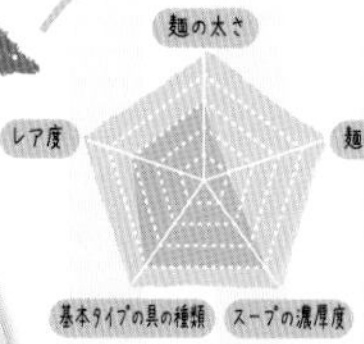

麺の太さ
麺の歯応え
スープの濃厚度
基本タイプの具の種類
レア度

ブン・ボー・フエはフエの特産、牛肉入りピリ辛汁麺。ブンという少し酸味のある米麺と、チャーというベトナムのハム、牛肉などが赤いスープと絡んでおいしい。辛さの秘訣は、トウガラシ油のサテー。サテーを少しずつ足して辛さを調節するのがポイント。

[ホーチミンイチオシ店]

TAN HAI VAN

麺メニューが豊富

タンハイヴァン

Tan Hai Van（新海雲）

広東料理、海鮮、ベトナム料理と幅広いメニュー構成。ワンタン麺のミー・ヴァン・タンは8万3000ドン。点心（5万8000ドン～）もあり。

Map 別冊P.7-C3 ブイビエン通り周辺

🏠158-164 Nguyễn Trãi ☎090-1301428（携帯） 🕘24時間 [休]無休 [Card]J.M.V. [予]不要
[交]ベンタン市場から徒歩約15分

南部 あっさり味の中華麺。夜食にも！ ミー・ホアン・タン Mì Hoành Thánh

ご存じワンタン麺。ミーは小麦粉を原料とするラーメンで、日本のものより細めでコシが弱め。通常、スープは豚骨や鶏ガラから作られる。ワンタンの中にはエビが入っている。※一部の店ではミー・ヴァン・タン Mì Vằn Thắnと表記。

麺の太さ
麺の歯応え
スープの濃厚度
基本タイプの具の種類
レア度

✉「フォー・レ」のスープは甘めでガツンと濃い。私は好きな味でした。（東京都・クミ）

北部 がっつり麺といえば ブン・チャー Bún Chả

ハノイ名物のつけ麺。炭火焼きの肉団子と豚肉を、酢漬けにした青パパイヤとニンジン入りヌックマムだれに、細めの米麺ブンをつけて食べる。揚げ春巻（チャー・ヨー）や野菜と一緒に。

麺はヘルシー

麺の太さ／レア度／麺の歯応え／基本タイプの具の種類／スープの濃厚度

ホーチミンイチオシ店 路地裏の名店
ブン・チャー・ハノイ126
Bun Cha Ha Noi 26

炭火焼肉がおいしいブン・チャー（5万5000ドン）のほか、ブンと揚げ春巻のセット、ブン・チャー・ヨーも人気。

Map 別冊P.11-D2 ティーサック通り周辺

⌂8A/9C2 Thái Văn Lung ☎3827-5843、090-7359088（携帯）⏰7:00～20:30 無休 Card不可 予約不要 市民劇場から徒歩約8分

ブン・チャーに欠かせないサイドメニュー

エビとイモの天ぷら（Bánh Tôm）とチャー・ヨー（Chả Giò）は単品なら各1万5000ドン

南部 濃厚スープが美味 ブン・マム Bún Mắm

だしが効いてる！

麺の太さ／レア度／麺の歯応え／基本タイプの具の種類／スープの濃厚度

発酵させた塩漬け魚をスープに使った麺料理で、メコンデルタの町チャウドックが有名。独特の匂いがある濃厚なスープはクセになる味わい。エビやナス、ローストポークなど具だくさん！

ホーチミンイチオシ店 新鮮な魚介がのる
ブン・マム・ミエンタイ
Bun Mam Mien Tay

市内では数少ないメコンデルタ風ブン・マムの専門店。プリプリのエビやイカ、香ばしいローストポークが入り7万ドン～。

Map 別冊P.6-B3 3区

⌂26 Nguyễn Thiện Thuật, Q.3 ☎098-4772898（携帯）⏰8:00～20:00 テト Card不可 予約不要 中心部からタクシーで約15分

南部 具だくさんNo.1☆ フー・ティウ Hủ Tiếu

麺の太さ／レア度／麺の歯応え／基本タイプの具の種類／スープの濃厚度

ルーツは米を主原料とした中国の幅広麺、粿條（クイティオ）といわれる。カンボジアでは「クイティウ」として親しまれ、麺にコシがあるカンボジア風フー・ティウがホーチミンでも定番。

ホーチミンイチオシ店 ホーチミンの元祖フー・ティウ
リエンフア Lien Hua

創業者がカンボジアから持ち込んだのが始まり。豚肉、レバー、エビ、ウズラの卵など具が豊富。15万ドン。

Map 別冊P.6-B3 3区

⌂381 Võ Văn Tần, Q.3 ☎3832-6078 ⏰6:00～23:00 無休 Card不可 予約不要 中心部からタクシーで約10分

ご当地麺食べ比べ in ホーチミン

安いのにあなどれないインスタント麺を勝手にランキング

ハオハオの
ミートムチュア・カイ
定番人気の酸っぱ辛いエビ風味の即席麺。

フー・ティウ・ボーコー・ニップソン
ベトナム風ビーフシチュー味のフー・ティウ。

ミリケットの
ミー・ハイ・トム
海鮮風味の即席麺。ハオハオに並ぶ定番。

デ・ニャットの
フォー・チョン
フォーのあえ麺、牛肉風味。

音を立てて麺をすする、碗に口をつけてスープを飲むのはマナー違反。

aruco調査隊

編集Aの No.1

Close up!

皮がしっとりモチモチしていて、これぞまさに理想の生春巻。エビの存在感も大！

aruco調査隊が行く!!①

No.1を探せ！

皮の食感に具材、香草の強さにつけだれの味……。

メニュー名は「Fresh Spring Rolls with Shrimp and Pork」。自家製の皮はフレッシュでソフトな食感

メニュー名は「Gỏi Cuốn Wrap & Roll」。生春巻はノーマルだがココナッツ風味の甘めのたれがかなり個性的

ホーチミン随一の高級ベトナム料理店

A マンダリン Mandarine

しっとり
モチモチ

9cm

高級レストランだけあり、エビの大きさと鮮度はピカイチ

自家製のモチモチの皮を使った生春巻は、みずみずしくてほかのどの店とも違う味わい。外国人向けにアレンジされていて食べやすい。

データは→P.72

春巻の食べ比べができる！

B ラップ＆ロール Wrap & Roll

ブン（米麺）の量が多めでボリュームあり

10cm

定番の生春巻から、北部名物のフォーの生春巻まで、ベトナム全土の巻き物料理が勢揃い。春巻は2本2万5000ドン～。ファストフード感覚で気軽に立ち寄ってみて。春巻をつまみにちょっと1杯もOK。

Map 別冊P.10-B1 サイゴン大教会周辺

GF, Mplaza Saigon, 39 Lê Duẩn ☎3823-0600 ⏰10:00～20:00 無休 Card A.J.M.V. 不要 市民劇場から徒歩約3分

値段	13万5000ドン（4本）
具	豚肉、エビ、ブン（米麺）、レタス、シソ、ニラ
皮のしっとり感	★★★★★
つけだれ	甘めのピーナッツだれ
香草	ほとんど感じない

値段	6万5000ドン（4本）
具	豚肉、エビ、ブン（米麺）、レタス、バジル、ミント、ニラ、モヤシ
皮のしっとり感	★★★★
つけだれ	なます、ピーナッツ入りのココナッツ風味の甘だれ
香草	ミントの香りが鼻に抜け、香草の風味が強い

高 ← 洗練度

これもおさえておきたい！

干しエビ、中華ソーセージ、卵焼きの生春巻
ボー・ビア Bò Bia

中華ソーセージの甘い脂と香草の風味がやみつき！おつまみやおやつによく食べられている。

自分で巻いて食べる

牛肉の香草巻 🐸🐸
ボー・ラー・ロット Bò Lá Lốt

コショウ科のロットという甘い香りの香草で牛肉ミンチを巻き、網焼きに。肉汁が食欲をそそる～！

豚皮入り生春巻 D
ビー・クォン Bì Cuốn

ゆでた豚皮の細切りを天日で乾かした「ビー」入りの生春巻。ビールと一緒にどうぞ！

78

生春巻は麺屋（→P.76）やチェー屋（→P.92）でも食べられました。（徳島県・ゆーこ）

生春巻研究レポート！

店によってまったく異なる生春巻を食べ比べてみました。

aYuco コーディネーターよしの No.1
Close up! 香草がたくさん入っているのに青臭くなくて、日本人の口に合います！ ピリ辛のたれも◎。

ライスペーパーのうんちく

ベトナム語でバンチャンBánh Tráng。米粉を水で溶いたものを、クレープの要領で薄く広げて蒸し、その後天日干しに。焼いたり、巻き物の皮として食したりする。

メニュー名は「Gỏi Cuốn」。ほかと比べてかなりしっかり巻かれているので歯応えあり

生春巻研究レポート！

メニュー名は「Gỏi Cuốn」。地元の人のおやつ。皮が薄いので乾燥しやすい

C 味のよさはお墨付き タンニエン Thanh Nien

香草たっぷりだけれど絶妙なバランスであまりクセが強くない

10.5cm

1989年のオープン以来、変わらぬ味で地元の人々に愛される。これぞベトナム料理！ といった伝統の南部料理が種類豊富にメニューを彩る。何を食べてもハズレなし。

Map 別冊P.10-B1 サイゴン大教会周辺

🏠 11 Nguyễn Văn Chiêm　☎3822-5909
🕐7:00～22:00　Card A.J.M.V.
予不要　交サイゴン大教会から徒歩約3分

値段	12万ドン（4本）
具	豚肉、エビ、ブン（米麺）、レタス、バジル、オリエンタルバジル、ドクダミ、ニラ、モヤシ
皮のしっとり感	★★★
つけだれ	なます、トウガラシ、ピーナッツ入りのピリ辛だれ
香草	少し感じるが食べやすい

D バン・セオの名店の隠れ人気メニュー バン・セオ46A Banh Xeo 46A

ローカルスタイル

11cm

ブン（米麺）は多めで香草もたっぷり。一般的な家庭のレシピに近い

バン・セオの有名店の生春巻は具がぎっしり詰まって食べ応えあり。揚げ春巻（5本8万5000ドン）も人気。

データは→P.42

値段	9万ドン（5本）
具	豚肉、エビ、ブン（米麺）、レタス、バジル、オリエンタルバジル、ニラ、モヤシ
皮のしっとり感	★★
つけだれ	ピーナッツ入りの甘辛だれ
香草	香草たっぷりローカルの味わい

高 → ローカル度

揚げ春巻 ☆☆☆ チャー・ヨー Chả Giò

ひき肉、キクラゲ、春雨入りのパリパリ食感の揚げ春巻はみんな大好き。カニ肉入りのチャー・ヨー・クア Chả Giò Cua（→P.43）もおいし～！

からし菜の生春巻 ☆ クォン・ジップ Cuốn Diếp

ライスペーパーではなく、からし菜で米麺のブン（Bún）や、ゆでエビなどを巻いたちょっぴり大人の味。フエ料理店などで食べられる。

豚肉の蒸し春巻 ☆ バン・ウッ・ティット・ヌーン Bánh Ướt Thịt Nướng

米の粉を蒸し上げた薄皮で、味付け豚肉を巻いたもの。味噌だれにつけてパクッ。朝食にぴったり。

おサイフ気にせずおなかいっぱい♥「ビンヤン」へ

安ウマローカル食堂

庶民のグルメはベトナムの底力。おいしいに決まってる！ちょっと勇気を出して、熱気あふれる食堂におじゃましま～す。

料理は売り切れ御免なので早めに行きたい。昼食なら11:30頃、夕食なら18:00頃を目指そう

Chả Cá Thác Lác
チャーカー タックラック ☆

Đậu Hủ Sốt Cà ☆
ダウフー ソットカー

Cà Tím Nướng Mỡ Hành
カーティム ヌーン モーハン ⑥

Trứng Chiên Thịt ☆
チュンチェン ティット

Cải Ngọt Xào
カイ ゴット サオ

Cá Lóc Kho
カーロック コー ⑤

Canh Cua Rau Đay
カンクア ラウダイ

これが代表メニュー！

Co'mの看板が目印 クアン・コム・ビンヤン まるごと講座 Co'm

味は保証するよ！

CO'M Bà Cả

クアン・コム・ビンヤン Quán Cơm Bình Dânとは
外食が多いベトナムで、お母さんの台所的役割の食堂。店頭に料理が20～30種類並び、好きなものを選ぶと皿に盛ってくれるシンプルかつ便利なシステム。テイクアウトも可能。単に「ビンヤン」と略して呼ぶことが多い。

1. 魚のすり身入りさつま揚げ 2. 豆腐の豚ひき肉あん詰め、トマトソース煮 3. 小松菜炒め 4. カニとモロヘイヤのとろみのついたスープ 5. 雷魚の煮付けです。川魚の煮付けが一般的 6. 焼きナスにネギ油をかけた料理は南部を代表する野菜料理 7. ひき肉入りオムレツ

① まずは基本の組み合わせを把握

ご飯　＋　おかず数品　＋　スープ

Point
スープは日替わりで数種類。頼まなくてもOK。

② おかずの盛り方は2パターン

ふたり以上なら

ひとりなら

皿飯 コム・ディア
ご飯とともにおかずも盛られた、ひと皿タイプ

or

ご飯とおかず別皿 コム・ファン
おかずは種類ごとにお皿に入れて、ご飯は人数分まとめてどーんと盛られてくる

Point
ひとりでも別皿（コム・ファン）にできるし、複数人でも各皿ご飯（コム・ディア）も可能。注文時に「コム・ファン」か「コム・ディア」と伝えよう。

③ 気になるお値段は？

野菜や豆腐料理は2万ドンくらいから、肉料理は3万ドンくらいから、海鮮料理は5万ドンくらいからで、手長エビなど高価なものは10万ドン以上するものも。ご飯は1万ドン、スープは2万5000ドンくらい。

1名ぶんの会計例

ご飯	ご飯	ご飯
＋	＋	＋
野菜料理	野菜料理	肉料理
＋	＋	＋
スープ	肉料理	魚料理
＝	＝	＝
5万5000ドン	6万ドン	8万ドン

HÓA ĐƠN BÁN LẺ
Com……10000d
Rau Muong…20000d
Soup……25000d
55000d

HÓA ĐƠN BÁN LẺ
Com……10000d
Rau Muong…20000d
Bo La Lot…30000d
60000d

HÓA ĐƠN BÁN LẺ
Com……10000d
Bo La Lot…30000d
Ca Kho To…40000d
80000d

ベトナム滞在中の朝ご飯はいつもクアン・コム・ビンヤン。8万ドン程度でおなかいっぱいになれるのでおすすめです。（東京都・S.A）

④ 飲み物は席に着いてからオーダー

ビンヤンの飲み物は、基本的にお茶とソフトドリンク。お茶はホットと氷を入れたアイスがあり、2000ドン〜。氷が溶けたら補充してくれる。コーラなどのソフトドリンクは1万ドンくらいから。

詳しくは → 別冊P.26

詳しくは → 別冊P.26

ビンヤンで役立つ！ベトナム語

ご飯をふたりぶんください。
Cho tôi hai phần cơm.
チョー トイ ハイ ファン コム

おかわり！
Thêm nữa!
テーム ヌア

お会計をお願いします。
Tính tiền cho tôi nhé!
ティン ティエン チョートイ ニェー

これいくら？
Cái này giá bao nhiêu?
カイ ナイ ヤー バオ ニュウ？

安ウマローカル食堂「ビンヤン」へ

予習ができたら 「ビンヤン」シミュレーション

1 店頭で料理を選ぶ。焼肉、揚げ物、エビの煮物に卵焼き、みんなおいしそうで迷っちゃう

2 指さし注文OK。複数人なら、ご飯は何人ぶん欲しいのかも伝える

お待たせしました〜

3 注文したら、席に着いて待つ。数分で料理を持ってきてくれる

いろんなおかずが充実！

4 おかずはシェアすれば、いろいろ食べられる。優しい味のおかずにご飯が進む

また来てね

おいしかったです☆

7 請求書に問題なければ、お金を支払って「ごちそうさま」

そうです

このおかずはこれ？

6 不明点があれば、その場で尋ねること。「これはこの料理……」と説明してくれるはず

えっとね〜

5 食べ終わったら「ティンティエン（お会計）」と声をかけると、店員さんがやってきて計算

お買い物街にも近い人気ビンヤン

ドンニャン・コム・バーカー
Dong Nhan Com Ba Ca

料理は毎日40種類くらいあり、北部の名物も並ぶ。ひとり8万ドン〜が目安。混み合うので早めの時間に利用を。2階もある。

Map 別冊P.13-C1
ドンコイ通り周辺

🏠 11 Tôn Thất Thiệp
☎ 3822-5328
🕐 10:30〜14:30 😊テト
[Card]不可 ⭕不要
🚇市民劇場から徒歩約10分

外国人利用も多い老舗

ミンドゥック
Minh Duc

30年以上続く老舗の食堂で、常時40種類以上のおかずが店頭に並ぶ。店内は清潔で外国人の利用も多い。ご飯とおかず1品で、ひとり5万〜15万ドンとやや値段は高め。

Map 別冊P.6-B3
ブイビエン通り周辺

🏠 35 Tôn Thất Tùng
☎ 3839-2240 🕐 11:00〜21:00 😊テト1週間
[Card]不可 ⭕不要 🚇ベンタン市場から徒歩15分

「コンドアン」ホテル内にある

コンドアン
Cong Doan

20〜30品ほどのおかずが並ぶビンヤン形式は10:30〜昼過ぎ頃で、それ以外はアラカルトメニューでの注文。野菜と肉料理2品でひとり4万5000ドン〜が目安。

Map 別冊P.7-C3
ブイビエン通り周辺

🏠 1 Bùi Thị Xuân
☎ 3925-0013、090-3772771（携帯） 🕐 6:00〜21:00 😊なし
[Card]不可 ⭕不要 🚇ベンタン市場から徒歩約10分

気をつけて！

最低限の価格設定で営業している「ビンヤン」の価格は変動しやすい。近年の物価上昇に比例して「ビンヤン」の価格も年々上昇し続けている。ここに記した金額はあくまで目安と考えて！

サービス？ それとも有料？ 判断に困るもの

お手拭き → **有料**（2000ドンくらい）

食後のバナナ → **有料**（無料の所もある）

つけだれや調味料 → **無料**

ベトナム料理の決め技はこのふたつ
香草とつけだれをズバッと解析！

香草やスパイス、調味料をしたがえてテーブルに運ばれた料理。
「え〜、この薬味どうすればいいの？」。そこで、よく出てくる香草、香辛料、
たれなどを徹底紹介。基本ルールを頭に入れて、自分好みの食べ方を探そう！

マークの説明

★→比較的クセがなく、
初心者にも
おすすめ。

効能・作用
◆→消臭作用
▲→消毒・殺菌作用
○→解毒作用
●→体を冷やす

香草類

苦手な人が多いけど、
食べやすいものもあるので
試してみて。

ナギナタコウジュ ★◆
キン・ジョーイ　Kinh Giới

巻き物料理などに入れるポピュラーな香草。葉をちぎるとミントに似たさわやかな香りがする。

赤シソ ★
ラー・ティア・トー　Lá Tía Tô

日本の赤シソより少し苦みがある。毒消しの香草として、巻き物料理に入れたり、揚げ春巻などと一緒に生のまま食べたりすることが多い。

ノコギリコリアンダー ★
ラウ・ゴー・ガーイ　Rau Ngò Gai

上部分のギザギザが特徴の香草。フォーに入れたり、カン・コアイ・モー（→P.75）やカン・チュア（→P.74）のアクセントとして使われたりする。匂いは若干あるがクセは少なく、香草自体に味があるので食べやすい。

ディル ◆
ラー・ティー・ラー　Lá Thì Là

強い匂いがあるため、魚料理の臭み消しとして使われることが多い。魚と一緒に蒸したり、トマトと合うのでトマトのスープに入れたりする。

オトメアゼナ
○●
ラウ・ダン
Rau Đắng

"苦い野菜" と名づけられているだけあって苦い香草。マム（Mắm）と呼ばれる発酵ベースを使ったスープベースの鍋料理などに入れるほか、生でも食べられる。

オリエンタルバジル ★
ラウ・フン・ウェ
Rau Húng Quế

味も匂いもそれほどクセはなく、あと味に若干甘味が残るが比較的食べやすい香草。フォーには欠かせない。

ドクダミ ▲
ラウ・ジップ・カー
Rau Diếp Cá

あと味にやや酸っぱさと渋味がある独特な味わいの香草。便通に効果があるといわれる。ほかの生野菜や、ゆでた豚肉、焼いた魚などと一緒にライスペーパーで巻いて食べることが多い。

コリアンダー ○
ラウ・ゴー・リー　Rau Ngò Ri

独特の匂いがあり、日本人には好き嫌いが分かれる香草。タイ語でパクチー。盛りつけに使われたり、細かく刻んでスープやチャーハンなど、いわばネギのような感じで使われたりする。ベトナムではポピュラー。

ペパーミント ★◆▲
ラウ・フン・ルーイ
Rau Húng Lũi

爽快感と若干の辛味がある香草。中部の名物麺、ミー・クアン（→P.169）には欠かせない。また、サラダにもよく使われる。抵抗なく食べられる香草。

ポリゴヌム ▲●
ラウ・ラム　Rau Răm

ホッ・ヴィッ・ロン（→P.85）には欠かせないクセのあるタデ科の香草。やや辛味がある。生で食べるほか、スープに入れたり、細かく刻んでサラダに入れたりすることも多い。殺菌、体を冷やす作用があるので、妊婦が食べすぎるとよくないとされている。

香味野菜、香辛料 など

味や香りのアクセントに欠かせない。

ニンニク

トーイ Tỏi

ベトナム中部のリー・ソン島で採れるものは、匂いと辛さが少なく食べやすいが、市場に出回っているものは多くが中国産。ベジタリアン料理以外のほとんどの料理に使われるほど、欠かせない食材。

エシャロット △

ハン・ティム Hành Tim

紫色の小タマネギのような趣。ニンニクと同様、風味付けとしてほとんどの料理に使われる。

青トウガラシ

オッ・ヘェム Ớt Hiểm

メコンデルタで採れるトウガラシのなかでもいちばん辛いもの。風味、香りがよく、そのままかじりながらご飯を食べる人が多い。加熱調理には不向き。

赤トウガラシ

オッ Ớt

ベトナム全土で取れるトウガラシ。こちらもそのままかじることが多いが、カットしてつけだれに入れたり、加熱調理したりすることもある。

レモングラス ◆

サー Sả

レモンのようなさわやかな香りで、根元の部分をつぶしてみじん切りにし、魚介の臭み消しや風味付けに使われる。消化促進、食欲増進などの効果も。鎮静作用もあるため、アロマオイルにも使用される。

ライム

チャン Chanh

レモンより酸味が控えめでよく使われる食材。風味が増すので、つけだれに使われたり、麺類を食べるときに搾ったりと使い方いろいろ。ジュースもポピュラー。

ウコン △ ○ ゲェ Nghệ

カレーや煮込み料理に使われる。保温効果が高く、解毒作用があることから肝臓によいとも。殺菌作用が強いので、傷口にウコンをすりつぶした原液を塗る民間療法も一般的。

つけだれ

基本のたれはヌックマム（小魚を塩に漬け込み、発酵させて作った魚醤）。これのアレンジ系がいろいろ。

熱い！辛い！おいしい！

そんなにおいしいの!?

定番

ヌックマム・チュア・ゴッ
Nước Mắm Chua Ngọt
ヌックマムと砂糖、ライムをベースに、ニンニクとトウガラシのみじん切りが入ったもの。揚げ春巻のたれに出てくることが多い。

甘い
ヌックマム・グン
Nước Mắm Gừng
ヌックマムと、ショウガ、砂糖がベースのつけだれで少し甘め。ナマズのから揚げやアヒルの肉につけることが多い。食材の臭みを緩和。

ヌックマム・マン
Nước Mắm Măn
ヌックマムにトウガラシを加えただけのシンプルなたれなので、ヌックマムの質が味わえるたれ。甘さはなく、好みでどの料理にも。

甘酢っぱ
ヌックマム・メー
Nước Mắm Me
ヌックマムと砂糖、酸っぱい果物のタマリンドをベースに作られた甘酸っぱいたれ。白身魚、イカなどの淡白な食材によく合う。

ヌックマム・チュア・ゴッ＆ドー・チュア
Nước Mắm Chua Ngọt & Đồ Chua
ヌックマム、砂糖、ライムに、なますを入れたもの。バン・セオとともに。

マム・ネム
Mắm Nêm
魚の発酵調味料。蒸した魚やゆでた豚肉をライスペーパーで巻いた料理につけて食べる。匂いを緩和させるためパイナップルを添加。

クセあり

マム・トム
Mắm Tôm
エビを発酵させたペースト状のもの。塩辛のような匂いと味のため、クセのある匂いや味のため、ベトナム人でも食べられない人が多い。

甘い

ヌック・トゥーン
Nước Tương
大豆から作られた、いわゆる醤油のことだが、日本の醤油より塩気は少なく、甘い。チャーハンなど、ご飯料理にちょい足しも◎。

コクあり

ヌック・トゥーン・ダウ・ナン・サイ
Nước Tương Đậu Nành Xay
大豆でできた味噌と、緑豆をゆでたものをこし、砂糖で味付けしたコクのあるつけだれ。生春巻とともに。

甘酢っぱ

ソッ・チュア・ゴッ
Sốt Chua Ngọt
酢、砂糖をベースにした甘酢。魚のから揚げなどに付く。ベトナムの酢は酸味がきつく、コクがないためソース自体は酸っぱく感じる。

トゥーン・オッ
Tương Ớt
チリソース。イカフライやスルメイカなどイカ料理によく合う。辛いだけのものやニンニク風味のものなどを、瓶詰めで販売。

ムーイ・ティウ・チャン
Muối Tiêu Chanh
塩、コショウ、ライムを搾ったもので、蒸しエビなど、シーフード全般はこれで。ゆでた鶏肉との相性もよい。

道端で
パクリ♪

おいしそうな匂いに誘われて、
ストリートフード食べ歩き

ちょっと
味見させて

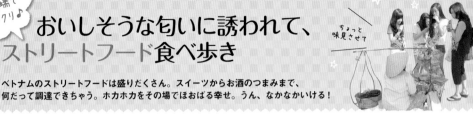

ベトナムのストリートフードは盛りだくさん。スイーツからお酒のつまみまで、
何だって調達できちゃう。ホカホカをその場でほおばる幸せ。うん、なかなかいける！

バン・ケップ・メー＆
バン・ボン・ラン
Bánh Kẹp Mè & Bánh Bông Lan

甘い香りが漂ってきたら、近くにワッフル売りが。パリパリで香ばしいワッフルは10枚入りで3万ドン。バン・ボン・ランはベビーカステラのような焼き菓子。こちらも十数個入りで3万ドン〜。

焼きたてをその場で
食べるべし！

鉄板の間に生地を
流し込んで焼いた
ワッフルは、パリ
バリで香ばしい。
ともに専用の焼き
器で焼く

タウ・フー
Tàu Hủ

大鍋いっぱい豆腐
を詰めて、天秤棒
で売り歩いている

おぼろ豆腐のような
軟らかい豆腐デザー
ト。ショウガ入りの
温かいミツをかけ、プ
ニュッとした食感の
寒天も添えてできあ
がり。1杯1万5000
ドン〜。

うちの煮込みは
おいしいよ！

PHA
LÂU BÒ

バン・チャン・チョン
Bánh Tráng Trộn

細切りライスペーパーと干し肉、干しエビ、
ピーナッツ、香草のピリ辛あえ物。ラー油と醬
油、ライムなどで味を調整。小腹がすいたとき
やビールのつまみにもGood。1万ドン〜。

タオダン公園
Map 別冊P.7-C3 の
向かいで商売
してます。来てね

チューイ・チン
Chuối Chiên

揚げバナナ。分厚い衣の中にとろけたバナナが入っていて、けっこう甘い。ひとつ1万ドン〜。

熱加工用のバナナ
の皮をむき、ラップ
に包んでお皿など
で押しつぶして平
らにする。平べっ
たくなったバナナ
を米粉に浸して油
で揚げていく

バン・ラン
Bánh Rán

もち米で緑豆あんを包んで揚げたもちもち
の揚げ団子。砂糖を振りかけたドーナツっ
ぽいものや、表面にゴマをつけて揚げたゴ
マ団子風のものがある。2個8000ドン〜。

おやつに
ピッタリよ！

豆腐
いかが〜

私のNo.1屋台フードはモチッとしてピリッと辛いボッ・チン（→ P.86）！（栃木県・屋台好き）

ヌック・ミア
Nước Miá

サトウキビジュース。サトウキビを圧搾機に通して、搾ったジュースに氷を入れて出してくれる。自然な甘さでのどごしすっきり。生臭さを消すためにライムを入れる店もある。

搾りたてだからおいしいよ

道端でよく見かけるポピュラーな屋台。サトウキビがこんなにおいしかったなんて目からウロコ。ナチュラルな甘味がクセになりそう。1万～1万5000ドン

ホッ・ヴィッ・ロン
Hột Vịt Lộn

孵化寸前のアヒルの卵をゆでたもの。同様のウズラの卵バージョンもあり。ゆで卵とゆで鶏を一度に味わう感じ。見た目はグロテスクだけど、中身を見ないようにして食べてみると意外とおいしい♪

卵置きに卵のとがったほうを下にしてセット。スプーンで上部をたたいて殻を割り、スープが出てきたらすする。割った穴からスプーンを入れて食べる。タデ科のポリゴスム（香草）とともに、塩とライムを忘れずに。1個1万2000ドン。ウズラのほうが初心者向け

ストリートフード食べ歩き

ゆでイモ、いらんかぇ～

ヴィェン・チン
Viên Chiên

魚団子、エビ団子、牛肉団子などを揚げたもの。チリソースや黒味噌ソースを好みでつけて。

はふはふ

バン・ドレモン
（バン・パンケーキ）
Bánh Đoremon (Bánh Pan Cake)

パンケーキ。その場で焼いたケーキにバター、ピーナッツバター、イチゴ・パイナップルのジャムのなかから好みのものを塗ってくれる。

コワイ・ルォック
Khoai Luộc

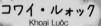

ゆでイモ類。ただゆでただけのシンプルなおやつ。

1. 手前がサトイモ、後方左からバナナ、紫イモ、サツマイモ、ヤムイモ。バナナもゆでるとイモのようなホクホクの食感に。イモ類はビタミンCや繊維質が豊富でヘルシー　2. ゆでピーナッツは殻ごとゆでてあり、殻をむいて食べる。缶の容器で量り売り

ファー・ラウ
Phá Lầu

臓物の煮込み。おやつ感覚で女子にも人気。牛のものが一般的で、甘辛味がよくしみ込んでいている。「2万ドンぶんちょうだい」と金額で注文。ハサミでひと口サイズに切ってくれる。

見た目は悪いけど、激ウマ！

屋台出没場所はココ！
狙い目は市場周辺と学校前。ベンタン市場周辺に多く、チョロン（→P.146）は街中に点在。「サイゴン・スクエア」前やレタントン通りもチェック。

Map 別冊P.12-A1〜2
Map 別冊P.12-B1
Map 別冊P.11-D1

食べ歩き成功のための
ベトナム語

これは何ですか？
Cái này là cái gì?
カイ　ナイ　ラー　カイ　ジー

（指さして）これをひとつください。
Cho tôi một cái này.
チョー　トイ　モッ　カイ　ナイ

1万ドンぶんください。
Bán cho tôi mười nghìn đồng.
バン　チョートイ　ムォイ　ギン　ドン

おこわやイモなどは「○○ドンぶんください」と金額で注文する。適当な額がわからないときは、まず1万ドンで注文し、様子見して。

手製の道具とアイデアで勝負
スゴワザ屋台の裏側、見せてくださぁい☆

システマチックだなぁ

麺やお粥、スナックや甘味などを天秤棒やバイクで売り歩く商売人たち。 機能的に
こまごまと詰められた荷物を広げると、あっという間に店に早変わり！ 工夫された道具や荷物にビックリ！ 屋台仕事の舞台裏、のぞかせてもらいました。

天秤棒をおろせばそこがお店に！

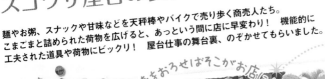

万能
天秤棒

鉄柱は
荷物掛け
材料の餅やテイクアウト用のビニール袋などをつり下げ

卵と油
手元のバケツには調理に必要な油と卵が

Close up

鉄鍋の下
は炭火の
コンロ

つけだれや調味料、薬味食器など

ネギと香草類
小皿につけだれと青いパパイヤ、チリを入れて、ボッ・チンとともに出す

メーさんのボッ・チン屋台

ベンタン市場（→P.25）東口付近でボッ・チン（焼き餅の卵とじ）の屋台を出すメーさんは、親戚の親子と近所の女性の5人で商売。自宅で材料の餅を作り、14:00頃から商売開始。市場の従業員から出前の注文が入ると、若い3人がデリバリーに駆け回る。20:00頃店じまいをし、コンロなど重い荷物は近くの家に置かせてもらい、帰宅。

ボッ・チンできたよ！

こちらも蒸し器の下は炭火

ハーカオの蒸し器
豚肉蒸し餃子のハーカオも販売

ボッ・チン
鉄鍋であらかじめ餅を焼いておき、注文が入ると注文ぶんを卵でとじて仕上げる

米の餅はカリカリに焼け、甘酸っぱくて辛いつけだれによく合う。2万5000ドン

あそこの麺もいっとく？

市場の周辺はさまざまな屋台が集まる

ハーカオ（米粉の皮の豚肉餃子）はもちもちの弾力！2万5000ドン

僕たち
出前隊

みやげ物
買ってってよ

近くで商売をしているライター売りの女性が休憩中

市場の人から出前の注文に次々と入るよ！ボッ・チンはみんな大好きなんだよ

ブイビエン通り（→P.144）には麺やお粥の屋台や物売りが出ていました。（千葉県・AN）

イチオシ!
タルティーヌ
Tartine
野菜たっぷりのチキンケバブガーリック
16万9000ドン

自然酵母のベーカリーカフェ

タルティーヌ・サイゴン

Tartine Saïgon

自然発酵させた酵母を使ったサワードウ・ブレッドのベーカリー・カフェ。パンはすべて自家製でふんわりモチモチ食感がたまらない。サンドイッチやフランス風オープンサンドイッチのタルティーヌが人気。

Map 別冊P.12-A1 ベンタン市場周辺

🏠4F, 215 Lý Tự Trọng ☎077-5600169（携帯） 🕒7:00～22:00 [休]無休 [Card]M.V. [予]不要 [交]ベンタン市場から徒歩約5分 [URL]linktr.ee/tartinesaigonlocations [地]ホーチミン

1. 奥はクリームチーズ＆スモークサーモンのベーグル15万9000ドン 2. ビーガンバーガーのベジーズ21万9000ドン 3. 自家製ジンジャーエール4万5000ドン 4. 市内に8店舗ある

個性派揃いの

ホーチミン・カフェ案内

センスの光るインテリアや、その店だけでしか味わえないカフェメニューなど、ホーチミンのカフェはますます進化中。今行っておきたい、とっておきのカフェへご案内。

イチオシ!
エッグ・コーヒー
Caffe Trứng
エッグホイップとほろ苦いコーヒーのバランスが絶妙！

ふわふわホイップのエッグコーヒー

オッキオ・カフェ Okkio Caffe

小さな螺旋階段を上った3階にある隠れ家的カフェ。厳選のラムドン省産の豆で入れるコーヒーがおいしいと評判で、ベトナムコーヒーは4万5000ドン～。人気のエッグコーヒーは7万5000ドン。

Map 別冊P.12-B1 ベンタン市場周辺

🏠3F, 120-122 Lê Lợi ☎084-801118（携帯） 🕒7:30～22:00 [休]テト [Card]A.J.M.V. [予]不要 [交]ベンタン市場から徒歩約1分 [URL]www.facebook.com/okkiocaffe [地]ホーチミン

1. クロワッサン（5万ドン）などコーヒーに合うパンやケーキも美味 2. エッグ・コーヒーはホイップとコーヒーを混ぜて飲もう 3,4. シックで落ち着いた内装の店内。カウンター席から通りを見下ろせる 5. 市内に6店舗ある

✉「メゾン・マルウ・サイゴン」（→P.89）ではチョコレートの試食もできた。（神奈川県・匿名希望）

チョコレートブランドのカフェでチョコ三昧

メゾン・マルウ・サイゴン

Maison Marou Saigon

ベトナム発の高級チョコレートブランド、「マルウ」のカフェ。マルウのチョコレートを使ったドリンクやスイーツが楽しめる。マルウ・モカやカシューミルク（各10万ドン）、ジャー入りマグムース（12万ドン）、ソフトクリームがおすすめ。

1,3. 店内ではマルウのチョコも販売。1はベンチェー産カカオ78%(11万ドン)、3は新商品のベトナムミルクコーヒー味　2. カウンターで注文するシステム　4. 右奥がジャー入りマグムース

イチオシ！
ソフトクリーム
Ice Cream
コクがありながらもさっぱり！　Sサイズ4万5000ドン

Map 別冊P.12-A3　ベンタン市場周辺

🏠167-169 Calmette　☎7300-5010　🕘9:00～22:00（金～日曜～22:30）[休]無休　Card A.J.M.V.
[予]不要　[交]ベンタン市場から徒歩約5分
[URL] www.maisonmarou.com　🏪ホーチミン

共産カラーのレトロカフェ

コン・カフェ　Cong Ca Phe

ハノイ発、共産カラーに彩られたレトロな雰囲気のカフェ。ココナッツミルクシャーベットとコーヒーを合わせたココナッツコーヒー（6万5000ドン）が看板メニュー。

1. ノート(4万5000ドン)などオリジナルグッズもかわいい（→P.112）　2. この店舗は古いアパート内にありテラス席もある

Map 別冊P.10-B2
サイゴン大教会周辺

🏠1F, 26 Lý Tự Trọng
☎091-1811165（携帯）🕘7:00～23:00
[休]テト　Card 不可
[予]不要　[交]市民劇場から徒歩約5分
[URL] congcaphe.com
🏪ホーチミン、ダナン、ホイアン

イチオシ！
ココナッツ・チョコレート
Coconut Chocolate
ココナッツコーヒーのチョコバージョン。6万9000ドン

イチオシ！
ゴールド・ラテ
Gold Latte
ハチミツ入り、ターメリックのラテ6万9000ドン

1. 風邪予防にも役立つヘルシーなドリンク　2. インテリアのセンスがよくおしゃれな店内。やや割高だが食事も楽しめ、ブランチメニューが豊富

気分が上がる
カラフルドリンク

ビンテージ・エンポリウム

The Vintage Emporium

「インドシナ時代のインテリア」をコンセプトに、ビンテージスタイルで統一された一軒家カフェ。ピンク・ラテなどのカラフルなドリンクをはじめ料理にも花がデコレーションされ、キュートな見た目にテンションアップ！　素材にもこだわり、化学調味料不使用。

Map 別冊P.8-B1　市北部

🏠95B Nguyễn Văn Thủ　☎090-4413148（携帯）🕘7:00～21:00
[休]無休　Card M.V.　[予]不要　[交]中心部からタクシーで約10分

「タルティーヌ・サイゴン」(→P.88)のグエンディンチウ店 Map 別冊P.8-B1 には自家製ピザがメニューにあり、人気。

パン好き女子集まれー！
なんだかカワイイホーチミンのパン食べ尽くし

フランス文化の影響を受けたベトナムは
フレンチパンから素朴な味わいのベトナムパンまでおいしいパンが
いっぱい！　最近はオリジナリティあふれるデニッシュなど、
上質な素材を使ったレベルの高いパンが続々登場。

サワードウ・カントリー・ローフ
Sourdough Country Loaf
自家製酵母にライ麦などを配合したブレッド。400g5万5000ドン D

クリームが入ってるよ

エクレア・ティラミス
Éclair Tiramisu
マスカルポーネを使ったティラミス風味のエクレア。10万5000ドン C

クロナット
Cronut
ドーナツ型にクロワッサン生地を重ね揚げたパン。クリームは塩キャラメルなど3種類あり各13万ドン A

虹のクッキーのせ

French Bread
本場の味わい
─ フレンチパン ─

バターたっぷりのクロワッサンやデニッシュ、甘いスイーツパンまで大充実！

クロワッサン
Croissant
バターたっぷり、サクッと軽やかな味わいのクロワッサン。4万ドン D

クマさんシューだよ

ラ・クレーム
La Crème
ほどよい甘さのカスタードクリームを使ったクリームパン。9万ドン A

メレンゲサクサク♪

クマ クッキーシュー
Bear Cookie Choux
クマの顔がとってもかわいいサクサクのクッキーシュー。6万ドン C

クロワッサン・ウィズ・フィリング
Croissant w. Filling
クリームがたっぷり入った甘いクロワッサン。4種類あり各12万ドン A

ロンド
Rondo
なめらかクリームが入ったデニッシュパン。サクッと軽い食感。15万ドン B

ベトナムの肉まんはウズラの卵が入っていてボリューム満点！（東京都・T）

シュガー
ドーナツ

ドーナツ
バン・ティウ・ドゥーン
Bánh Tiêu Đường
ふわふわで優しい甘さ。1
万6000ドン **B**

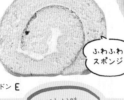

パイナップルパン
バン・ミー・ムットゥーム
Bánh Mì Mứt Thơm
パイナップルジャムをのせた甘い
おやつパン。1万6000ドン **B**

甘～い
渦巻きパン

ココナッツパン
バン・ユア・チョン
Bánh Dừa Tròn
サクサクの
食感と甘い香
りがたまらない。
1万5000ドン **E**

スイスロール
バン・ボン・ラン
Bánh Bông Lan
昔懐かしい素朴な
ロールケーキ。
半ロール4万5000ドン **E**

ふわふわ
スポンジ

クリームホーン
バン・オック・ケム
Bánh Óc Kem
コルネ形のバター
ロールの中
にはカスタード
クリームがぎっ
しり。1万5000
ドン **B**

ホーチミンのパン食べ尽くし

**ビーフパテ
入りパイ**
バン・ヌォン・パテ・シュ・ボー
Bánh Nướng Pate Chaud Bò
ビーフパテが
入ったサクサク
な生地の小さ
めパイ。2万
5000ドン **B**

クジラの卵も入って見だくさん

肉まん
バン・バオ
Bánh Bao
豚ひき肉や春雨のあんがぎっ
しり。2万5000ドン **E**

懐かしい味わい

**Local
Bread**
ローカルパン

ココナッツなどを使った素朴で甘～いパンから
おかずパンまでバラエティ豊か

素朴な
甘さがいい

ソーセージパン
バン・ミー・スック・スィック
Bánh Mì Xúc Xích
ソーセージが入ったお
かずパン。生地はコッ
ペパンのよう。1万
7000ドン **B**

ココナッツタルト
タルト・ユア
Tart Dừa
ココナッツファインが入った
甘いタルト。1万4000ドン **B**

シュークリーム
バン・スー・ケム
Bánh Su Kem
シュークリームのクリームは
濃厚卵味。1万5000ドン **E**

デニッシュ系がおいしい

(A) ソコ・カフェ・ベイク・ブランチ
Soko. Cafe Bake Brunch
デニッシュ系のオリジナリティあふれる甘
い創作パンが話題。3～4ヵ月ごとにテーマ
カラーやメニューを刷新。

Map 別冊P.12-B1 ベンタン市場周辺

🏠27A Nguyễn Trung Trực
☎090-1109880（携帯）🕐8:00
～22:00 🗓テト Card A.D.J.M.V.
🪑不要 🚶ベンダン市場から徒歩約
4分 ◎sokosaigon 🚇24 Hồ
Tùng Mậu **Map** 別冊P.13-D2

ベトパンならここ

(B) ジブラル
Givral
1950年代にフランス人が開いたカフェ
が前身の老舗ベーカリーチェーン。パ
ンのほか、ケーキやアイスもある。

Map 別冊P.7-C3 ブイビエン通り周辺

🏠40 Trần Hưng Đạo
☎3837-0822 🕐6:00～
22:00 🗓無休 Card M.V.
🚕中心部からタクシーで約5
分 ◎ホーチミン

日本人パティシエールによる

(C) バナン・パティスリー
Banan Patisserie
日本人パティシエールが作るスイーツが
話題のカフェ。「ヴェスタ・ライフスタ
イル＆ギフト」（→ P.149）内にある。

Map 別冊P.17-C1 タオディエン

🏠34 Ngô Quang Huy,
Thảo Điền, TP. Thủ Đức
☎086-8897131（携帯）
🕐10:00～20:00（日曜
19:00）🗓テト7日間
Card J.M.V. 🪑不要 🚕中心
部からタクシーで約20分

(D) タルティーヌ・サイゴン → P.88
Tartine Saïgon

(E) ニューラン Nhu Lan → P.38

スイーツやパンは「バンbánh」が目印。パンやお菓子、はたまた麺類や粉物の生地を素材にしたものが「バン○○」。

91

素朴な甘さの
トリコ❤

ひんやり優しいナチュラル系❤
ウワサのベトナムスイーツ大解剖!

美食の国ベトナムでは、デザートも超ウマ♪　ベトナムスイーツのスター格「チェー」を
はじめとした絶品スイーツをarucoスイーツ調査隊が徹底リサーチ!

チェー
どこか懐かしく、
素朴な甘さが
たまらない

具材の
バランスが
絶妙!

Ⓐ

Ⓑ

Ⓑ

ザクロと緑豆
のチェー
Chè Sương Sa Hạt Lựu Đậu Xanh
チェー・スーン・サー・ハッ・ルー・ダウ・ザン

2万5000ドン

タピオカ粉とクワイの実で作られる、ザクロに見立てたカラフルな具材が目にも楽しい。緑豆ペーストもたっぷり。

ハスの実
チェー
Chè Hạt Sen
チェー・ハッ・セン

2万5000ドン

フエやホイアンなどでよく食べられるチェー。健康によいとされる高級品のハスの実を、砂糖で煮詰めた甘い一品。

漢方のチェー
Sâm Bổ Lượng
サム・ボー・ルーン

2万3000ドン

体によい漢方の素材をミックス。ナツメ、海草、ハト麦、ウオーターココナッツの実などが入っている。ベースはさらっと甘いシロップ。

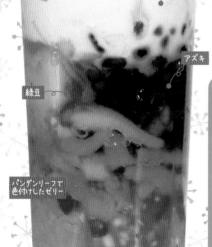

人気
No.1

ココナッツミルク

アズキ

緑豆

パンダンリーフで
色付けしたゼリー

ザクロに見立てたタピオカ
粉とクワイの実のゼリー

ミックス・チェー
Chè Thập Cẩm
チェー・タップ・カム

2万5000ドン

「タップ・カム」は10の意味。実際に10種が入っているわけではなく、ミックスという意味で使われている。

料理男子ハイさんの簡単に作れる
「パイナップル・チェー」講座

1 材料はパイナップル半分、ナタデココ、砂糖、氷、好みのフルーツ。

2 細切りにしたパイナップルに水、大さじ2〜3杯の砂糖を加え約20分煮る。

3 その間にトッピングの果物を1〜2cm角にそれぞれカットする。

ガラスのコップ
がいいよ

4 パイナップルに砂糖が染み込み軟らかくなったら、器に取り出し、グラスに盛りつけ開始。

5 フルーツ、ナタデココ、パイナップル、氷を入れ、最後にパイナップルの煮汁を入れてできあがり。

完成!

「ケム・バクダン」(→P.95) は冷たいお茶が何杯でも飲めるので、暑いときに◎。でもおしぼりは有料です!(山形県・マイ)

チェーとは

ひと言でいえば「ベトナム版あんみつ」。ベトナム全土で食べられる、ベトナムを代表するスイーツ。フルーツとクラッシュアイスにココナッツミルクをかけるのが定番。ほかにもいもち米のチェーやアズキのチェーなど種類豊富。

> おやつタイムにチェー

A ベー・チェー Be Che　データは→P.43

B ソイ・チェー・ブイティスアン
Xoi Che Bui Thi Xuan

チェーは10種類以上あるが、店頭に並ぶトッピングから選んで、オリジナルのチェーも作れる。甘味のほかは、ソイ・タップ・カム（→別冊P.27の五目おこわ、3万5000ドン）がおいしい。

Map 別冊P.6-B3　ブイビエン通り周辺

🏠 111 Bùi Thị Xuân　☎3833-2748
🕐6:30〜22:30　㉠テト　**Card**不可
🈂不要　🚕中心部からタクシーで約5分

C チェー・ハーキー
Che Ha Ky 何記甜品店

チョロンにある中国広東系の甘味店。アズキやゴマ、ピーナッツなどのお汁粉から、甘いスープのデザートまで、メニューが豊富。

Map 別冊P.16-B3　チョロン周辺

🏠 138 Châu Văn Liêm, Q.5
☎3856-7039　🕐10:00〜22:30
㉠テト5日間　**Card**不可　🈂不要
🚕中心部からタクシーで約25分

---

ayuco調査隊
Close up!

> プチ²の食感が楽しい！

食物繊維たっぷり！

皮付き緑豆のチェー
Chè Đậu Xanh Hột
チェー・ダウ・サン・ホッ

3万ドン

作り方が簡単なので、ベトナムの家庭でもよく作られているのがこのチェー。ヘルシーだけどほどよい甘さがあとを引く。

バジルシードのチェー
Chè Hột É
チェー・ホッ・エー

2万5000ドン

一見カエルの卵のようなバジルの種は水分を含みやすく、およそ30倍に膨らむので、満腹感がありダイエットにいい。

アズキとハスの実のチェー
Chè Đậu Đỏ Hạt Sen
チェー・ダウ・ドー・ハッ・セン

4万ドン

煮込んだアズキとハスの実を冷やしてココナッツミルクをかけたチェー。初心者でも食べやすい。ハスの実抜きのチェー・ダウ・ドーが定番。

あったかいチェー

サツマイモとタピオカのチェー、ココナッツミルク添え
Chè Bà Ba 2万5000ドン
チェー・バー・バー

ピーナッツやキクラゲを入れるのもポピュラー。

緑豆あん入り白玉団子チェー
Chè Trôi Nước 1万4000ドン
チェー・チョイ・ヌゥ

ショウガのスープで体があったまる〜♥

バナナのチェー、ココナッツミルク添え
Chè Chuối 2万ドン
チェー・チュイ

モチモチ食感のバナナのチェー。

ツクのおすすめチェー

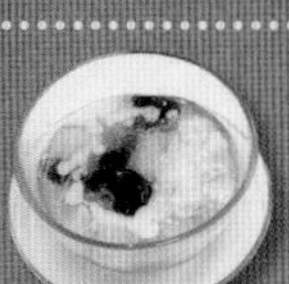

ザボンのチェー
Chè Bưởi 2万5000ドン
チェー・ブイ

甘く煮たザボンの皮に緑豆を合わせ、ココナッツミルクをたっぷり。

銀杏のチェー
Chè Bạch Quả 3万5000ドン
チェー・バック・クァ

ねっとりとした銀杏にさっぱりとしたシロップが絡む。ホットもある。

リマ豆のチェー
Chè Đậu Ngự 3万ドン
チェー・ダウ

リマ豆はインゲン豆の仲間。パイナップルとサツマイモ、ココナッツ果肉入り。

はやりのチェーはコレ☆

チェー・クックバック
Chè Khúc Bạch

アーモンド風味のパンナコッタ。甘酸っぱいシロップの中に入っていて、ライチなどのフルーツやアーモンドスライスをトッピングすることが多い。ここ数年でブレイクし、多くの甘味店をはじめレストランでもデザートメニューに載るようになった一品。

市内にチェー専門店は意外と少なく天秤棒や屋台で売っていることが多い。

ローカル
スイーツ

とろける甘さと素朴な
味わいのとりこ♥

ココナッツプリン
Bánh Flan Dừa
バン・フラン・ユア
4万ドン
プリンと器のココ
ナッツの果肉を一緒
に食べるのがよい ☆

ヨーグルト
Yaourt ヤーウー
1万5000ドン
濃厚な牛乳の味
に酸味はほどほ
ど。凍らせたも
のもある 🄳

バナナケーキ
Bánh Chuối
バン・チューイ
1万5000ドン
バナナが赤いの
は砂糖漬けにし
てあるから ☆

プリッ
プリッ！
の弾力

イチゴ杏仁豆腐
Đậu Hủ Dâu
ダウ・フー・ヤウ
2万5000ドン
ミルクの風味
がどこか懐か
しの味 ☆

ココナッツ団子
Summer Cake
5万ドン
餅に甘いココナッツフ
レークをまぶしたスイ
ーツ。市場などで ☆

**緑豆あんと寒天の
レイヤーケーキ**
Bánh Da Lợn
バン・ヤー・ロン
7000ドン
モチモチの寒天の緑色はパンダンリーフ
で色付けしている ☆

3色ゼリー
Rau Câu Trái Cây
ラウ・カウ・チャイ・カイ 1万ドン
果物風味のゼリー。コ
コナッツ味やコーヒー
味もある ☆

**ヤシの実入り
マルベリーのヨーグルト**
Sữa Chua Đắc Dâu Tằm
スア・チュア・ダック・ザウ・タム
3万5000ドン
オウギヤシの実が
入ったヨーグルト
にマルベリーソー
スをかけて ☆

焼きプリン
Bánh Gan
バン・ガン
1万5000ドン
原料はアヒ
ルの卵とコ
コナッツミ
ルク ☆

ayuco編集部
Close up!

ホクホクの
カボチャが美味

切ると……

練乳の
ような味

牛乳プリン
Sữa Tươi Hột Gà Chưng
スア・トゥイ・ホッ・ガー・チュン
2万5000ドン
卵も入り、ミルクセーキ
のプリンという感じ 🄳

ayuco編集部
Close up!

ラブリーなフェイスケーキ！

富士ケーキ
Bánh Phú Sĩ
バン・プー・シー
3万ドン
富士山をイメージし
たケーキ。緑色の餅
とスポンジケーキを
レイヤーに ☆

カボチャプリン
Bánh Flan Bí Đỏ
バン・フラン・ビー・ドー
4万ドン
カボチャの種をくり抜き、カスター
ドプリンを入れて蒸したデザート。
カボチャの皮まで食べられる ☆

バターケーキ 甘いバタークリー
Bánh Bé Cưới ムを使ったバニラ
バン・ベー・クイ 風味のスポンジ
3万ドン ケーキ 🄳

冷たい
ドリンク

レモングラス&ライムジュース
Nước Chanh Sả
ヌック・チャン・サー
6万ドン
ライムジュースにレモング
ラスのさわやかな風味が加
わり美味。

スイカジュース
Nước Ép Dưa Hấu
ヌック・エップ・ユア・ハウ
3万5000ドン
スイカの果汁たっぷりでの
どの渇きを癒してくれる。
あと味すっきり。

レモンソーダ
Soda Chanh
ソーダ・チャン
1万5000ドン
食堂にもカフェにもある人
気のジュースはさっぱりし
たいときに。

アジアン・ドルチェ・ラテ
Asian Dolce Latte
3万ドン〜
ベトナムでも人気のスター
バックスのアジア限定メ
ニュー。のどを突くような甘さ！

サトウキビジュース
Nước Mía
ヌック・ミア
1万ドン
専用の搾り機で搾ってくれ
る。ライムを入れると臭み
が消える。

人気の「キムタン」（→ P.43）は、午前中に行くのがおすすめ。午後からだとほとんど売り切れていた。（北海道・N.T）

アイスクリーム

南国ベトナムでは甘くて冷たいものが必需品！

ぜんぶおいしい！

ココナッツの果肉も食べられるよ

スイーツのおいしいお店

D キムタン　Kim Thanh →P.43
E ジブラル　Givral →P.91
F ニューラン　Nhu Lan →P.38
G バインミー・ハノイ　Banh Mi Ha Noi →P.38
H ミス・ダック　Miss Dac →P.23
I メゾン・マルウ・サイゴン　Maison Marou Saigon →P.89
J ケム・バクダン　Kem Bach Dang

バニラはミルキーな味わい

ココナッツアイス
Kem Trái Dừa
ケム・チャイ・ユア
15万5000ドン

ココナッツの器の中にアイスとドライフルーツがたっぷり！

チョコソフトクリーム
Kem Sô-Cô-La
ケム・ソクラ
4万5000ドン

「マルウ」のカカオを使ったさっぱりとした味わいのチョコレート味のソフトクリーム→

Kem

老舗アイスクリーム店。タロイモやロンガン、ドリアンなどベトナムらしい南国フルーツのアイスが豊富。

Map 別冊P.12-B1　ベンタン市場周辺

🏠26D Lê Lợi　☎3821-6879
🕐8:00～23:00　🈺テト　Card不可
🚶不要　🚇ベンタン市場から徒歩約5分

K 85　85

チョロンにある地元で人気の甘味屋。ココナッツプリンとカボチャプリンがおすすめ。ワゴンに写真メニューが貼ってある。持ち帰りのみ。

Map 別冊P.16-B3　チョロン周辺

🏠85 Châu Văn Liêm, Q.5　☎079-9762238（携帯）🕐10:00～20:00
🈺無休　Card不可　🚕中心部からタクシーで約25分

Close up!

ベトナムらしいフレーバーが◎

緑豆（左）と紫イモ（右）のアイスキャンディー
Kem Que Đậu Xanh
Kem Que Khoai Môn
ケム・クエ・ダウ・サン
ケム・クエ・コアイ・モン
各1万2000ドン

さっぱりとした味わいのアイスキャンディー。ハノイの老舗アイス店「チャンティエン Trang Tien」のもの→

フルーツのせアイスパフェ
Kem Bạch Đằng
ケム・バクダン
14万5000ドン

パイナップルジャム、スイカ、ドラゴンフルーツが入ったアイスパフェ→

ウワサのベトナムスイーツ大解剖！

パッションフルーツジュース
Nước Chanh Dây
ヌック・チャン・ヤイ
4万5000ドン

さわやかで甘酸っぱい柑橘系ジュースはゴクゴクいける。

ストロベリーのシン・トー
Sinh Tố Dâu
シン・トー・ヤウ
4万ドン

ベトナム版フルーツスムージーのシン・トー。イチゴミルクみたいでおいしい！

マンゴーのシン・トー
Sinh Tố Xoài
シン・トー・ソアイ
3万5000ドン

トロッとしたのどごしとマンゴーの濃厚な味わいが楽しめる一品。

塩ライムシャーベットドリンク
Chanh Muối Đá Tuyết
チャン・ムーイ・ダー・トゥイット
6万5000ドン

細かく刻んだライムピールが入った塩味のさわやかなシャーベットドリンク。

ハーバルドリンク
Nước Sâm
ヌック・サム
2万ドン

パンダンリーフや菊の花などを煮て作る甘い飲み物。体の熱を取る効果あり。

ホーチミンは夜も楽しい！ 目的別おすすめバー＆クラブ案内

話題のルーフトップバーから、5つ星ホテルのラウンジ、地元で人気のナイトクラブまで、ホーチミンのナイトシーンを盛り上げる夜遊びスポットを目的別にご紹介。

ソファ席、立ち飲み用のハイテーブル、テーブル席がある

夜景を楽しむなら ルーフトップバー

夜景＆クラブミュージック ChillSkyBar チル・スカイバー

スカイバーの名のとおり、ダイナミックなホーチミンの夜景がウリ。毎日21:30以降はDJタイムで深夜までクラブのようなにぎわいに。ダイニング併設で食事も楽しめる。

Map 別冊P.7-C3　ベンタン市場周辺

🏠26F, AB Tower, 76A Lê Lai
☎093-8822838(携帯)　🕘17:30〜翌2:00　[休]無休　[Card]A.D.J.M.V.
[予]不要　[交]ベンタン市場から徒歩約7分
[URL]www.chillsaigon.com

BAR DATA

絶景度	★★★★★
高さ	26階
予算	カクテル35万ドン〜
客層	地元客50%、観光客50%
騒がしさ	★★★★
DJ	毎日21:30から
ハッピーアワー	毎日17:30〜20:00はドリンク2杯で3杯目が無料
ドレスコード	男性の短パン、タンクトップ、ビーチサンダルは不可

O.B.G カクテルも人気だよ

1. 定期的にクラブ系の音楽イベントを開催しており大盛り上がり。スケジュールはウェブサイトでチェック 2,3. カクテルがおいしいことでも有名。シグネチャーカクテルはモヒート・ロイヤル（35万ドン）など

✉ 雨の日のバー帰り。グラブ（→P.179）はまったくつかまらず、店の人にメータータクシーを呼んでもらった。（東京都・TM）

夜景×ホテルバー

Social Club
ソーシャル・クラブ

「ホテル・デザール・サイゴン・Mギャラリー」(→P.153)にあり、23階の「ソーシャル・クラブ・レストラン」と屋上の「ソーシャル・クラブ・ルーフトップバー」に分かれている。屋上のバーは、さわやかなブルーの配色や籐のソファなど、リゾートの趣。23階のレストランにはゆったりとしたソファが並び、バーとしても利用できる。

Map 別冊P.10-A1 サイゴン大教会周辺

🏠 23-24F, Hôtel des Arts Saigon-MGallery, 76-78 Nguyễn Thị Minh Khai ☎3989-8888
🕐15:00～深夜（金・土曜～翌1:00）※23階は17:30～23:00 無休 Card A.D.J.M.V. ※20:30以降は要予約 🚶サイゴン大教会から徒歩約7分
URL www.hoteldesartssaigon.com

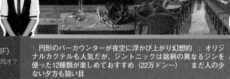

グラスワインは23万ドン～

モヒート
25万9000ドン

BAR DATA

絶景度	★★★★
高さ	24階
予算	カクテル29万ドン～
客層	地元客20%、観光客80%
騒がしさ	★★★
音楽ライブ	木曜19:30～21:30ジャズ演奏（23F）
ハッピーアワー	毎日15:00～19:00一部のドリンク50%オフ
ドレスコード	スマートカジュアル

円形のバーカウンターが夜空に浮かび上がり幻想的。オリジナルカクテルも人気だが、ジントニックは銘柄の異なるジンを使った12種類が楽しめておすすめ（22万ドン～）。まだ人の少ない夕方も狙い目

夜間移動の注意点

⚠ 客待ちをしているタクシーはぼったくりタクシーの可能性大!

⚠ 帰りのタクシーはお店で呼んでもらうか、配車アプリ（→P.179）の利用を。

⚠ 治安はいいといえども、夜間のひとり歩きはオススメしない。

夜景バー×屋上ソファ席

On Top Bar
オン・トップ・バー

「ノボテル・サイゴン・センター」（→別冊P.22）の最上階にあるバー。高い建物がないエリアの眺望だが、ゆったりと静かにくつろげる雰囲気が人気

Map 別冊P.8-A3 市北部

🏠20F, Novotel Saigon Centre, 167 Hai Bà Trung ☎3822-4866 🕐17:30～23:30
無休 Card A.D.J.M.V. 不要
🚶中心部からタクシーで約5分
URL www.novotel-saigon-centre.com

不定期で音楽イベントがあるが普段は静かに飲めるのが魅力

BAR DATA

絶景度	★★★
高さ	20階
予算	カクテル25万9000ドン～
客層	地元客20%、観光客80%
騒がしさ	★★
音楽ライブ	なし
ハッピーアワー	毎日17:30～19:30はビール、クラシックカクテル、ハウスワイン、ハウススピリッツが1杯買うともう1杯無料
ドレスコード	なし

21:00頃から大音量の音楽がかかる店もあるので夜景を楽しむなら早めの来店を。

目的別おすすめバー&クラブ案内

おいしいカクテル目当てなら
カクテルバー

1 スモークカクテルを作る様子　2 左はスモーキー・レッド・フック（16万ドン）、右はキウィ・バジル・デライト（17万ドン）　3 キックバック・コラーダ16万ドン

カクテルバー×ミクソロジー
Layla
レイラ

コロニアル建築内にあるカジュアルな雰囲気のバー。創業者のひとりでオーストラリア出身のミクソロジスト、ジェイ氏が作る地場のハーブや南国フルーツをふんだんに使った30種類以上のミクソロジーカクテルが名物。

うちは酒の種類が豊富だよ！

Map 別冊P.14-B1　ドンコイ通り周辺

⌂2F, 63 Đông Du　☎3827-2279　🕘16:00〜翌1:00（金・土曜14:00〜翌2:00）　[休]無休　Card A.D.J.M.V.　[予]不要　[交]市民劇場から徒歩約3分　[URL]www.facebook.com/LaylaEateryandBarHCM

BAR DATA

予算	カクテル15万ドン〜
客層	地元客85%、観光客15%
騒がしさ	★★
DJ	なし
ハッピーアワー	月〜土曜17:00〜20:00は一部グラスワインや生ビールなど割引に、一部カクテル各9万9000ドン
ドレスコード	なし

カクテルバー×隠れ家
The Alley
アレイ

路地の奥にひっそりとたたずむオーセンティックバー。ベンチェー出身のバーテンダーが開いた店で、特産品のバナナを使ったカクテルなどがおすすめ。スコッチ＆ウイスキーの銘柄も豊富。

Map 別冊P.10-B3
ベンタン市場周辺

⌂63/8 Pasteur
☎093-5653969（携帯）
🕘17:00〜24:00（木〜土曜〜翌1:00）　[休]日曜、テト
Card M.V.　[予]要予約
[交]市民劇場から徒歩約5分
[URL]www.facebook.com/thealleysaigon

こぢんまりとした渋い雰囲気のバー。しっぽり飲みにぴったり

BAR DATA

予算	カクテル16万9000ドン〜
客層	地元客50%、観光客50%
騒がしさ	★
音楽ライブ	木〜土曜21:00〜23:00ジャズ演奏
ハッピーアワー	毎日17:00〜20:00は一部ドリンクとフードメニューが50%オフ
ドレスコード	なし

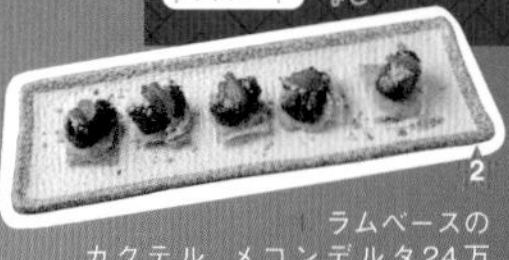

1 ラムベースのカクテル、メコンデルタ24万9000ドン　2 タパスは創作ベトナム料理がメイン

BAR DATA

予算	カクテル37万ドン〜
客層	地元客40%、観光客60%
騒がしさ	★★★
DJ	火・水・土曜21:30頃から、金曜19:00頃から
ハッピーアワー	毎日17:00〜20:00はボトル以外会計から50%オフ
ドレスコード	スマートカジュアル

カクテルバー×ホテル
2 Lam son
2ラムソン

「パークハイアット・サイゴン」（→P.152）内のラグジュアリーなラウンジ・バー。コンデンスミルク入りのサイゴン・コーヒー・マティーニ（37万ドン）など、カクテルがおいしいと評判。

Map 別冊P.16-A2
ティーサック通り周辺

⌂GF, Park Hyatt Saigon, 2 Lam Son Square　☎3824-1234　🕘17:00〜深夜
[休]無休　Card A.D.J.M.V.
[予]不要　[交]市民劇場から徒歩約2分　[URL]www.saigon.park.hyattrestaurants.com

1 フルーツやケフィア、バタフライピーなどを使った独創的なカクテルが魅力　2 カウンターのほかソファ席もある

『レイラ』（→上記）は古いビルの中にあり隠れ家的。（東京都・M）

音楽を楽しむなら ライブバー

音楽ライブ×クラフトビール

Rogue Saigon
ローグ・サイゴン

ビアガーデンのような開放的な雰囲気のなか、ベトナムのクラフト生ビール18種類が楽しめる。毎週末、バンド演奏やDJイベントなど、さまざまな音楽ジャンルのイベントを開催。

[Map] 別冊P.13-C3 ベンタン市場周辺

⌂2F, 13 Pasteur ☎090-2803369（携帯） 🕘16:00～深夜 [休]無休 [Card]J.M.V. [予]週末は要予約 [交]ベンタン市場から徒歩約11分 [URL]www.saigonoutcast.com/rogue

イベントのある日は混み合うので要予約

1

2

ROGUE SAIGON

1. クラフト生ビール8万ドン～ 2. フードメニューもおいしい。フレンチフライ7万ドンなど

BAR DATA

[予算]	クラフトビール8万ドン～
[客層]	地元客&在住外国人客80%、観光客20%
[騒がしさ]	★★
[音楽ライブ&DJ]	木・金・土曜20:00頃（Facebookをチェック）
[ハッピーアワー]	なし
[ドレスコード]	なし

夜景も楽しめちゃうよ！

おすすめは香草、チリ、シナモン入りのカクテル、ラム・ボー・フエ24万ドン

音楽ライブ×夜景

Broma: Not a Bar
ブロマ：ノット・ア・バー

野外の生演奏が楽しめる

グエンフエ通りに面した建物の暗い階段を上って、ドアを開けてアクセスする隠れ家バー。バンド演奏やDJなど日替わりの音楽イベントを開催。

[Map] 別冊P.13-D1 ドンコイ通り周辺

⌂4F, 41 Nguyễn Huệ ☎032-5203217（携帯） 🕘18:00～翌1:00（金・土曜～深夜） [休]無休 [Card]J.M.V. [予]不要 [交]市民劇場から徒歩約10分

BAR DATA

[絶景度]	★★
[高さ]	4階
[予算]	カクテル21万ドン～
[客層]	地元客70%、観光客30%
[騒がしさ]	★★★★
[音楽ライブ&DJ]	毎日21:00から
[ハッピーアワー]	毎日17:00～23:00。月曜はクラフトビール、火曜はグラスワインなど日替わりで2杯買うともう1杯無料
[ドレスコード]	なし

テンションMAXにハジけるなら ナイトクラブ

クラブ×地元人気No.1

Lush
ラッシュ

日替わりでハウス、ヒップホップ、ラテンなどさまざまなジャンルの音楽が楽しめる。火曜日は24:00まで女性のみ一部のアルコール類が無料で飲み放題。

私たちスタッフが待ってるよ♪

盛り上がりは23:00頃が最高潮

BAR DATA

[予算]	コロナビール17万5000ドン
[客層]	地元客&在住外国人客90%、観光客10%
[騒がしさ]	★★★★★
[DJ]	毎晩
[ハッピーアワー]	火曜24:00まで女性は無料で飲み放題
[ドレスコード]	ビーチサンダル不可、男性のタンクトップ不可

中央の円形バーカウンターを囲んで盛り上がる

[Map] 別冊P.9-D3 ティーサック通り周辺

⌂2 Lý Tự Trọng ☎091-8630742（携帯） 🕘21:00～翌4:00 [休]月曜 [Card]A.J.M.V. [予]不要 [交]市民劇場から徒歩約15分

「ブロマ：ノット・ア・バー」や「ラッシュ」（→各上記）は週末は朝まで営業することも。

飲み比べも楽しい ホーチミン☆クラフトビール最前線！

街では個性豊かなクラフトビールが急増中！地元でも人気の3店をご紹介。

缶ビールも販売！

開放的なルーフトップ席

缶ビールは5種類あり5万9000ドン〜

ビールは175mL3万9000ドン〜。6種類を試し飲みできるビア・フライツ（28万5000ドン）もある

ベトナムクラフトビールの先駆者

PASTEUR STREET BREWING COMPANY

パスター・ストリート・ブルーイング・カンパニー

バナナやポメロなどベトナム食材を用いた個性豊かなクラフトビールが好評。人気はジャスミンIPA（5万ドン〜）。市内に7店舗あるうち、ここが第1号店。

[Map] 別冊P.10-B3 ベンタン市場周辺

🏠2F, 144/3 Pasteur ☎7300-7375
🕘11:00〜23:00 [休]無休 [Card]A.D.J.M.V.
[予]不要 [交]市民劇場から徒歩約5分
[URL]pasteurstreet.com 🏠ホーチミン

できたてが味わえる大型店

EAST WEST BREWING COMPANY

イースト・ウエスト・ブルーイング・カンパニー

店内に醸造所を併設し、できたてのビールが楽しめる。10種類のビールをベースに季節ごとに旬の食材などを使ったシーズナルビールが登場。食事もおいしい。

[Map] 別冊P.12-A1 ベンタン市場周辺

🏠181-185 Lý Tự Trọng ☎091-3060728（携帯） 🕘11:00〜24:00 [休]テト1日間 [Card]A.M.V. [予]望ましい [交]ベンタン市場から徒歩約3分 [URL]www.eastwestbrewing.vn 🏠ダナン

クラフトビールは330mLで9万5000ドン〜。数種類を試し飲みできるセットもある

国際コンテストで受賞も

ベーコン・ダブルチーズバーガー18万5000ドン

好みを4種選べるビア・フライツ。値段はサイズや選ぶビールによって異なる

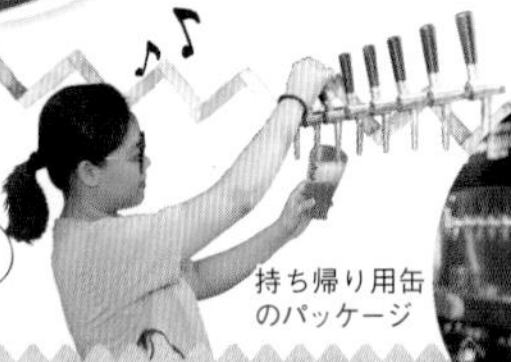

キンキンに冷えてるよ

持ち帰り用缶のパッケージ

ボトルビールは100種以上

生ビールを缶に詰めてお持ち帰り！

BIA CRAFT ARTISAN ALES

ビア・クラフト・アーティザン・エールス

ベトナム各地の生クラフトビール50種類以上が楽しめるタップバー。3万5000ドン〜。15種類あるオリジナルのクラフトビールは缶に詰めて持ち帰れる。値段は生ビールと同じ。

[Map] 別冊P.6-B2 3区

🏠1 Lê Ngô Cát, Q.3 ☎3933-0903
🕘11:00〜24:00（L.O. 23:00） [休]テト1日間 [Card]J.M.V. [予]不要 [交]中心部からタクシーで約10分 [URL]www.biacraft.com

惚れたら
即買い鉄則☆

かわいい！が止まらないっ
雑貨パラダイスの
ホーチミンショッピング

"ベトナムといえば雑貨" そんなイメージをホーチミンは裏切らない！
女の子の心をキュンキュンさせてくれる小物やアクセサリー、
テーブルウエアからバラまきみやげまで、arucoのセンスでえりすぐり。
あれ？　おめめがハート♥になってるよん！

1体ずつ表情や装飾が異なるネコの香立て。各20万ドン

ベトナム各地のローカルアーティストによるハンドクラフト作品に着目し、約40ものブランドをセレクト。取り扱う商品も幅広く、伝統工芸の紙製品や刺繍、陶器、革製品、洋服など見て回るだけで楽しい品揃え。

Map 別冊P.9-C1 市北部
🏠10i Nguyễn Thị Minh Khai
☎077-7045197（携帯）⏰10:00〜12:00、13:30〜21:00 🈺月曜、テト10日間 Card A.D.J.M.V.
中心部からタクシーで約10分
@conghuong_

右は「Cao Cu-ero」の革バッグ214万ドン。ピアスなどアクセサリーも豊富

CHECK

刺繍ノート
リネンに手刺繍を施したA6サイズノート。各42万5000ドン。洋服ブランド「Moriko」のもの

ベトナム人アーティストの作品を集めた
Cong Huong
コンフーン

ニコニコマークのかぎ編み花オーナメント。各1万7000ドン

P.112も見てね！

最旬アイテム
ベトナム雑貨

新しいアイテムがどんどん登場しあれもこれも欲しくなっちゃう雑貨店4店をおすすめ

ノンラーをかぶったネコの刺繍がキュートなお財布98万ドン

店考案のアオザイワンピースも人気（→P.47）

南部陶器もチェック →P.104

2階はビンテージ＆アンティークの南部陶器が並ぶ

ベトナムが誇る伝統の手仕事に、オーナー夫婦のセンスを取り入れたオリジナル雑貨がかわいい。カラフルな色使いやワンポイントで入る手刺繍など、雑貨好きの心をくすぐるアイテムがいっぱい！

Map 別冊P.13-C1 ドンコイ通り周辺
🏠13 Tôn Thất Thiệp ☎3829-6855
⏰9:00〜20:00 🈺無休（不定休あり）
Card A.D.J.M.V. 市民劇場から徒歩約6分
@kito_hochiminh

色使いのセンスが抜群。色鮮やかな生地を使ったバッグも豊富

手刺繍入りハンカチ
ブロックプリント生地を使ったハンカチ。ベトナムコーヒーの刺繍がキュート。35万ドン

CHECK

センスが光るオリジナル雑貨
Kito
キト

市場で雑貨を買うのもいいけれど、やっぱり雑貨店のほうがかわいいしクオリティが高いものが多い。（東京都・ベトっ子）

ピオニーの花が描かれた漆ボックス 55万6500ドン

民族布のブックマーク 各6万7000ドン

花柄など複数の布を合わせたバッグ99万ドン

右奥は光沢の美しいジュエルアートが施されたトレイ27万ドン、陶器はP.107もチェック

にキュン♡ハンティング

進化し続けるベトナム雑貨。アイテム満載の訪れるべき商品とともにご紹介。

CHECK

ティータオル

南国フルーツやシーフードをモチーフにしたオリジナルアイテム。各27万ドン

社会主義のプロパガンダアートグッズをはじめ、ブックマークや爪切りなど、こまごまとしたキッチュな雑貨が盛りだくさん。カラフルでポップなデザインのオリジナル布小物や陶器類（→P.107）なども要チェック。

Map 別冊P.13-C1 ドンコイ通り周辺

🏠 43 Tôn Thất Tiệp　☎3821-8019　⏰8:00～22:00
🗓無休　Card D.J.M.V.　🚶市民劇場から徒歩約10分

CHECK

飼料袋のリサイクル商品

同店が製作し、各雑貨店に卸しているため他店よりも安く、柄やサイズ、アイテムの種類も豊富。写真のミニポーチ各3万ドン

環境に配慮した商品、手工芸品を中心にベトナム全国から集めた5000種類以上もの商品を扱うセレクトショップ。デザインもクオリティも良質なものばかりで、選ぶ時間も楽しい。

Map 別冊P.12-B1
ベンタン市場周辺

🏠36 Lê Lợi　☎3822-6518、097-4461856（携帯）　⏰9:00～22:00
🗓テト1日間　Card A.D.J.M.V.　🚶ベンタン市場から徒歩約5分
URL saigonecocraft.com

ベトナム雑貨ハンティング

ベトナムの手工芸品を探すなら
Saigon Eco Craft
サイゴン・エコ・クラフト

幅広い商品扱ってます

パステルカラーがかわいいトンボ柄のクリアポーチ26万ドン

商品数がかなり多いので時間をかけて選びたい

プチプラ（→P.112）もたくさんあるのでバラマキみやげ探しにも利用価値大

ポップ＆キッチュなグッズが豊富
Saigon Kitsch
サイゴン・キッチュ

Nhậu（酒を飲むの意味）など味のある版画ポストカード各15万ドン

知っておきたい！
アンティーク＆ビンテージの
ベトナム南部陶器の基礎知識

数年前からベトナム国内外でブームの昔ながらの南部陶器。
素朴で愛らしいたたずまいが多いけれど、産地の違いや歴史、
各焼き物の定番の柄など意外と知られていないことばかり。
そこでアンティーク＆ビンテージ南部陶器の保全に務める雑貨店「キト」
（→P.102）のオーナーご夫婦に南部陶器について教えてもらいました！
買い物の際の参考にしてみてね。

中国から伝わった
南部陶器の歴史

発祥はチョロン

1800年代、中国から華人がサイゴン（現ホーチミン市）に移り住み、チョロン（→P.146）で焼き出したのが始まり。これら華僑が作っていた陶器はサイゴン焼きといい、中国で作られていたデザイン、技法を踏襲した中国風が特徴だった。その後、1882年以降、フランス統治になるとサイゴン市内で陶器を焼くことが禁じられ、窯元は約20km北にあるライティウ（Lái Thiêu、現在のビンユーンBinh Dương省）に移る。その後、ソンベー（Sông Bé、現在のビンユーン省）、ビエンホア（Biên Hoà、現ドンナイĐồng Nai省）にも窯元がのれん分けの形で派生していき、おもに3つの地域で生産されるようになる。

衰退と復興

ベトナム戦争の頃からプラスチックの樹脂を素材としたメラミン食器が普及し始め、各南部の陶器は1990年代から一気に衰退していく。「キト」の保全＆マーケティング活動の甲斐もあって徐々に南部の伝統陶器のよさが見直され、現在は復興が始まっている。ただ、技法はきちんと受け継がれておらず、最盛期の美しい絵柄などは見よう見まねで再現されているという。

南部陶器の始まり
1 サイゴン焼

1800年代、移り住んだ華僑による、ベトナム南部陶器の最初の焼き物で、王朝への献上品あるいは寺のために作られていた。そのため王を表す龍がモチーフのものや、食器ではなく大きな壺などが多い。

南部陶器は奥深いよ！

- ベトナム南部陶器の始祖
- 王朝、寺のために焼かれた陶器

立体的な龍が
あしらわれた大型の壺

教えてくれたのは

「キト」のオーナーご夫婦、キトさんとみおさん

キトさんは市内の骨董南部陶器愛好家の間では名の知れたコレクターでもあり、知識もコレクションの数も随一。雑貨店「キト」では骨董南部陶器の保全活動もしており、店舗の2階ではかでは見られないお宝の数々がずらり。手の届きやすいビンテージ陶器も販売しているのでぜひ立ち寄ってみて。

手が届きやすい！「キト」のおすすめアイテム

3 左は1950年代。98万ドン。右は98万ドン

2 1985〜1990年の花瓶。各125万ドン

4 1970年代のピンクのビオニー花瓶45万ドン

4 1975年のニワトリ柄65万ドン

立体的な絵柄が特徴
2 ビエンホア焼

初期は龍やニワトリ、魚などをモチーフにした中国形式が主流。仏領時代の1913年にフランス人が学校で技法・デザインを教え生産されるように。フランスでは展示会などが開かれていた。ビエンホア焼は立体的な絵柄が特徴的で、1913〜1955年に作られていた古いものにはサンゴの粉で色付けされていたという。

サンゴの粉で色付けされた1913〜1955年のビエンホア焼

- 初期は中国風。仏領時代にフランス流が伝わる。ライティウ、ソンベーとは異なる技法
- 浮き彫りのような立体的な絵柄が特徴的
- アオザイ女性、正月の様子などベトナム文化がモチーフ
- 古いビエンホア焼の色付けにはサンゴの粉が使用されていた

ニュー南部陶器もチェック！ →P.106

南部の古い陶器なら「キト」（→P.102）がおすすめ。豊富な品揃えで、ビンテージでも手に取りやすい値段。（匿名希望）

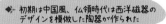

3 多様なスタイルが生まれた ライティウ焼

初期のライティウ焼

初期は筆のタッチなど中国陶器の影響が見られる。仏領時代には西洋磁器のデザインを模倣したと思われる陶器が作られ始め、徐々に中国形式とフランス形式が混ざり、数えきれないほどの絵柄が生み出された。ソンベーと似たモチーフも多く、ライティウ焼は知識のある人でないと見分けられないほど非常にさまざまなデザインが存在する。「キト」で確認しているかぎり、1959～1971年のみイヤーズプレートが作られていた。

1967年のイヤーズプレート

◆ 初期は中国風、仏領時代は西洋磁器のデザインを模倣した陶器が作られた

◆ 時代とともに中国とフランスの形式が混ざり自由なスタイルの陶器が数多く生まれた

◆ ソンベーと似たものも多く、見分けるのが難しい

◆ 限られた期間のみイヤーズプレートが存在

仏領時代になると柄にフランスの影響が見られる

デザインのもととなるフランス磁器

フランス磁器のデザインを模したライティウ焼

ベトナム南部陶器の基礎知識

4 庶民の食器として愛された ソンベー焼

1950～1960年代が最も生産が盛んで、メラミン食器が普及するまでは庶民の食器として日常的に使われていた。代表的な絵柄はピオニーの花、ニワトリ、縁に線が入ったもの（1980～1990年代に量産）など。仏領時代からは青や黄色の陶器も作られていて、現在これらの色の再現が困難なことから貴重な陶器とされている。

仏領時代からカフェオレボウルやティーポット、デミタスカップも作られた

縁に線の入ったソンベーの典型的なデザインだがライティウにも見られる

◆ 代表的な絵柄はピオニーの花、ニワトリ、縁の斜線デザイン

◆ 仏領時代に作られた黄色や水色のソンベーは色の再現が困難

◆ メラミン食器普及前までは庶民の食器だった

1960年代の青のピオニー柄のソンベー焼

一般的にアンティークとは100年以上前に作られたもの、ビンテージとは100年以内に作られた品質がよく価値のあるもの。

新顔がズラリ！ベトナム印の愛すべきテーブルウエ

SOUTH

ニュー・ライティウ焼
New Lai Thieu

伝統絵柄を再現したレトロな食器が人気急上昇中。

価格帯は7万5000～20万ドン

カフェオレボウル各9万ドン。右は七タモチーフのデザイン

真っ赤な花が縁にデザインされた楕円形の平皿。20万ドン

ニワトリはよく見る絵柄。平皿7万5000ドン

フタ付きの茶碗3万ドン。赤やオレンジなどカラフルな花のデザインがすてき

茶碗や皿とデザインを合わせたいレンゲ4万ドン～

SOUTH

ニュー・ソンベー焼
New Song Be

ソンベーの伝統柄や色を現代風にアレンジ。

ピオニーの花コレクションの平皿。25cmで22万9000ドン

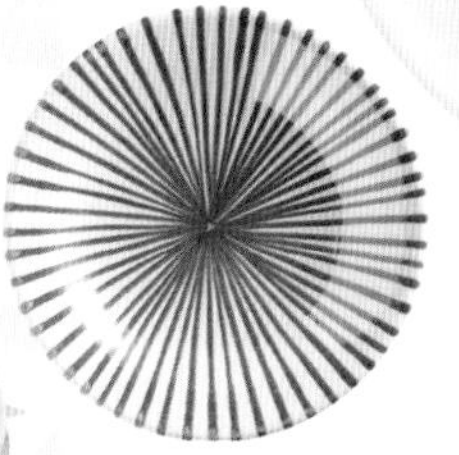

ブルーコレクションのケーキ皿。16cmで7万9000ドン

ピオニーの花の茶碗7万9000ドン。花の色は鮮やかな赤バージョンもある

エスプレッソカップ8万9900ドン、ソーサー3万2900ドン

新作も続々登場してます

ライティウ＆ソンベーの伝統柄を再現

ナン・セラミックス
Nang Ceramics

窯元が激減した南部の焼き物文化の復興を目指して誕生した陶器ブランド。ライティウ焼、ソンベー焼の伝統絵柄を再現し、職人が一つひとつ手描きで絵付けしている。

Map 別冊P.7-C2　統一会堂周辺

🏠93C Võ Văn Tần, Q.3
☎037-6908856（携帯）
🕘10:00～19:00
[休]月曜、祝日、テト
[Card]不可　[図]統一会堂から徒歩約11分

ソンベーの青に魅せられて

トゥーフー・セラミックス
Tu Hu Ceramics

ソンベー焼で使われてきた青色に惹かれ、モダンなデザインで制作した「The Color is Blue」コレクションがヒットし一躍有名となったニュー・ソンベー焼ブランドの店。

Map 別冊P.17-D1　タオディエン

🏠11/4A Nguyễn Ư Dĩ, Thảo Điền, TP.Thủ Đức
☎034-9096060（携帯）　🕘9:00～18:00
[休]無休　[Card]M.V.　[図]中心部からタクシーで約20分

✉「トゥーフー・セラミックス」（→上記）は梱包がしっかりしていて安心して日本に持ち帰れました。（東京・匿名希望）

南はライティウやソンベー（→P.105）、北はバッチャン焼と各地で陶器が盛んに作られてきたベトナム。素朴で愛らしいたたずまいを踏襲した南部陶器のニューウェーブから、カラフルで遊び心たっぷりのデザイン陶器まで新しいベトナムのテーブルウエアに夢中！

North
ニュー・バッチャン焼
New Bat Trang

ポップな柄やカラフルな色合いで形やデザインも多彩。

繊細な筆入れが印象的なプレート。Lサイズで20万ドン **B**

ゆるい絵柄に思わず笑顔になるスプーン。Sサイズで各10万ドン **B**

B

女の子の顔が描かれた小さなカップ14万ドン。取手付きもある **B**

魚デザインの平皿（12万9000ドン）とスプーン12万ドン **A**

大きくニワトリが描かれたプレート。Lサイズ20万ドン。Mサイズ19万ドン **B**

North
バッチャン焼
Bat Trang

今では貴重になりつつある昔ながらの伝統絵柄のバッチャン焼。

コーヒーフィルターとカップのセット55万ドン。別々にも使える優れもの **C**

ベトナム印の愛すべきテーブルウエア

手描きのトンボが美しい平皿16万ドン。トンボは伝統柄のひとつ **C**

C

ハートの形にも見えるリーフ形がかわいいミニ皿（各16万ドン）は複数あると食卓に映える。ソース皿として、あるいは薬味などを入れる豆皿としても使えそう

カトラリー＆その他キッチンウエア
Cutlery & Others

貝殻や水牛の角を使った伝統アイテムもチェック。

白蝶貝のティースプーン（12万ドン）とバターナイフ11万ドン **A**

水牛の角のスプーン（9万ドン）とフォーク5万4000ドン **A**

蝶鈿加工が入った箸。上は5万7000ドン、下は5万6000ドン **A**

動物や星をかたどった箸置き。上は各5万9000ドン、下は3万ドン **A**

バッチャン焼をイメージして作られた布コースター各7万5000ドン **C**

ベトナムの風景イラスト入りのセラミックコースター各8万5000ドン

市内には伝統のバッチャン焼を扱う店が年々減少。「キト」（→P.102）には職人の手描きによるバッチャン焼アイテムが揃う。

多彩なテキスタイルのベトナム少数民族グッズに夢中！

緻密な刺繍に、カラフルなパッチワーク。
ベトナム少数民族お手製の
刺繍グッズは絶対ゲットしたい！
テキスタイルを見ながらお気に入りの
グッズを探してみて。

Vietnamese ethnic goods

ターイ族の布を使った巾着型のリュックサック。10万3000ドン A

ターイ族の布を組み合わせたゾウのぬいぐるみ。9万8000ドン A

存在感のあるピアス

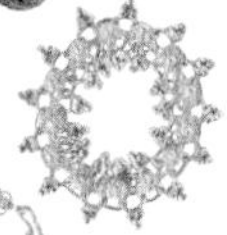

右上はモン族のピアス46万ドン。右の指輪と右下のブレスレットは梅の花をモチーフにしたザオ族のもの。セットで94万3000ドン B

一点ずつ刺繍が違うよ

モン族の刺繍を組み合わせて作ったウエストポーチ。斜め掛けにもできて便利。24万3000ドン〜 A

ターイ族の伝統刺繍が施されたストール。ほかにも色があり、27万6000ドン B

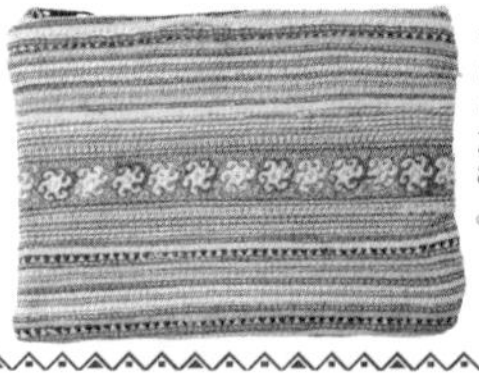

サイケな色使いがとてもかわいい花モン族のポーチ。8万5000ドン A

アジアンチックなクッションカバーは人気商品。珍しいヌン族のものは39万1000ドン B

Shop List

A モン・クラフト&ファッション
H'mong Crafts & Fashion

ベトナムに暮らすモン族のグッズを集めた店。北部サバで買いつけた各モン族の布をパッチワークしたバッグなどオリジナル商品に注目。

Map 別冊P.15-D2 ブイビエン通り周辺

185/22-24 Phạm Ngũ Lão ☎093-8183886（携帯）
8:00〜22:30 [休]テト [Card]不可 [交]中心部からタクシーで約5分

B ミステル
Mystere →P.140

私たちミステルのスタッフです

 数は少ないけれどベンタン市場（→P.25）内にも少数民族グッズを売る店があった。（埼玉県・TT）

お化粧ポーチにも
よさそう！

ダイナミックな花柄の刺繍が全面に施されたポーチ。花モン族のもので、11万ドン　A

刺繍布の端切れを、クッションのような形をしたストラップにアレンジ。各2万ドン　A

モン族の刺繍がポイントの100％シルクの布小物は19万5500ドン　B

渦巻き糸刺繍がグッド

びっしり刺繍が施された黒モン族のスマホ入れ。18万6000ドン　A

渦巻き模様のミニポーチ18万4000ドン。花モン族のもの　B

モン族刺繍の布を使ったカードケース。各8万5500ドン　A

モン族のアクセサリーをモチーフにしたシルバーのブレスレット。69万ドン〜　B

ポンポンがかわいい

炎いピンクがキュート

上は花モン族のペンケースで36万8000ドン。右はモン族の藍染めペンケース34万5000ドン　B

ショッキングピンクのカラーにひとめぼれ！モン族の大判サイズバッグ68万ドン　A

まずはお勉強　**ベトナム少数民族テキスタイルカタログ**

幾何学模様の伝統織物や原色使いの手刺繍……。
個性豊かな民族布をほんの一部ご紹介☆

ベトナム少数民族グッズに夢中！

キン族　Kinh　全土

人口の約85％を占め、ベトナム全土に居住している。手先が器用で細かい針仕事が得意。都会では作らなくなったが地方では端切れを縫い合わせて寝具にしている。

クメール族　Khơ Me Crôm　南部

隣国カンボジアの主民族であるクメール族はベトナムではメコンデルタに居住。ギンガムチェックのクロマーと呼ばれる織物が特徴で、さまざまな用途で使用される。

コホー族　Cơ Ho　南部

南部高原地帯に居住する母系制の民族。コホー族は、植物性の染料で染めた色鮮やかな糸を手織り機で織り上げる。布には壺や食器の刺繍が織り込まれている。

ターイ族　Thái　中部 北部

色鮮やかな糸を手織りされた織物は肌触りもいい。ターイ族は黒ターイ族、白ターイ族などいくつかに分類されるが、彼らの村は北部ホアビン省マイチャウ周辺に点在。

チャム族　Chăm　南部 中部

ベトナム中南部に居住するチャム族は、ヒンドゥー教を信仰する集団、イスラム教を信仰する集団などさまざま。伝統的な手法で織り上げる光沢のある布が特徴。

ロロ族　Lô Lô　北部

北部山岳地帯に住む中国系の民族で人口は3000人余り。三角形を組み合わせた幾何学模様の刺繍が特徴で、特に色とりどりのパッチワークが施される花嫁衣装が美しい。

黒モン族　Black H'Mông　北部

藍染めの民族衣装の袖や襟に、動物や植物をモチーフにした幾何学模様の立体的な刺繍が入る。モン族は黒モンのほか、花モン、赤モンなど5民族に分類される。

花モン族　Flower H'Mông　北部

19世紀に中国から移り住んだ山岳民族。ベトナムいちといわれるカラフルな民族衣装が美しい。北部サパの近くにあるバックハーの日曜市には花モン族が多く訪れる。

ヌン族　Nùng　北部

北部ランソン省などに住み、独自の文字をもつ民族。非常に細い糸で仕上げられる繊細な刺繍が美しい。この花にも太陽にも見える丸型が伝統的な刺繍パターン。

赤ザオ族　Red Dao　北部

女性の座布団のような赤いかぶり物が印象的な赤ザオ族は、サパなど北部山岳地帯に暮らす。森や鳥、植物など自然をモチーフにした非常に細かい刺繍が多い。

豆知識　ベトナムは多数民族であるキン族（ベト族）とその他53の少数民族が共生する多民族国家。布地は北部のサパに住むモン族やザオ族などの山岳民族のものが有名。

モン族やザオ族が多く居住する北部山岳地帯のサパへは、ハノイからバスで5時間〜6時間30分。

ベトナム発のデザイナーズブランドをチェック！

可憐な花刺繍がかわいい

Co Lau
コーラウ

Girly Style

フォーマルシーンでも使える清楚な白ブラウス48万5000ドン

刺繍はすべて手刺繍です♡

若草色がすてきなロングのギャザースカート42万5000ドン

やわらかな色合いの服が多く、サイズはSから展開

バックのくるみボタンもかわいい

aruco編集部のお気に入り
黄色＆ピンクの花柄のAラインワンピース47万5000ドン

コットンやリネン生地に花刺繍をあしらったガーリーなアイテムが、若い女性を中心に人気。花柄や花刺繍、淡い色合いの洋服が多いが、ゆったりとしたフォルムはシンプルで甘過ぎないのもポイント。1着50万ドン〜が目安。

Map 別冊P.8-A1　**市北部**

⌂11A Trần Doãn Khanh　☎091-6313127　🕘9:30〜21:00　◆テト1週間以上　💳A.D.J.M.V.　🚕中心部からタクシーで約10分
🔗www.facebook.com/co.lau.shop

迫力の刺繍はまるでアート

NAU Corner
ナウ・コーナー

Ethnic Style

緻密な刺繍がポイントです

鮮やかな花刺繍が大きく入ったトップス249万ドン

コーデの主役になるビーズ刺繍の個性派バッグ95万ドン

北部サパの少数民族布を使ったフレアスカート169万ドン

aruco編集部のお気に入り
シックな黒は大人の印象。トップス259万ドン、パンツ135万ドン

ハスや鳥などベトナムの伝統モチーフが刺繍された、エスニックな雰囲気の個性派ブランド。緻密で大胆な刺繍の入れ方が特徴的で、布地は100％天然素材を使用し、肌にも優しい。アオザイもチェック（→P.47）。

Map 別冊P.7-C1　**市北部**

⌂1F, 298 Hai Bà Trưng, P.Tân Định　☎090-5055313（携帯）
🕘9:30〜21:00　◆祝日、テト1週間以上　💳A.D.J.M.V.　🚕中心部からタクシーで約10分
🔗www.facebook.com/tiem.cuanau

▼「ナウ・コーナー」（→上記）の刺繍入りノースリーブを購入。一点物っぽい雰囲気で、帰国後も大活躍。（匿名希望）

今、若手デザイナーズブランドが台頭しつつあるベトナムのファッション界。
素材やフォルムにこだわった、新進のブランドを厳選してご紹介。

Hanoi Elegance

ベトナム発の
ファストファッション
LĪBÉ
リベ

Feminine casual

ピンク、ブルー、イエローのチェック柄タンクトップ33万ドン

週2回新商品が登場するよ

フラワープリントのトートバッグ42万ドン

さわやかなブルーストライプのマキシスカート46万ドン

aruco編集部のお気に入り
ピンクのジャガードキャミソールと白いショートパンツ各38万ドン

色合いがシンプルなのでどんな服にも合わせやすいと、若い女性に大人気。また、リネンやシルク素材を用いているので見た目も上品。着用時のシルエットがかわいい服が多いのも特徴だ。1着25万ドン〜とリーズナブル。

Map 別冊P.10-B2 サイゴン大教会周辺

🏠1F, 26 Lý Tự Trọng ☎3823-1989 ⏰9:30〜21:30 休テト1日間
Card A.J.M.V. 🚶市民劇場から徒歩約5分 URL libeworkshop.com
🏠ホーチミン

大人のための
カジュアルファッション
Xeo Xo
セオ・ソ

ベトナム発のデザイナーズブランドをチェック！

胸周りのカッティングがかわいいサテンワンピース99万ドン

アオザイにも合うシルクのカチューシャ25万ドン

パール風ピアス（15万ドン）とネックレス29万ドン

アオザイも人気なんです♪

留め具もキュートなシルク生地のハンドバッグ35万ドン

aruco編集部のお気に入り
涼しげなオーガンジー素材の上品ワンピース165万ドン

ハノイ発のファッションブランド。左右や前後で丈の長さを変えるなど、カッティングやフォルムにこだわりをもち、洗練された雰囲気。ゆったりとした着心地の服が多く、生地にはシルクを多用。

Map 別冊P.12-A3 ベンタン市場周辺

🏠43 Đặng Thị Nhu ☎096-4438566（携帯）⏰10:00〜21:00
休無休 Card不可 🚶ベンタン市場から徒歩約7分
URL www.xeoxo.com

ゆったりめの服が多いが、小柄な人も多いベトナム人に合わせた服がたくさんあるので必ず試着を！　**111**

Bag バッグ

10万ドン以下で買えるプチプラ

10万ドン=約600円以下でこんなにキュートな雑貨が手に

家畜の飼料袋として使われていたビニール袋をリサイクルしたバッグ A

7万ドン

多言語でコーヒーの文字がデザインされたトートバッグ。ダナン版とハノイ版もある B

7万5000ドン

イラストシールセット。デザインにより値段が異なり、2万5000ドン〜 C

セットで4万ドン

プロパガンダアートのメモ帳。中紙は茶色のクラフト紙 D

6万ドン

蛍光カラーで描かれた動物が印象的な和紙のような風合いのポストカード C

各10万ドン

Paper Items 紙小物

ベトナム古地図やシェパード・フェアリーの平和ポスターをもじったデザインノート E

各9万ドン

ありそうでなかったベトナムコーヒーイラストのメモ帳 D

4万ドン

Embroidered Goods 刺繍グッズ

エスニック刺繍のミニポーチ。コインケースやカード入れにもよさそう F

8万5000ドン

手刺繍入りのヘアクリップ。花刺繍のほか、文字の刺繍などもある C

各5万ドン

花刺繍入りシルクのミニポーチ。水色の小さなドット柄の内布もかわいい

2万5000ドン

緻密な花刺繍がすてきなくるみボタン。ヘアゴムとブローチがある C

6万ドン〜

花刺繍入りの巾着。色・柄ともに豊富 A

2万5000ドン

各1万ドン

キッチュな配色に胸キュンのチロリアンテープを使ったミサンガ F

メッシュの刺繍巾着にインスタント麺やコーヒーを入れると、ちょっといいおみやげに変身！（京都府・T.T）

胸キュンのベトナムみやげ

入っちゃう。乙女心をくすぐるプチプライスなベトナム雑貨をご紹介。

Others その他

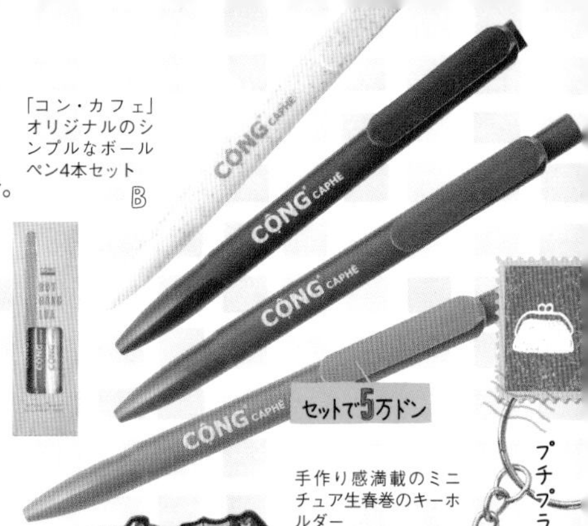

「コン・カフェ」オリジナルのシンプルなボールペン4本セット [B]

セットで5万ドン

紙を丸めて作るカラフルなペーパーピアス。耳に負担のかからない軽さも○ [D]

5万ドン

動物をかたどった素焼きの笛。吹くとピーと音がなる。干支バージョンもある [C]

各4万5000ドン

手作り感満載のミニチュア生春巻のキーホルダー [G]

6万ドン

シクロや共産主義プロパガンダがモチーフのベトナムらしいピンバッジ [G]

各4万ドン

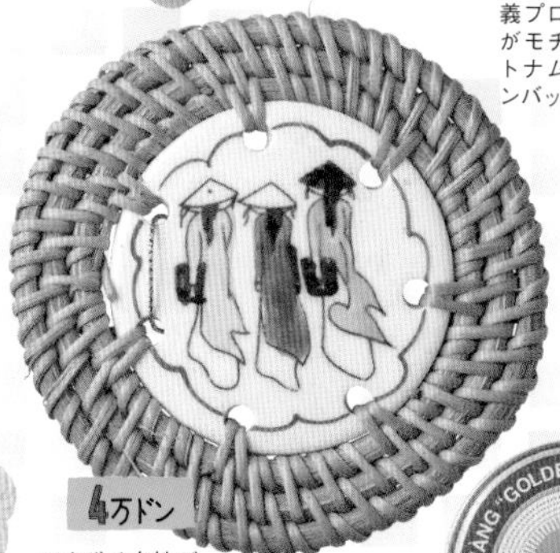

アオザイ女性が描かれた陶器を籐で編み込んだセラミックコースター [F]

4万ドン

毛糸で編まれた花のブローチ。帽子やバッグ、マフラーにつけてもかわいい [C]

各1万ドン

ベトナム国旗デザインの爪切り。小型なので旅行用にもよさそう [D]

5万ドン

ベトナム版タイガーバーム。マッサージのほか頭痛や鼻づまり時にも使える [F]

7万3000ドン

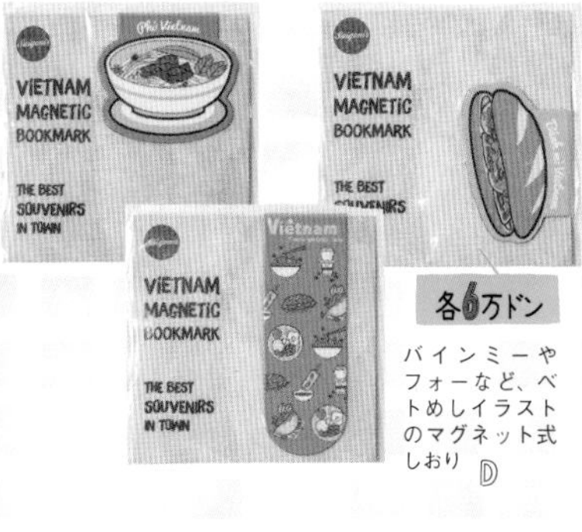

バインミーやフォーなど、ベトめしイラストのマグネット式しおり [D]

各6万ドン

レトロな雰囲気満載のすりガラスのショットグラス。昔からの定番みやげ [F]

各5万2000ドン

SHOP LIST

- [A] ゴック・フェン …… P.114
- [B] コン・カフェ …… P.89
- [C] コンフーン …… P.102
- [D] サイゴン・キッチュ …… P.103
- [E] サイゴン・ジェーン …… P.144
- [F] モン・クラフト&ファッション …… P.108

[G] 文房具や雑貨も揃える

サイゴン書店

Nha Sach Sai Gon

ベトナム最大手の書店チェーン、「ファハサFAHASA」が運営する書店。ベトナム語の書籍はもちろん、日本の漫画のベトナム語版、文房具やみやげ物なども販売。

Map 別冊P.12-B1

ベンタン市場周辺

🏠60-62 Lê Lợi
☎3822-6386 🕘7:30～21:30 [休]無休 [Card]M.V.
[交]ベンタン市場から徒歩約5分

プチプラみやげは「サイゴン・キッチュ」(→P.103)と「モン・クラフト&ファッション」(→P.108)が特に品揃え豊富。

プラカゴ派？
それとも
ナチュラルカゴ派？

どっちもカワイイ！

プラスチックのひもを編んで作った
ここ最近は、ビニール素材のキッチュな
ナチュラルなカゴバッグも
進化し続けるベトナムバッグ、

鮮やかな緑色が目を引く水草のバッグ50万ドン **C**

シルバー×星がかわいい。内布付きで30万ドン **A**

マルチカラーのストライプが大人な印象。35万ドン **C**

ボタンでとめるタイプの長方形い草バッグ35万ドン **C**

ここがポイント！
ファスナーで閉じられる内布付きで、防犯対策もバッチリ

ナチュラルカゴ

シックな雰囲気の竹バッグ45万ドン **A**

逆三角形のフォルムが珍しい。革フリンジ付き。45万ドン **C**

2ウェイのスクエアバッグ98万ドン。キト（→P.102）にて

素材は、い草、竹、ウォーターヒヤシンスなど。
シックで大人っぽい雰囲気のものから
カラフルでキュートなものまで種類豊富。

金のスパンコールが付いた水草のバッグ25万ドン **C**

レトロな花柄クロシェ編み風2ウェイバッグ32万ドン **A**

ブルーの布がさわやかなワンハンドルバッグ45万ドン **C**

巾着の内布付き、ラタンの台形いハンドバッグ32万ドン **A**

A おみやげ買いに便利な立地
ゴック・フェン
Ngoc Huyen

グエンフエ通りの両替所が入るビルの一画で営業中。工房から直接卸しているので、リーズナブルで種類豊富。刺繍巾着や飼料袋のバッグなどのみやげ物もある。

Map 別冊 P.14-B1　ドンコイ通り周辺
⌂2F, 2B Nguyễn Thiệp　☎090-8052159（携帯）⏰10:00〜19:00　休祝日、テト
Card J.M.V.
市民劇場から徒歩約2分
⌂14 Nguyễn Thiệp
Map 別冊 P.14-B2

B 路地裏のバッグ工房
ハッパーズ
Happers

日本人オーナーが営むプラカゴ専門店。内布付きやショルダーバッグタイプなどの進化形も品揃えがいい。1・2階がショップ、3階は作業場で、制作されたプラカゴは日本の百貨店などへも出荷している。

プラカゴは温泉やプールに行くときにかなり役立ちます。もっと買っておけばよかった！（山口県・まりこ）

ベトナムバッグコレクション

プラカゴはベトナムみやげの定番。アイテムのほか、い草やラタンなどを使った人気を集め、新作も続々登場！お気に入りを見つけてね。

白×レモンイエローのさわやかなプラカゴ25万ドン C

白に花柄布の持ち手がかわいい2ウェイ仕様。24万ドン A

中央は花柄、上下はストライプ柄のプラカゴ58万ドン B

シルバーがポイントのダイヤ柄大きめサイズ。22万ドン A

白に薄くブラウンラインが入ったミニバッグ14万ドン A

プラカゴ +ビニールバッグ

本来は生鮮食品を運ぶために使われてきたバッグ。豊富なカラーバリエーションだけでなく、花や星、チェックなど柄もたくさん！

色使いがキッチュなビニールカゴバッグ28万ドン A

白×黒×グレーのシンプルプラカゴ。35万ドン C

+αのアクセサリー
手のひらサイズのミニプラカゴのキーホルダーはシンプルなプラカゴの取手に付けるとキュート。A で各4万ドン

持ち手のフェイクパールがポイント。55万ドン B

リングハンドルにバンダナが付いたプラカゴ50万ドン C

かぎ編みプラカゴ60万ドン、取り外せる内布付き C

ビビッドなオレンジ持ち手がインパクト大。8万ドン A

ベトナムバッグコレクション

Map 別冊P.11-D1 ティーサック通り周辺

C おしゃれプラカゴ
ハナ
Hana

🏠15A/39-40 Lê Thánh Tôn
☎3602-0264 🕐10:00～19:00
休テト Card J.M.V.
日無 ⓢ市民劇場から徒歩約13分

もともとは問屋だったが、シックな色合いにファーや刺繍を施すなど他店にはない洗練されたプラカゴが話題となり、店舗としてオープン。プラカゴは15万ドン～で、い草のバッグ（25万ドン～）も人気。

Map 別冊P.17-C1 タオディエン

🏠47/3 Quốc Hương, Thảo Điền, TP.Thủ Đức ☎090-8011836（携帯） 🕐9:00～17:00 休日曜 Card J.M.V.
日無 ⓢ中心部からタクシーで20分 URLww w.facebook.com/hana vietnamshop

プラカゴの老舗、「チ・トゥー」（→P.147）は、市内に比べて若干リーズナブル。チョロンに行くなら寄ってみよう。

フード&ドリンクは スーパーマーケット でGet!

手軽なおみやげを買うならスーパーマーケットを活用しない手はない。食材からフードみやげ、ドリンク類まで、aruco取材班が厳選チョイス。

2万2800ドン

ベトめしレシピ
味付き干しエビの卵焼き

材料
★卵（3個）
★塩コショウ
★醤油

作り方
溶き卵に干しエビを適量入れて、塩コショウや醤油で味を調え、箸で混ぜながら焼くだけ。油を多めにして揚げるように焼くと、ベトナム風卵焼きのように表面がカリカリになる。

表面はカリカリ

味付き干しエビ
干しエビのおつまみ。ピリ辛味の付いたスナックエビもあり

ベトめしレシピ
ライスペーパー&エビの発酵ペーストで生春巻

材料
★豚バラ肉
★サニーレタス
★キュウリ
★香草

作り方
指かハケで少量の水をライスペーパーにつけて湿らせる。それにゆでた豚バラ肉、サニーレタス、キュウリ、香草などお好みの具をのせてきつく巻く。エビの発酵ペーストはアクセントに。

1万5100ドン

ライスペーパー
スーパーには種類豊富に揃ってる。水で湿らせて野菜や肉を巻こう

火が通ったら完成

エビの発酵ペーストをつけて食べる

エビの発酵ペースト
レモングラス、トウガラシ入りのエビの発酵ペースト（Mắm Ruốc Sả Ớt）。現地では佃煮のようにご飯と一緒に食べるのだとか

2万3200ドン

ドライチリのサテーソース
トウガラシ、レモングラス、ニンニクなどをオイルで炒めたトウガラシ油。食べるラー油のような感じ

1万8200ドン

シーズニングパウダー
左から甘酸っぱいスープのカン・チュア（→P.74）、魚の煮付け、ベトナム版豚の角煮用。いずれも肉や魚、野菜などを用意すれば調理できちゃう優れもの

ご当地麺の固形スープ
1人前1キューブをお湯で煮込めば本格的なスープができる。左はフォー・ガー、右はベトナム風ビーフシチューのボー・コー（→P.156）

各1万8700ドン

5700ドン

酸っぱ辛いスープの袋麺
ジャガイモでん粉を使ったモチっと食感のインスタント麺で定番の味

各7100ドン

ココナッツのカラメルソース
ココナッツジュースを煮詰めて作った純度100％のカラメルソース。煮込み料理に回しかければ、ベトナム風の味付けに

1万8200ドン

「ベ食材」レ

使い方がわかの食材のをしっかり

VIET

ライム塩は海鮮との相性もバッチリだけど、意外と揚げ物につけて食べてもイケました。（神奈川県・真子）

2万4800ドン

揚げ春巻用の
ヌックマム

トウガラシとニンニク入りのヌックマムソースは、ピリッと辛くて揚げ春巻のつけだれにピッタリ！

9600ドン

XO醤風味の
サテートム

エビのピリ辛ソース、サテートムにXO醤を合わせてうま味倍増

4200ドン

ベトナム風カレー粉

粉半分は肉をニンニク＆ショウガなどと漬ける。残り半分は湯を沸かしてスープに。マリネした肉を炒めてスープに合わせ煮たら完成

9000ドン

エビせんべいの素

油で数秒揚げるとエビせんべいになる。ミニサイズなので少量の油でOK！

F O O D S

うないスーパー
How to use
教えます！

バン・セオ
（→P.42）の素

ベトナム版お好み焼きが簡単に作れるセット。ココナッツミルクとターメリック配合のバン・セオの粉を、水で溶いて焼くだけ

1万8300ドン

自宅で本場の味を再現！

1万5400ドン

ベトナム
醤油

ベトナム醤油のヌック・トゥーン（→P.83）。チャーハンにふりかけるとおいしさアップ

VIFON
BÁNH DA CUA

2万5800ドン

北部名物カニ汁麺
のカップ麺

北部の名物麺、バイン・ダー・クアのカップ麺。カニ味噌もしっかりと入っていて美味

8000ドン

PHỞ
GÀ
CHICKEN FLAVOUR

鶏肉入りフォーの
インスタント麺

鶏肉入りフォー、フォー・ガーのインスタント麺。あっさりしていて食べやすい

ベトめしレシピ
インスタント麺の
焼きそば

材料	作り方
★牛肉 ★キャベツ ★ニンジン ★ニンニク ★ミツバなどの 　香り野菜 ★醤油	牛肉と野菜を炒め、1分ほど煮込んでほぐしておいた麺を投入。すでにスープの味が付いているので、醤油少々くらいで味を調えれば完成。麺はカリカリに炒めたほうがおいしい。

9100ドン

ライム塩

塩コショウにライムも入った優れもの。魚介類によく合う

1万200ドン

HỦ TIẾU KHÔ

1万400ドン

皿に盛り、香り野菜を添えて完成

MÌ ĂN LIỀN
HƯƠNG
VỊ HƯƠNG

3800ドン

インスタント麺

スープの味が麺に付いたシンプルな定番。お湯で戻すだけ

南部＆北部の名物袋麺

左は南部名物のフー・ティウ（→P.77）。右は牛肉をニンニクなどと炒めてからスープと合わせるハノイのフォー・タイラン風味

スーパーマーケットでは入口で荷物を預けるシステム。

ハイランズ・コーヒー(→P.33)の
トラディショナル・
ブレンド 1万5000ドン

シュガーレスで
美味

ワッフルクッキー
3万7300ドン

ソフトドライ・
マンゴー
4万1000ドン

チュングエン・コーヒー
(→P.33)のコーヒー
1万3100ドン

甘さ控えめ
しっとり
クッキー

緑豆の伝統菓子
4万2500ドン

SNACKS & COFFEE

お菓子やコーヒーは
バラマキみやげに
ぴったり
安くてお得なのに
ベトナムらしいフードみやげ
がたくさん!

どれにしようか
迷うね

ごませんべい
1万6700ドン

お茶請けに
ぴったり!

ピーナッツ&
ゴマのお菓子
4万4000ドン

えびせん風
スナック
5300ドン

ココナッツ
クラッカー
3万2900ドン

ピスタチオ
12万6000ドン

カシューナッツ
5万4800ドン

1. ベトナムコーヒーの老舗ブランドのコーヒー。100gの小さめサイズなのでバラマキみやげにも　2. ロブスタ80%、アラビカ20%をバターロースト。ロブスタの苦味が引き立つ味わいで、ミルクコーヒーにぴったり　3. 軟らかな食感と凝縮された南国果実のうま味たっぷりのソフトタイプのドライフルーツ　4. 卵とバターをたっぷり使ったクッキー。素朴な甘味で懐かしい味わい　5. ニンニクを効かせ、ほんのり辛いごませんべい　6. 青トウガラシ味のえびせんスナック　7. ダナンやホイアンのある中部クアンナム地方の郷土菓子。硬めのクラッカーでココナッツの自然な甘さがおいしい　8. ベトナムはカシューナッツの産地で生産量・輸出量ともに世界上位に入る。写真は皮なしのカシューナッツで皮付きも人気　9. 塩味が効いたピスタチオ。ビールのあてにもぴったり　10. ピーナッツやゴマを飴状に固めたヌガー。中部フエの郷土菓子　11. すり潰した緑豆を固めた北部の伝統菓子、バイン・ダウ・サン（Bánh Đậu Xanh）。口の中でホロっと崩れる食感はまるで落雁のよう

日本へ一時帰国するときのテッパンみやげは皮付きカシューナッツ。市場でも入手できます。（ホーチミン在住・まむ）

フード＆ドリンクはスーパーマーケットでGet♪

BEER & SOFTDRINK

チアシード入り

9000ドン

ICY CHANH MUỐI

la Vie sparkling chanh vanilla 100%

1万ドン

fuze tea PASSION FRUIT TEA & CHIA SEEDS

6700ドン

Sanest

ツバメの巣入り！

1万7000ドン

333 Triple The Excellence

1万2400ドン

1万1500ドン

HIGHLANDS COFFEE CÀ PHÊ SỮA VIETNAMESE COFFEE WITH MILK

滞在中に試したいドリンクあれこれ

その安さにビックリの地ビールから甘いソフトドリンクまで。

飲み比べしちゃお

ダナンの地ビール

BIA SAIGON SPECIAL

1万5000ドン

プレミアムビール

VINAMILK NƯỚC DỪA TƯƠI COCO FRESH TƯƠI NGON THUẦN KHIẾT

1万6700ドン

LARUE QUALITÉ D'OR

1万2000ドン

1. ベトナムのコーヒーチェーン、ハイランズ・コーヒーのミルクコーヒー缶 2. 暑い日の塩分・水分補給にぴったりの、塩レモンジュース。冷やして飲むと美味 3. バニラがほんのり香るライム風味のスパークリングウオーター 4. チアシード入りのパッションフルーツティー。ピーチティーもある 5. カインホア省産のツバメの巣入りジュースは美肌効果アリ（？）。寒天入りの砂糖水といったところ 6. ベトナム南部を代表する地ビール。氷で薄めながら飲むのが地元流 7. ダナンの地ビール「ラルー」のプレミアムビール。軽い飲み口でコクがある 8. ココナッツ本来の自然な甘さを感じられるココナッツウオーター 9. ベトナム大手ビールメーカー、サイゴン・ブルワリーのプレミアムビール。喉ごしがよくすっきりとした味わいで人気が高い

ホーチミンのスーパーマーケット

コープマート Co.opmart

ホーチミン市内に40店舗以上ある規模の大きなスーパー。生活に密着した品揃えで、調味料をはじめ食料品の種類が豊富。台所用品や食器、日用雑貨も多い。

Map 別冊P.7-C2 3区

🏠 168 Nguyễn Đình Chiểu, Q.3
☎ 3930-1384 ⏰ 7:30〜22:00 ❹ 無休 **Card** M.V. 🚇 統一会堂から徒歩約7分

ウィンマート WinMart

ドンコイ通りすぐのショッピングセンター「ヴィンコム・センター」地下3階にあるスーパー。「コープマート」（→左記）より若干値段は高いが、品揃えもよく便利な立地で利用価値大。

Map 別冊P.11-C2 ドンコイ通り周辺

🏠 B3F, Vincom Center, 70-72 Lê Thánh Tôn ☎ 024-7106-6866 （ハノイ、ホットライン） ⏰ 8:00〜22:00 **Card** M.V. 🚇 市民劇場から徒歩約3分 ✈ ホーチミン、ダナン

上記のドリンク類はコンビニや商店でも売っているけれど、スーパーが断然安くて品揃えが豊富。

品質にこだわりアリ！
おいしいグルメみやげセレクション

オーガニック食材を使ったり、添加物不使用だったりと、
品質や素材にこだわった、とっておきのグルメなおみやげをセレクト。

Dried Fruits

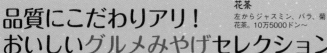

Must Buy! ミニサイズなのでバラマキみやげにぴったり。マンゴーやパイナップル、ミックスもある

ソフトタイプのドライフルーツ
左からオレンジ、パパイヤ、パッションフルーツ。40g2万4000ドン～。100gもあり6万ドン～ [B]

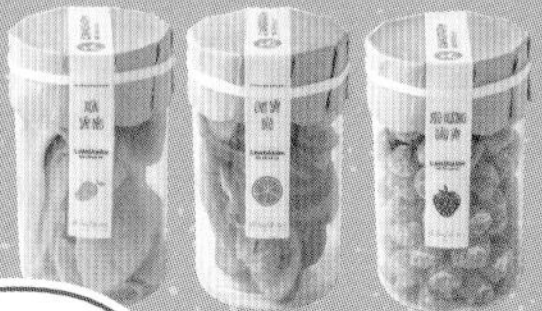

ダラット産ドライフルーツ
左からマンゴー、オレンジ（9万2000ドン～）。右はイチゴの砂糖漬け3万6000ドン [D]

Tea&Coffee

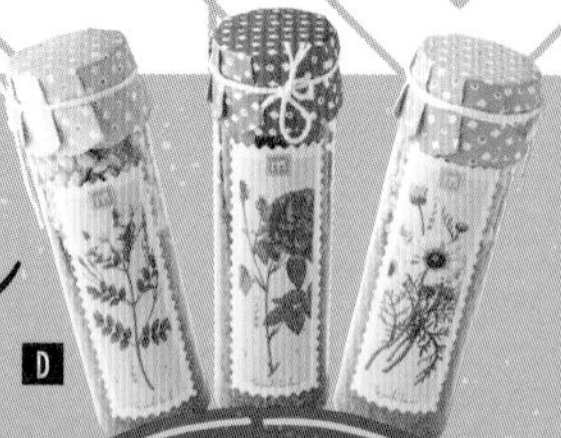

花茶
左からジャスミン、バラ、菊花茶。10万5000ドン～ [D]

ダラット産コーヒー
アラビカ50%、ロブスタ50%のコーヒー9万1000ドン [D]

カモミールティー
ベトナム北部の森林に自生する花を使ったお茶。12万5000ドン [E]

ロブスタコーヒー
ロブスタ100%のオリジナルコーヒー14万5000ドン [B]

カップに引っかけてね

フラワーティーバッグ
ロータス、ジャスミン各茶のティーバッグ。個包装で各5個入り10万ドン [C]

Must Buy! 花売りや手こぎ舟などベトナムらしいイラストがかわいくておみやげに最適♪

Honney&Jam

Must Buy! 使い切りサイズなので、数種類お試しで買うのもバラマキ用に買うのもアリ

非加熱の生ハチミツミニサイズ
左はコーヒーの花、右はリュウガンの花のシングルオリジンハチミツ。各30g1万7000ドン [B]

ランブータンの花のハチミツ
非加熱の生ハチミツ300g10万1000ドン [B]

カボチャのジャム
オレンジやライム入りで食べやすい。150g4万5000ドン [B]

[A] 大人気のチョコブランドのカフェ
アルビア・チョコレート・ハウス・サイゴン
Alluvia Chocolate House Sai Gon

メコンデルタでカカオの生産からチョコレート作りまで全工程を行うカカオブランド。チョコはコーヒーやコショウなどベトナムらしいフレーバー20種類以上を揃える。カフェ併設で自家製チョコレートドリンクも楽しめる。

[Map] 別冊P.12-B1 ベンタン市場周辺

住 74B Lê Lợi ☎090-6822050（携帯） 営9:00～22:00 休無休 [Card] A.J.M.V. 交ベンタン市場から徒歩約2分 [URL] www.alluviachocolate.com 他ホイアン（→P.164）

[B] グルメみやげの品数が豊富
アンナム・グルメ・マーケット
Annam Gourmet Market

食品を中心に、1万4000種類以上の国内外のセレクト商品が並ぶ大型スーパーマーケット。デリやカフェコーナー（→P.138）もある。

[Map] 別冊P.12-B1 ベンタン市場周辺

住 B2F, Saigon Centre, 67 Lê Lợi ☎039-2043674（携帯） 営8:30～21:30（金～日曜～22:00） 休無休 [Card] A.J.M.V. 交ベンタン市場から徒歩約5分 [URL] www.annam-gourmet.com 他16-18 Hai Bà Trưng [Map] 別冊P.16-B2

 ✉「アンナム・グルメ・マーケット」（→上記）は品数の豊富さがダントツなので一度は行くべき！（匿名希望）

Must Buy!
ベトナム3都市のイラストがかわいいチョコレートバーはギフトに。3枚30万ドン

「アルビア」のチョコレートバー
左からダークチョコ、ダークチョコ・シナモン、ダークチョコ・ココナッツ。いずれもカカオ70%、80g9万5000ドン A

Chocolate

ホタテのXOサテー
ピリ辛のサテーソース 180g8万8000ドン。炒め物などに B

バナナクッキー
フレーバー2種類のサクサククッキー。10個入り22万ドン C

フルーツゼリー
軟らかフルーツゼリー。ミックスタイプ 180g2万6000ドン D

カカオニブグラノーラ
チョコ、カカオニブ、ドライバナナ、ナッツ入り。12万8000ド E

Others

Must Buy!
サクサク食感、ほどよい塩気で止まらないおいしさ！ 自分用にもおみやげにもおすすめ

ピーナッツバター＆カシューナッツバター
砕いたナッツが入った濃厚ナッツバター 各8万ドン F

高品質ヌックマム
300年の歴史を誇るメーカーのファンティエット産ヌックマム 500mL16万5000ドン B

18個入りは25万ドン

野菜＆果物チップス
紫イモやバナナなどのクリスピーチップス 90g3万3000ドン D

バインミーラスク
コーヒーなどベトナムらしいフレーバー6種類のラスク。6個入り10万ドン C

エコバッグもあるよ

Bはかわいいエコバッグも販売。写真のものは14万ドン

C パケもかわいいベトみやげ
スターキッチン　Star Kitchen
ベトナムらしいオリジナルのグルメみやげをかわいいパッケージで展開。ベンタン市場内にも店舗あり。

Map 別冊P.12-B1 ベンタン市場周辺

🏠B2F, Takashimaya Vietnam, 92-94 Nam Kỳ Khởi Nghĩa
☎086-2224599（携帯）
🕘9:30～21:00（金・土曜～22:00）
🈺無休　Card A.J.M.V.
🚶ベンタン市場から徒歩約5分
📷starkitchen_vietnamgift

D ダラット発の自然食品
ランファーム　L'angfarm
おいしい高原野菜や高品質なコーヒー豆の栽培で有名な町、ダラット発の食品ブランド。ダラット産食材を使ったオリジナル商品を幅広く販売している。

Map 別冊P.5-C3 チョロン周辺

🏠126-128 Nguyễn Văn Cừ
☎090-6900319（携帯）
🕘7:30～22:00　🈺テト1週間
Card A.D.J.M.V.　🚶中心部からタクシーで約13分　📱www.langfarmstore.com　📷ホーチミン

E
コンフーン
Cong Huong →P.102

F
ズズ・コンセプト・ストア
Zuzu Concept Store →P.148

「アルビア・チョコレート・ハウス・サイゴン」（→P.120）ではチョコレートのテンパリング作業などが見学できる。

ミストタイプで
べたつかず
使用感がいい

綿棒
メイクの修正
やオフにも使
える。5000ド
ン

芯は軟らかめ
だけど40本入りで
この安さ！

抗菌4層構造
バクテリア
濾過率99%

マスク
排気ガス対策や新型コロナ
など感染症予防にも。10枚
入り2万ドン

虫除け
スプレー
デング熱など
の感染症予防
に必須。3万
9000ドン

滞在中に大活躍！

コンビニ＆薬局のお役立ちアイテム

持ち運びに
便利な
ミニサイズ

アルコール
除菌スプレー
除菌99.99%
の手指用スプ
レー。50mL3
万ドン

ノンアルコール
＆パラベン
フリー

ウエット
ティッシュ
食事やちょっ
とした汚れに。20枚入
り1万7000ド
ン

何でも揃うコンビニや薬のほか
日用品も手に入る薬局は旅行者の強い味方。
現地で買える便利なお役立ちアイテムをご紹介。

風邪をひいた
ときにも
使えて便利

水に溶かして飲む
ビタミンタブレット
手軽にビタミン補給。20個
入り7万ドン

比較的
肌触りもよく
使いやすいよ

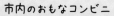ポケットティッシュ
旅行中は常備したい。3つ
セットで5000ドン

コンビニは中食も充実
おにぎりやサンドイッチ、バイン
ミー、肉まんなどに加えてスイー
ツを販売する店も。コーヒーなど
のドリンクも安くておいしい。

市内のおもなコンビニ
日系の大手コンビニ各社をはじめ韓国の
GS25など市内にいたるところにコンビニがある。

薬局ならココ！
ファーマシティ Pharmacity
品揃えのいいチェーン薬局で、薬はもちろんシャ
ンプーやスキンケア用品、生理用品なども揃う。
紹介の店舗は24時間営業で便利。

Map 別冊P.16-B2 ドンコイ通り周辺

🏠97 Hai Bà Trung ☎1800-6821（ホットライン）⏰24時間
無休 Card M.V. 市民劇場から徒歩約3分 ホーチミン、ダナン

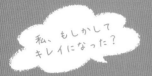

私、もしかして
キレイになった？

しなやかに、美しく！
ベトナムビューティナビ

ベトナム・ガールズがみんなすてきなのはどうして？
それは、ボディラインのキープはもちろん、お肌や髪の
基本のお手入れにも、ちゃーんと気を配ってるから。
気軽にできちゃうお値打ちプライスなのも、美しさキープの秘訣かも。
最近ちょっぴり自分磨きをサボり気味な女子も、ホーチミンでしっかり美を取り戻して。

BEAUTY

PRIVATE DOME

非日常を味わえちゃう

Luxury spa

たまには自分へのごほうび☆
贅沢スパでお疲れ女子の休息タイム

憧れの一軒家スパに、5つ星ホテルのラグジュアリースパ……。ホーチミンでは、
そんな極楽体験が待っている。日本に比べてリーズナブルなホーチミンのスパ
には、滞在中、一度といわず何度でも行きたくなっちゃう。

一軒家スパ

ハス池を望む癒やしのスパ
The Spa Bar スパ・バー

タオディエン（→P.148）の路地奥
にあり、静かで自然に囲まれた環境
が魅力。ハス池に面したトリートメ
ントルームは、丸みを帯びたコクー
ン型のコテージで、3室のみとゆっ
たりした造り。トリートメントには
自然派の自社プロダクトを使用。

Map 別冊P.17-D1 タオディエン

🏠 28 Thảo Điền,
Thảo Điền, TP.Thủ
Đức ☎3620-4535,
090-2582255（携帯）
🕘9:00～20:00（最終
予約19:00）⑭テト
Card A.D.J.M.V.
🅿要予約 🚗中心部か
らタクシーで約25分
URL www.thespabar.
vn

おすすめ *Menu*
ハーバルボール・マッサージ
The Spa Bar Herbal
Pouch Massage
75 分 / 99 万 5000 ドン

ベトナムの薬草10種類ほ
どで作るオリジナルハーブ
ボールを押し当ててマッ
サージし、血行を促進。

1. トリートメントルーム。奥に施術ベッド
がある。施術後はテラス席でハス池を眺め
ながらリラックス　2. ボディマッサージは
60分65万5000ドン～、足マッサージは
60分47万5000ドン。パッケージメニュー
もあり、150分99万5000ドン～とリーズ
ナブル　3. トリートメントで使用する自社
プロダクトは受付で販売　4. ジャクージ付
きのコテージもある

✉ 「スパ・バー」（→上記）は路地の入口から数分歩いた先にありました。（東京都・匿名希望）

赤ザオ族の薬草風呂が体験できる

Noir.Spa ノワール・スパ

古い洋館を改装した一軒家スパ。街なかにありながら、路地にあるため静か。メニュー数は少ないがリーズナブルで目の不自由なスタッフによるマッサージに定評があるほか、120種類もの薬草や樹木を使った赤ザオ族伝統の薬草風呂も体験できる。

Map 別冊P.7-C1 市北部

🏠178B Hai Bà Trưng ☎093-3022626（携帯） 🕘10:00～21:00 [休]月曜、テト [Card]A.D.J.M.V. [日] [予]要予約 [交]中心部からタクシーで約15分 [URL]www.facebook.com/NoirSpaVietnam

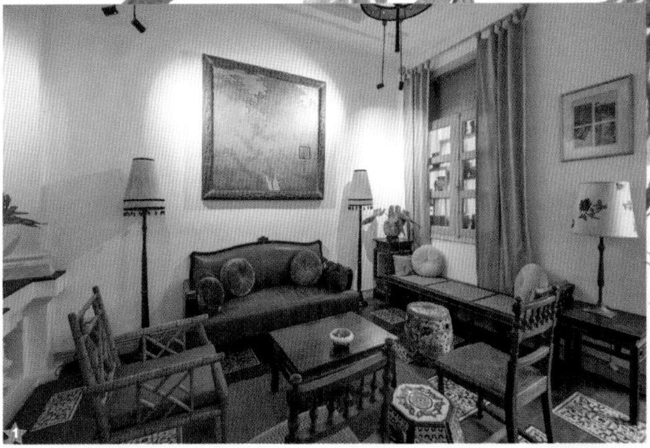

1

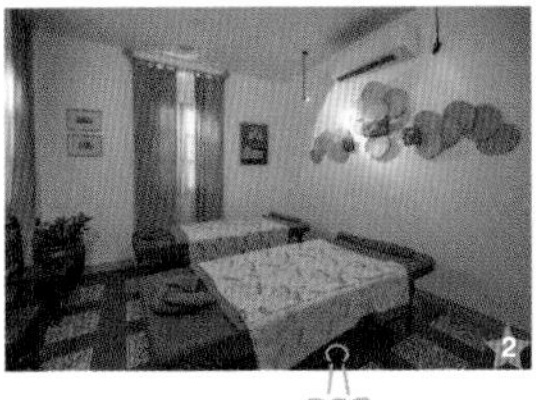

2

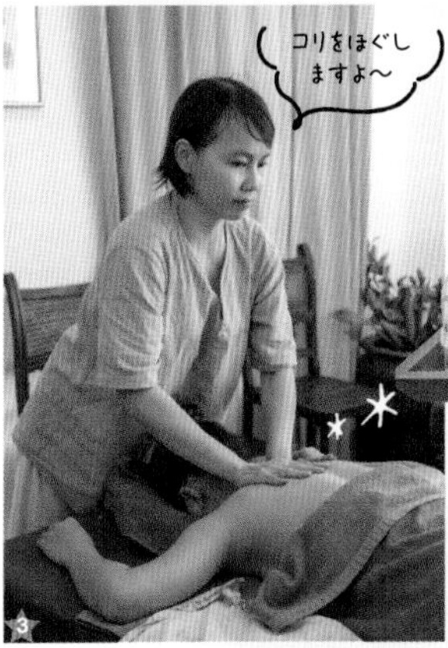

3

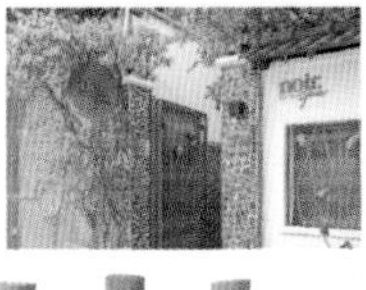

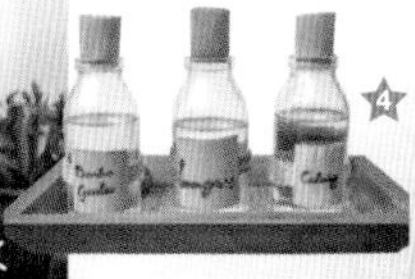

4

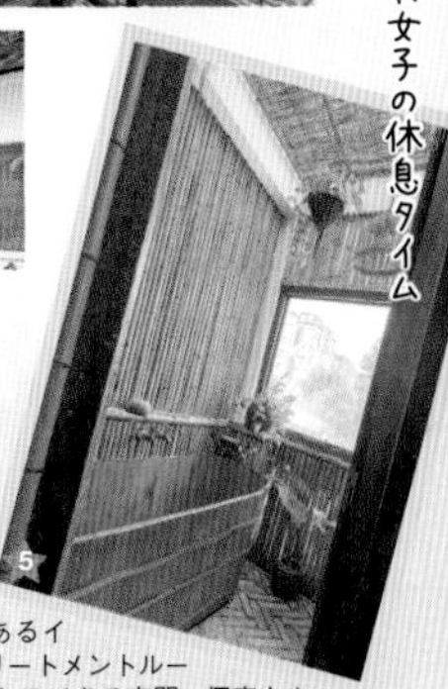

5

おすすめ Menu

赤ザオ族の薬草風呂
Red Dao Herbal Bath
15～25分／15万ドン

北部サパに暮らす赤ザオ族の村から取り寄せた薬草を煮出した伝統風呂。血行促進＆デトックス効果あり。

1. ベトナムとフレンチシックが融合したセンスあるインテリアがすてき 2. トリートメントルームは照明を抑えたリラックスできる空間。個室もあり、30万ドンで利用可能 3. ボディマッサージ60分45万ドン、足マッサージ60分40万ドン 4. マッサージに使用するオイルは3種類から選べる 5. 薬草風呂専用の木桶の湯船

白亜の一軒家スパ

Moc Huong Spa In White モックフーン・スパ・イン・ホワイト

ていねいな施術とサービスのわりにリーズナブルで、常に満室状態の人気スパ。大きな館内に施術室は4室のみと贅沢な造り。メニューが豊富で足マッサージからスパパッケージまである。

Map 別冊P.5-D1 ビンタン区

🏠Villa 13D8, Saigon Pearl, 92 Nguyễn Hữu Cảnh, Q.Bình Thạnh ☎3535-1133、090-2777811（携帯） 🕘9:00～22:30（最終予約21:00） [休]テト [Card]J.M.V. [日] [料]+税・サ15% [予]要予約 [交]中心部からタクシーで約15分 [URL]mochuongspa.com 🏠61 Xuân Thủy, Thảo Điền, TP. Thủ Đức Map 別冊P.17-C1

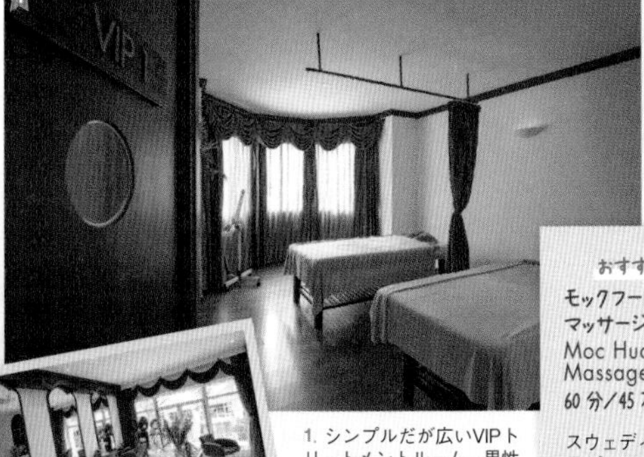

1

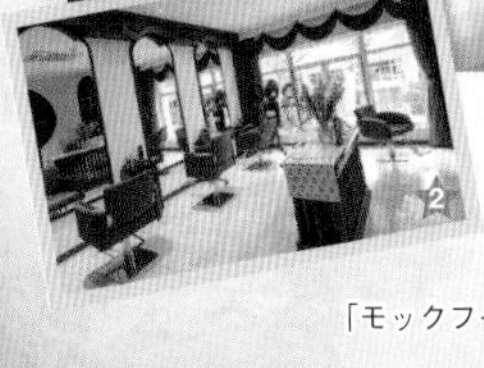

2

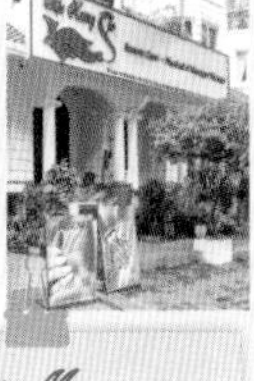

1. シンプルだが広いVIPトリートメントルーム。男性と女性でフロアが分かれている 2. ヘアサロンを併設している

おすすめ Menu

モックフーン・シグネチャー・マッサージ
Moc Huong Signature Massage
60分／45万ドン（+税・サ15%）

スウェディッシュ、アロマテラピー、タイ古式の各マッサージを組み合わせたオリジナルボディマッサージ。

「モックフーン・スパ・イン・ホワイト」（→上記）のタオディエン支店も人気で満室のことが多いため、要予約。

白亜の洋館のフレンチ・スパ

La Maison de L'Apothiquaire

ラ・メゾン・ド・ラポティケア

ラポティケアとは17世紀のフランスの薬剤師のことで、当時の薬局をイメージしたクラシカルな内装とフランスの伝統的なハーブ療法を用いたトリートメントが人気。フランス政府認定のオーガニック製品を使用した、極上のスパ体験ができる。

[Map] 別冊P.6-B2 3区

🏠64A Trương Định, Q.3 ☎3932-5181
🕘9:00～21:00（最終予約19:30※パッケージは16:00） [休]テト1週間 [Card]J.M.V.
[日] [予]前日までの予約が望ましい
[交]中心部からタクシーで約10分
[URL]www.lapothiquaire.com

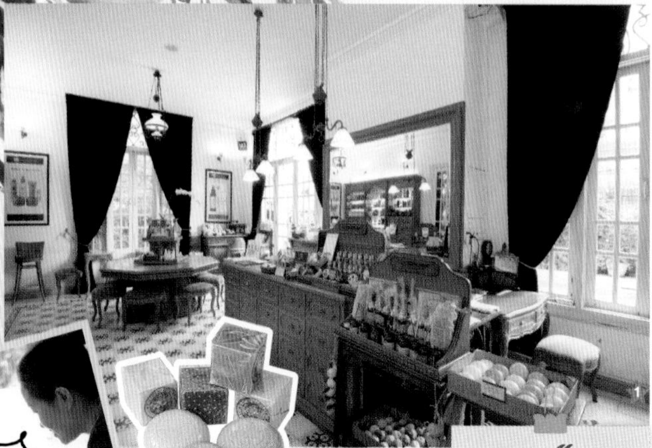

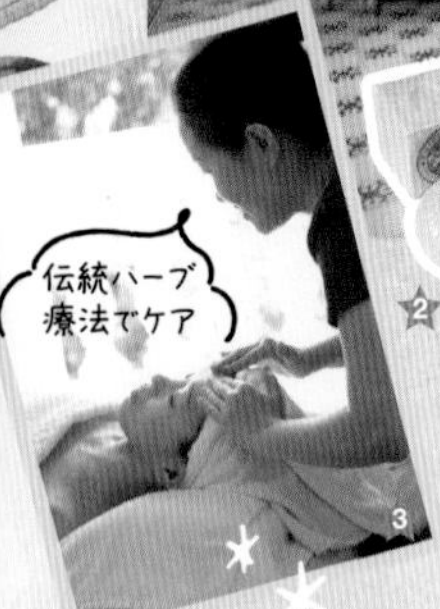

伝統ハーブ療法でケア

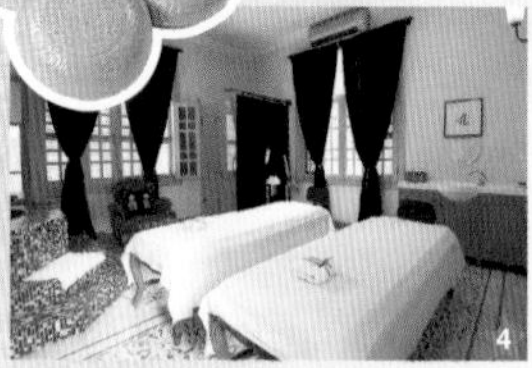

おすすめ Menu

くつろぎの半日コース
Half Day of Relaxation
4時間／340万ドン

足マッサージ、ボディトリートメント、フェイシャルケア、ヘルシーな食事とホテルへのピックアップが付くパッケージ。

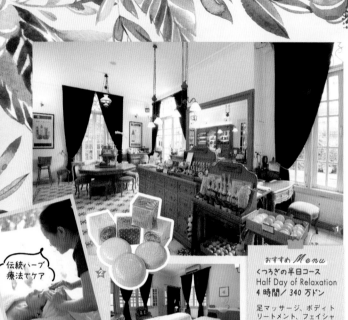

1. ゆったりとした時間が流れるロビー。建物は築100年を超える庭＆プール付きの洋館 2. ラポティケアの製品はフランス製のオーガニックプロダクト。店内で販売もしている 3. アンチエイジング、乾燥肌向け、混合肌向けなどメニューが豊富なフェイシャルも人気。60分130万ドンなど 4. 5室あるVIPルームは要予約

一軒家でまったりできる

Sa Spa サー・スパ

「クックガック」（→P.72）を手がけたベトナムの著名建築家が内装を担当。おしゃれなインテリア、リーズナブルな料金とていねいな施術が好評で、いつも地元の人や在住外国人でいっぱい。スパメニューも豊富でフェイシャル、ボディトリートメントに加えてヘッドスパもある。

[Map] 別冊P.7-C1 3区

🏠40B&D Phạm Ngọc Thạch, Q.3
☎3521-0670、098-1789357（携帯）
🕘9:00～21:00（最終予約20:00） [休]無休
[Card]J.M.V. [予]要予約 [交]中心部からタクシーで約10分 [URL]www.facebook.com/saspasaigon

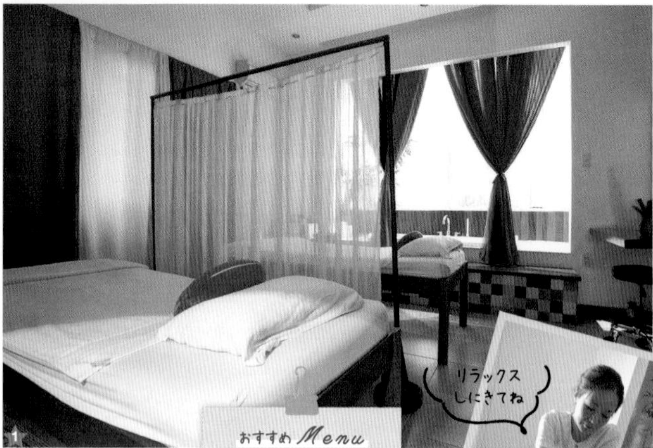

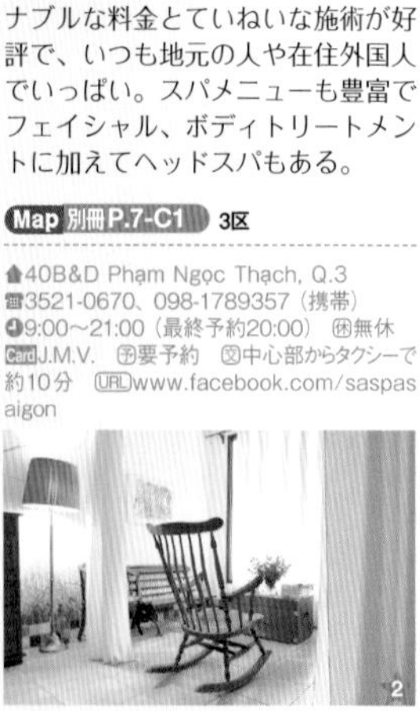

1,2. 路地裏の一軒家スパ。館内は、ベトナムの伝統や暮らしを感じさせる穏やかで落ち着いた雰囲気。ジャクージ付きの個室もある 3. ボディマッサージは60分58万ドン～、フェイシャルは45分68万ドン～、ヘッドスパは35万ドン～。ボディスクラブやボディラップも人気メニュー

おすすめ Menu

サー・シグネチャー
Sa Signature
3時間30分／165万ドン

スチームバスまたはサウナ、アロマオイル、ホットストーン、ハーバルボールを使った90分のボディマッサージ、フェイシャル、シャンプーが付くパッケージ。

リラックスしにきてね

 ✉「サー・スパ」（→上記）は地元の常連客も多いです。（ベトナム在住・D）

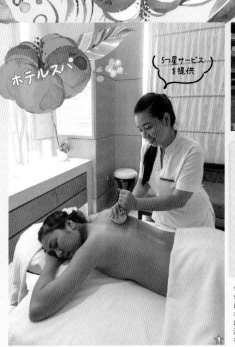

ホテルスパ

5つ星サービスを提供

贅沢スパでお疲れ女子の休息タイム

おすすめ *Menu*

トランキル・
メディテーション・
フォーハンド・マッサージ
Tranquil Meditation
Four-hand Massage
45 分／ 195 万ドン
（＋税・サ 15%）

ふたりのセラピストによる、温めたオイルを使った優しいタッチのボディマッサージ。

1. ボディマッサージは60分135万ドン〜、足マッサージは60分95万ドンと、安くはないが施術レベルやサービスは一流　2. ゆったりとした贅沢な造りの個室は明るく優雅な空間　3. 明るい受付エリア

全室個室のラグジュアリースパ
Spa InterContinental
スパ・インターコンチネンタル

5つ星ホテル「インターコンチネンタル・サイゴン」（→別冊P.22）内のスパ。全7室のみの小さなスパだが、完全個室のトリートメントルームは広々としていてトイレやシャワーも完備。

Map 別冊P.10-B1 サイゴン大教会周辺

🏠3F, InterContinental Saigon, Corner Hai Bà Trưng & Lê Duẩn　☎3520-9999　🕐10:00〜20:00(最終予約19:00)　🈳無休　Card A.D.J.M.V.　💰＋税・サ15%　🈯前日までに要予約　🚶サイゴン大教会から徒歩約3分　URL www.icsaigon.com

---

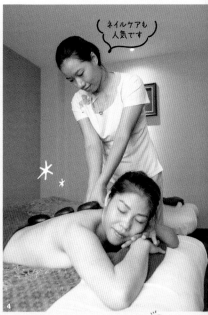

大型スパ

ネイルケアも人気です

お手頃価格で大満足！
Sen Spa　セン・スパ

6階建ての大型スパで、男女別のフロア。ジャクージ、サウナ、シャワー完備の個室、VIPルームで受けられるツインパッケージ（3時間、2名で440万ドン。VIPルーム利用料金、軽食含む）が人気。

Map 別冊P.11-D1 ティーサック通り周辺

🏠10B1 Lê Thánh Tôn　☎3910-2174, 3825-1250, 090-7959395 (携帯、ホットライン)　🕐9:30〜21:00(最終予約20:00)　🈳無休　Card A.D.J.M.V.　💰＋税・サ15%　🈯VIPルームは要予約　🚶市民劇場から徒歩約15分　URL www.senspa.com.vn

1,2. ゴージャスなVIPルームは受けるトリートメントの50%プラスした料金がかかる。シャワー付きの個室、デラックスルームもあり、こちらは20%プラス　3. センはハスの意味　4. ボディマッサージ60分66万ドン〜

おすすめ *Menu*

全身の痛みを取り除くマッサージ
Total Pain Release
90 分／ 154 万ドン（＋税・サ 15%）

アロマ、タイ、ホットストーン、指圧の4種類のマッサージを組み合わせたボディトリートメント。一度にいろいろなマッサージが試せてお得感あり。

ジャクージやサウナ、シャワールーム完備の個室、VIPルームを完備したスパも多い。利用料金は各店異なるので、確認を。　**127**

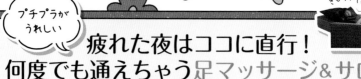

プチプラがうれしい

疲れた夜はココに直行！何度でも通えちゃう足マッサージ&サロン

観光やショッピングで疲れた体は癒やしを求めてない？
思いっきり遊んだ夜は、安くてきれいで在住者人気の高い足マッサージ&サロンへ駆け込もう。

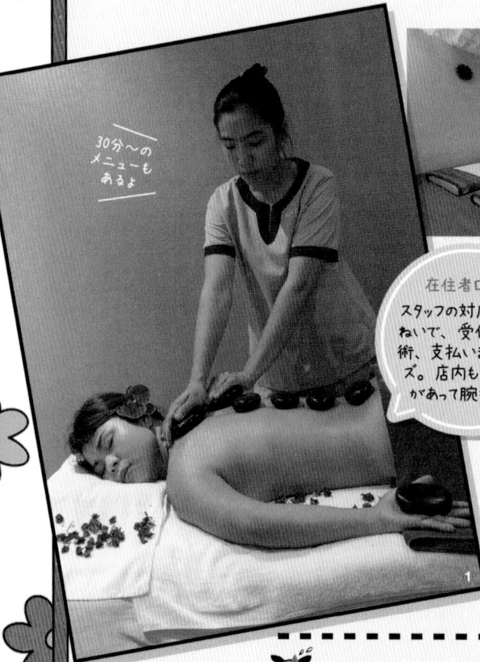

30分〜のメニューもあるよ

在住者口コミ
スタッフの対応がていねいで、受付から施術、支払いまでスムーズ。店内も清潔感があって腕もいい。

在住日本人人気ナンバーワン！

ミウミウ・スパ2
Miu Miu Spa 2

多くの在住日本人が信頼を寄せるミウミウ・スパ。リーズナブルだがしっかりとした施術が受けられるので人気が高い。60分以上のメニュー利用でシャワーとサウナ＆スチームバスが無料で使える。市内に3店舗展開している。

Map 別冊P.11-D1 ティーサック通り周辺

🏠2B Chu Mạnh Trinh ☎6680-2652 7300-0933（ホットライン） 🕘9:30〜23:00（最終予約22:00） [休]無休 [Card]J.M.V. [日] [予]要予約 [交]市民劇場から徒歩約13分 [URL]www.miumiuspa.com 🏠ホーチミン

Menu
- フットマッサージ…36万ドン（70分）
- ミウミウズ・シグネチャーアロママッサージ（ボディ）…45万ドン（60分）

1. ホットストーンマッサージ（60分42万ドン）も人気メニューのひとつ
2. 清潔な施術室
3. 夜は特に要予約

マッサージを受ける際の注意点

施術スタッフの性別は先に指定しておくこと
女性のスタッフでお願いします。
Tôi muốn nhân viên mát xa là nữ.
トイ　ムォン　ニャンヴィエン　マッサー　ラー　ヌー

アクロバティックな施術もある
ベトナム式マッサージは、店によってはタイ式のように上半身をひねる、骨を鳴らすなどアクロバティックな施術もある。変にひねらないよう事前にそのような施術は断っておくこと。

チップの有無は事前に確認
サービス料が値段に含まれている店ではチップは基本的に不要。含まれていなければ、5万ドン程度渡そう。

足つぼマッサージの有名店

健之家
Kien Chi Gia

香港式の本格的な足マッサージ店。約30名のマッサージ師が常駐し、ほとんど女性なのも安心。足裏から太腿、背中、首、手、頭までじっくりコリをほぐしてくれる。

Map 別冊P.13-C1 ドンコイ通り周辺

🏠44 Tôn Thất Tiệp ☎090-3316733、091-3316733（携帯） 🕘10:30〜23:00（最終予約23:00） [休]無休 [Card]不可 [予]週末は望ましい [交]市民劇場から徒歩約10分

マッサージチェアが並ぶ1階

Menu
- フットマッサージ…35万ドン（70分）
※35分延長はプラス17万ドン

在住者口コミ
大きい店なのでたいてい予約なしで入れる。施術者が基本的にみんな真面目。

「ミウミウ・スパ2」はかなり人気があるので、事前予約をおすすめします。（ホーチミン在住・K）

何度でも通えちゃう足マッサージ＆サロン

在住者口コミ
韓国系のスパで立地よし。浴場だけなら15万ドン。

大きな浴場とサウナがある

テンプルリーフ・スパ・トラディショナル・マッサージ＆サウナ
Temple Leaf Spa Traditional Massage & Sauna

気軽に入れる雰囲気で日本語メニューもある。おすすめは指圧とホットストーンの合わせ技でコリをほぐしてくれるパゴダ・フットマッサージ。タイの自然派コスメ「バス＆ブルーム」の製品を使ったボディマッサージ（60分70万ドン、お風呂利用付き）もある。

Menu
● パゴダ・フットマッサージ
…35万ドン（60分）
● パゴダ・ボディマッサージ
…42万ドン（60分）

1. 広々としたお風呂でリラックスしよう　2. サウナはドライとスチームの2種類　3. フットマッサージは30、60、90分のコースがある　4. 貴重品は鍵付きロッカーに預けられる

Map 別冊 P.16-A1　ティーサック通り周辺

⌂ 32 Thái Văn Lung　☎ 078-9841431（携帯）
⏰ 10:00～23:30（最終予約22:00。女性のサウナ、お風呂利用は土・日曜、祝日10:00～23:00）　休 テト3日間　Card 不可　予 不要　市民劇場から徒歩約10分　URL www.templeleafsauna.com

自然素材を用いたメニューが人気

ラ・メコン・スパ
La Mekong Spa

メコンデルタ産のフレッシュなフルーツや花を使ったトリートメントに力を入れており、ココナッツのフェイシャル（60分35万ドン）やバナナ＆オーツを使ったボディケア（30分35万ドン）などが人気。

Map 別冊 P.11-D1　ティーサック通り周辺

⌂ 11B Ngô Văn Năm　☎ 082-3796868（携帯）
⏰ 10:00～21:00（最終予約19:00）　休 テト　Card A.J.M.V.　予 望ましい　市民劇場から徒歩約12分　URL lamekongspa.vn

Menu
● ピンクヒール・リラクシング・フットマッサージ
…40万ドン（45分）
● フーンクエ・ボディマッサージ
…45万ドン（60分）

リラックスしてね♪

在住者口コミ
オリエンタルなインテリアで高級感もあるけれど、立地のわりに料金はお手頃。施術もていねい。

1. 清潔感のあるトリートメントルーム
2. インドシナがコンセプトの落ち着いたインテリア
3. 施術後はお茶とヨーグルトのサービス
4. パインオイルを使ったホットストーン（75分65万ドン）

P.128～129で紹介している店では「ラ・メコン・スパ」以外、料金にはチップ代が含まれている。

ナチュラル志向の上質アイテム続々！
ご当地コスメ・ケア用品★最前線

自然由来の肌に優しい上質なケア用品が大人気。香りよし、テクスチャーよし、パッケージもかわいいベトナムブランドのコスメ・ケア用品を大調査。

Skin Care

フルーツや花など自然由来のナチュラルプロダクトが主流。

青リンゴのクレンジングオイル
青リンゴの種子エキス、アーモンド、米糠などを使った天然由来のメイク落とし。26万ドン **D**

ホワイトティーフェイシャルミスト
高抗酸化力のホワイトティーエキスを使った化粧水。保湿成分のツボクサも配合。38万5000ドン **F**

> aruco取材班リピ買い！
> ナイアシンアミド入りで、肌がもちもちに！
> （編集K）

100%オーガニックローズウオーター E
肌質改善や肌トラブルを防いでくれるベトナム産バラを使用した化粧水。20万ドン

ティーツリー＆緑茶の洗顔料 D
オイリー肌タイプ向け洗顔料。緑茶とティーツリーの抗酸化力でニキビ予防に役立つ。18万ドン

フェイスマスクシート F
アンチエイジングセラムがメイン成分のシートタイプマスク。5〜6万ドン

冬瓜の化粧水（左）＆コーヒー洗顔料（右）A
毛穴ケア用冬瓜成分入り化粧水とコーヒーオイル入り洗顔料。各19万5000ドン

ゴールドローズスリーピングマスク F
就寝前に塗布し翌朝洗い流すタイプ。肌をみずみずしく潤し、引き締めてリフトアップ効果も。36万ドン

カラーリップ
オイル＆バター配合で唇に潤いを与えてくれるカラーリップ。22万5000ドン **E**

> aruco取材班リピ買い！
> 発色がきれい。香りもGood
> （コーディネーターD）

Cosmetics

ナチュラル系ご当地コスメは、チークやカラーリップがメイン。

チーク＆リップ F
チーク、リップ、アイメイクにも使えて便利。ホホバオイル配合で保湿もばっちり。ほか2色あり。25万ドン

ハンドメイドリップ
ベトナム産の100%ナチュラルエッセンシャルオイルを使ったリップ。各15万ドン **C**

Shop List

Ⓕ 天然素材のオリジナルコスメ
ナウナウ Nau Nau

ベトナム産のものを中心に、100%天然の素材だけを使った高品質のオリジナルコスメブランドの店。パッケージもおしゃれで若い女性に人気。

Map 別冊 P.13-C1 ドンコイ通り周辺

🏠5F, Chung Cư, 42 Nguyễn Huệ
☎093-8946681（携帯） 🕘9:00～21:00 🚇テト Ⓖ A.D.J.M.V.
🚶市民劇場から徒歩約5分
URL naunau.vn 🏠Saigon Concept, 14 Trần Ngọc Diện, Thảo Điền, TP.Thủ Đức **Map** 別冊 P.17-D2

ご当地コスメ・ケア用品 ★ 最前線

Oil

ベトナム産オイルは品質のいいものが多いのでぜひ買って帰りたい。

アボカドエッセンシャルオイル Ⓔ
コールドプレス製法で搾油したヴァージンアボカドオイル。エイジングケアに。20万ドン

注目度 No.1

タマヌオイル
ベトナム産タマヌをコールドプレスで搾油したヴァージンタマヌオイル。17万5000ドン Ⓔ

aruco取材班 リピ買い！
やや重めのテクスチャーですが、肌がしっとり潤います（編集O）

エクストラヴァージンオイル各種
左からココナッツ（9万ドン）、サチャインチ（25万ドン）、黒ゴマ（15万ドン） Ⓔ

ダラット産エッセンシャルオイル
左はレモングラスとライムの精油。右はミントの精油。各12万ドン Ⓔ

Soap

見た目もかわいくおみやげにもなりそうな石鹸が増えている。

コーヒー石鹸 Ⓕ
細かく砕いたアラビカ豆、シアバター、ココナッツオイルで作られた石鹸。18万ドン

注目度 No.1

スイカのハンドメイド石鹸
ベトナム発の手作り石鹸ブランド「ホア・オップラーHoa Op La」。5万5000ドン Ⓒ

aruco取材班 リピ買い！
ミニサイズでバラマキみやげにもピッタリの価格（カメラマンT）

ケーキのハンドメイド石鹸
左と同じく「ホア・オップラー」のケーキを模した石鹸。12万9000ドン Ⓒ

自然派石鹸 Ⓔ
左上はグァバ、左下はウコン、右上はタマヌ（14万5000ドン）、右下はナンバンカラスウリ（ガック）。タマヌ以外は各12万ドン

ハンドメイドのマーブル石鹸 Ⓒ
左はオリーブ、右はラベンダー＆レモングラス。どちらも乾燥肌、普通肌用。各15万ドン

ナチュラルコスメは消費期限が短いものが多いので購入前に必ず確認を！ 💡

131

Hair & BodyCare

ヘア＆ボディのケア用品は種類が多く、上質アイテムも増加中。

注目度 **No.1**

ターメリック・ココナッツオイル Ⓐ

日焼け止めを塗る前に軽くオイルでマッサージすると肌が強くなるそう。8万9000ドン

ローズ ヘアスプレー Ⓔ

化学肥料不使用のバラ、ハイビスカス、バジルなど5種類の植物から作られる。25万ドン

全身洗える トマトソープ Ⓔ

トマトを発酵させた溶液を使った肌や環境に優しいソープ。230mL23万ドン。量り売りもある

aruco取材班
リピ買い！
ココナッツオイルが入っているのでしっとり
（コーディネーターD）

ジャスミン ウォーター Ⓔ

ハイドロソル製法で精油する際に同時に抽出される蒸留液のフローラルミスト。15万ドン

ローズ ボディソープ Ⓕ

ローズの香りで洗い上げるボディソープ。23万ドン。コーヒーやサンダルウッド、ジャスミンの香りもある

ローズマリー シャワージェル Ⓔ

化学肥料や遺伝子組み換え不使用の農園「ラーマイファーム La May Farm」のもの。20万9000ドン

バスソルト Ⓕ

豊富なミネラルを含むピンクソルトを使用。足湯、バス両方に使える。17万ドン

緑茶＆ミントのボディスクラブ Ⓕ

抗菌作用のある緑茶＆ミントで肌を清潔に保ってくれる。オイリー肌向け。37万ドン

足湯用ハーブソルト

ユーカリの葉、ショウガ、ザボンピールなどベトナムの民間療法で使われてきたハーブを使用。ぐっすり眠れる効果で就寝前がおすすめ。17万5000ドン

トリートメント ヘアオイル Ⓓ

ラベンダーとオリーブオイルを配合。乾燥して痛んだ髪の修復に役立つ。19万ドン

ルイボスティー ヘアマスク Ⓑ

濡らした髪と頭皮に塗布し、マッサージ。髪を強くしてくれる。19万9000ドン

ヘアスクラブ Ⓑ

頭皮用のスクラブ各18万ドン。シャンプー前に使用するとシャンプーの成分が浸透しやすくなる

ココナッツバナナシャンプー Ⓑ

切れ毛を防ぐココナッツウォーターやミネラル豊富なバナナエキスを配合。20万ドン

シャンプー＆ボディソープ Ⓑ

全身洗えるシャンプー。シリコンやパラベン、硫酸塩、香料不使用。13万5000ドン

フットスクラブ＆ソークシャンプー Ⓑ

ベトナム中部の海塩を使用。スクラブでマッサージ後、お湯を加えて足湯に。22万5000ドン

バスソルトは香りの強いものもあるので、可能なら嗅がせてもらってから買ったほうがいい。（千葉県・M子）

スーパー&ローカルストアのプチプラコスメもチェック！

スーパーマーケットや地元の人御用達のローカルストアにはお財布にうれしいプチプラコスメ用品がたくさん。編集部おすすめアイテムを揃えました。

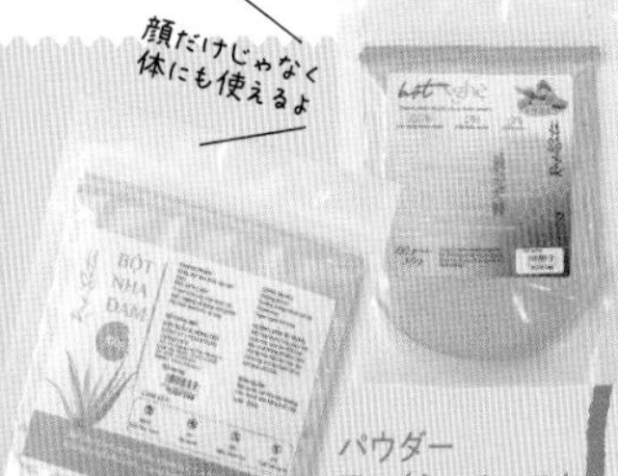

顔だけじゃなく体にも使えるよ

パウダーフェイシャルマスク

左は肌を潤すアロエ（7万ドン）、右は肌を明るくするといわれるウコン（5万5000ドン）
[G]

How to use
こうやって使ってね

ミルクまたはハチミツで粉を溶き塗布。アロエは20分待ち洗い流す。ウコンは塗布後5分ほどマッサージし洗い流す。

aruco取材班リピ買い！
たっぷり使えば日焼け止めも落ちる実力派。アロエベラ配合で日焼けした肌にもいい（編集K）

クレンジングクリーム

ベトナムの老舗スキンケアメーカー「トラカオ」のクレンジングクリーム。7万ドン
[G]

How to use
こうやって使ってね

乾いた手にクリームを取り、顔にまんべんなく塗る。少し時間をおいて軽くマッサージしてから洗い流すか拭き取る。

まつ毛用美容液

ココナッツオイルやビタミンEを配合したまつ毛用の美容液。2万7500ドン
[H]

ウコンクリーム

傷あとを薄くしたり肌を強くしたりする効果が期待できるウコンのクリーム。20gで1万9000ドン
[H]

フェイスマスクシート

オリーブやアボカド、オレンジなどのフルーツや野菜成分配合のマスクシートはバラエティ豊かで安い。価格に幅があり1万3000〜2万5000ドンくらい
[H]

aruco取材班リピ買い！
100円以下で買えるのに美容液たっぷりなので日焼けしたあとの保湿におすすめです！（編集O）

トマトやキュウリのクレンジングも☆

フェイスクレンジング

牛乳配合のローションタイプ、ウコンのスクラブタイプなど天然素材のものが多い。5万2000ドンくらいから
[H]

Low Price

Shop List

[G] ローカル商品も輸入品も販売
ケムギア Kem Nghia

マニキュアやキューティクルニッパーなどの爪の手入れ用品を商品化している「ケムギア」社の店。美容商品に特化したドラッグストア的存在で、ヘアケア、化粧品なども手に入る。

Map 別冊P.12-A1
ベンタン市場周辺

⌂162 Lê Thánh Tôn
☎3824-5689 🕐8:00〜18:30 [休]無休 [Card]不可
[交]ベンタン市場から徒歩約1分

[H] コープマート →P.119

「ケムギア・ビビアン」 Map 別冊P.12-B1 も数は少ないけれどローカルコスメを販売。

ベトナム美人の秘訣はコレ!

ベトナム伝統の自然薬「南薬」で目指せ★インナービューティ

「南薬」と呼ばれる自然薬が暮らしに根付くベトナム。ベトナム女性が美活に取り入れているハーブや果物に着目して、体の中からキレイを目指そう。

南薬でキレイになる〜

ベトナム伝統医学の博物館 フィート博物館のハオさんに聞く
ベトナム伝統医学にまつわるエトセトラ

ベトナム伝統医学ってどんなもの? ベトナム伝統医学に関する資料を集めた博物館「フィート博物館」スタッフのハオさんに聞いてみた。

ベトナムは2000種類もの薬草がある薬剤の宝庫なんですよ!

Q1 ベトナム伝統医学とは?

A. 有史以前からの歴史をもつといわれるベトナム伝統医学は、中国の中医学の流れを汲む東洋医学のひとつです。ベトナム独自の民間療法をベースにしながら、中医学の影響を受けて発展してきました。中医学同様、ベトナム伝統医学には陰陽五行の思想のほか、医食同源の思想もあります。

Q2 南薬と漢方薬の違いは何?

A. 南薬 (Thuốc Nam) とはベトナム独自の自然薬 (植物、動物、鉱物)のことで、ベトナム伝統医学が体系化される以前から民間療法として用いられてきました。もともとはハーブなど、ごく身近に存在する植物を薬として使用していたため、「庭の薬」とも呼ばれています。

南薬は漢方薬と似た自然薬が多く、現在では中国からの輸入品も多く販売されていますが、中国の薬とは区別されています。南薬を指す場合は、必ずベトナムを産地とするものとされています。

イラスト入りの薬草図鑑

1. フィート博物館にて 2. フィート博物館にある小さな庭にもたくさんの薬草が

Q3 ベトナムの医食同源とは?

A. ベトナムの食べ物はほとんどが陰陽のバランスにのっとって考えられています。料理にもたくさん使われるショウガやニンニクは南薬の代表的なものですが、症状や体質を考慮して取り入れたときに初めて薬として作用します。

フィート博物館スタッフのハオさん

フィート博物館へ行ってみよう

ベトナム伝統医学に興味があれば、史料や生薬など、3000点もの資料を誇るフィート博物館へ行ってみよう。

4F

南薬のサンプル展示

南薬の一部をサンプル展示。はじめは植物のみを薬として用いていたが、徐々に動物や鉱物なども薬として使用するようになった。また、ベトナム原産の香木も貴重な薬として使われ、中国に輸出していたのだとか。

5F

医学書の展示

漢字で書かれた伝統医学の書籍。中医学の影響を色濃く受けていたことがわかる。

4F

19世紀の薬局の再現

19世紀の薬局の様子を再現。木製の引き出しにそれぞれ薬を入れ、調合していた。チョロンの漢方薬局、「杏德堂薬行」(→P.147) は、昔ながらの薬局の造り。

生薬をすりすり…

煎じた薬を入れるポット

変わった壺を発見!

ベトナム初の伝統医学博物館
フィート博物館 Bảo Tàng Fito

ベトナム伝統医学に関する博物館で、石器時代からの貴重な資料約3000点を収蔵。民間療法から体系化されるまでの歴史の変遷や歴史上の名医の紹介、19世紀の薬局の復元模型など見応えたっぷり。ショップも併設。

Map 別冊P.6-A2 10区

🏠41 Hoàng Du Khương, Q.10 ☎3864-2430、098-6900267 (携帯) 🕐8:30〜17:00 🚫テト 💰18万ドン、子供9万ドン 🚕中心部からタクシーで約20分 URL www.fitomuseum.com.vn

「フィート博物館」には昔の薬剤師の衣装があり、着用できた。ちょっとした変身写真が撮れて楽しい!(東京都・Y)

乾燥させた生薬だけが南薬ではないんだね

代表的な南薬図鑑

ベトナム人にとっては身近な南薬の一部をベトナムに伝わる効能とともに簡単にご紹介。

Dry ▶▶▶

おなかが緩くなるので取り過ぎは注意！

ザボンの皮 Vỏ Bưởi
ザボンの実や皮には強い整腸作用があり、ダイエット効果が高い。ビタミンCを多く含むので風邪の治癒や美肌効果も期待できる。

菊の花 Hoa Cúc
解毒作用や鎮痛作用が高く、解熱効果もあることから風邪のときにお茶にして飲むことが多い。また、抗がん作用もあるとされている。

傷あとが薄くなったり、シミが薄くなったりするとか

秋ウコン Nghệ
消化を助ける、二日酔い防止などに効果があるというほか、美肌効果も高く、傷あとやシミなどを薄くしてくれるそう。

ミント Bạc Hà
香りによるリラックス効果のほか、新陳代謝を促す働きをしてくれるので、便秘や肌荒れ解消にも効くとされている。

Fresh ▶▶▶

八角 Hoa Hồi
体を温めてくれる効果があるので冷え性の改善に役立つ。八角の香りには交感神経を刺激し、血行促進を促す効果もあるとか。

シナモン Quế
冷えやむくみに効果があるほか、血糖値を安定させる働きがあるとされる。毛細血管の修復効果もあり、アンチエイジングに役立つ。

ショウガ Gừng
血行を促進し、体を温める作用があり、脂肪や糖分の代謝を上げてくれる。ベトナム料理にもよく使われる。

レモングラス Sả
殺菌力が強く、皮膚病の改善などに効果を発揮し、胃腸の調子も整えてくれる。料理でも使われるが、お茶にして飲むことも多い。

ザボンの葉 Lá Bưởi
ザボンの葉は、風邪の治癒、特に頭痛をともなう風邪に効くといわれ、ベトナム伝統の薬草サウナに使われることが多い。

お茶にして飲むと、肌が明るくなるそう

ホーリーバジル（トゥルシー）Hương Nhu
和名はカミメボウキで、日本ではホーリーバジルまたはトゥルシーとして知られる。殺菌、解毒、免疫力アップなどに効果を発揮。

グァバの葉 Lá Ổi
実はミネラルやビタミンCなど多くの栄養分を含むが、葉には特にポリフェノールが多く、糖尿病予防に効果があるといわれる。

オウシュウヨモギ Ngải Cứu
冷えや貧血、神経症などに効果があるとされ、風邪にもいいといわれる。巻き物料理で使うなど、生で食されることが多い。

これらも実は南薬！？

シトロネラ Lá Bồn Bồn
和名をコウスイガヤといい、シトロネラの精油は虫除けに効果があるとされる。そのほか消毒作用なども認められている。

グーチャオ Ngũ Trảo
紫色の花を咲かせるハーブの一種、ニンジンボクの仲間。頭痛や生理痛の緩和のほか、解熱にも効果があるとされる。

ザボンジュース Nước Ép Bưởi
ビタミンCによる美肌効果、整腸作用による便秘解消に◎

ココナッツジュース Nước Dừa
豊富なミネラルを含むココナッツジュースは熱中症予防に抜群の効果を発揮

グァバジュース Nước Ép Ổi
グァバの実は下痢を和らげてくれる効果が

医食同源や陰陽五行の考えが深く生活に根付くベトナム。体質や症状を考慮する必要はあるが、時として、これらの飲み物も立派な南薬になるのだとか。

手軽な南薬サプリメントも！

左は滋養強壮にいいニンニクオイルのサプリ。右は血糖値やコレステロール値を下げるというアマチャヅルのサプリ。「杏徳堂薬行」（→P.147）などで。

ひととおりベトナムの伝統医学について学んだら、実際に南薬の効果を体験してみよう。

ベトナムの昔ながらのシャンプー

ボーケットシャンプーを体験してみよう

ボーケットシャンプーができるサロンの数が減ってきているなか、「スパ・クエ・モッ・クック」はボーケットシャンプーをメインにした貴重なヘッドスパ。

ボーケットシャンプーとは？

ボーケット（Bồ Kết）というマメ科の植物、サイカチの豆果を煮出して作られるベトナムに古くから伝わる天然素材のシャンプー。ボーケットは髪を黒く健やかに、美しくする効能があるといわれている。ボーケットシャンプーはボーケットのほかにザボンの皮、ドクダミと一緒に煮るのが伝統的。

自宅で気軽に試せる

ボーケット・ヘアケア剤を販売

スパではトリートメントでも使用する特製ボーケット・ヘアケア剤を販売。
1. ザボンやココナッツ配合のリンス　2. ザボン70%、ボーケット30%のシャンプー20万ドン
3. ボーケットシャンプー16万ドン

マネージャーのリンさん

髪をお湯で濡らしたあと、ボーケット液を髪と頭皮にしっかり行きわたるように約20分かけて流していく。ボーケットシャンプーといってもボーケット豆などを煮出した液体なのでサラサラ。自社製品のボーケットシャンプーで洗い直し、コンディショナーで整える。

ボーケット液は毎日煮出して作ってるんだって！

マッサージ付き！

4. 髪&頭皮にボーケット液をかけ続ける
5. 首&肩マッサージ付きのパッケージメニュー、ヴァイコーガイ Vai Co Gay（90分35万ドン）が人気　6. 最後は足湯でリラックス

レトロかわいいヘッドスパ

スパ・クエ・モッ・クック
Spa Que Mot Cuc

90分35万ドン～の3種類のパッケージメニューのみで、すべてボーケットシャンプーと足湯付き。南ベトナムの田舎をイメージしたというレトロな内装もかわいい。

Map 別冊P.5-C1 市北部

🏠53 Trần Khánh Dư, P.Tân Định
☎097-8939791、089-8429992（携帯）　⏰10:00～19:00　休テト
Card不可　予不要　行中心部からタクシーで約15分　URLquemotcuc.com

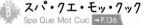

おすすめポイント
泡立ちも香りもよかった。各50mLのお試しサイズも◎（編集M）

左からジャスミンの花のボディソープ、オレンジ＆ザボンのリンス、ハスの花＆ボーケットのシャンプー。いずれも天然精油配合でいい香り

各**4**万ドン

35万ドン

オイルを髪につけるならコーム（6万5000ドン）を使おう

おすすめポイント
髪が潤う。指につけて頭皮マッサージも気持ちいい（編集O）

洗い流さないトリートメントオイル。黒ゴマ、アマニ油、ザボンやトゥルシーの精油配合

自然由来で安心よ

南薬由来のケア用品で素肌美人

自然派だから肌にも体にも優しい。日常使いできる南薬由来のケア用品をピックアップ。

おすすめポイント
アルコール成分のようなヒリヒリ感と強烈な味。慣れると口の中スッキリ（カメラマンM）

3万3000ドン

殺菌効果の高いビンロウの葉の蒸留水入りマウスウォッシュ。朝夜2回（各5mL）約3分ゆすぎ吐き出す

かゆみ、フケ予防の薬用シャンプー。タデ、ボーケット、イチョウなどの伝統薬用成分配合

8万3500ドン

15万ドン

ザボンピールから抽出したエッセンシャルオイル。育毛効果があるとされる

14万ドン

ウコン＆ミツバチ花粉のパウダー。お湯に溶かして飲んだり、卵白と混ぜてフェイスパックにしたり

山ブドウ、菊など入りのターイ族の薬草足湯。1袋4〜5Lの水で煮出して使う

6万8000ドン

レモングラスのエッセンシャルオイルを使ったバームタイプの虫除け。子供にも使える自然派

解毒効果＆免疫力を高める薬草風呂キット。葉の入った袋を軽く洗い、お湯5Lで8分煮出し、湯船に加える

8万ドン

22万5000ドン

20万ドン

23万ドン

油分や汚れを取り除く洗顔用パウダー。大さじ1と水を混ぜて顔に塗布

おすすめポイント
毛穴が開いてポカポカに。フケやかゆみ予防にもよかった（編集K）

ヒマラヤ岩塩、ショウガ成分などを配合した頭皮用スクラブ。洗髪の濡らした髪に塗布し軽くマッサージすると毛穴が清潔に

Ⓐ **コープマート** Co.opmart →P.119

Ⓑ **スパ・クエ・モッ・クック** Spa Que Mot Cuc →P.136

Ⓒ ベトナム発自然派ケア用品の店
レット・ネイチャー LetNature

オーガニックやエコに着目し、店主自らが使用してきた本当に質のいいもの、効果の高いものだけを厳選。取り扱う商品は50種類以上。

Map 別冊 P.15-C1　ドンコイ通り周辺

🏠1F、13 Phan Văn Đạt
☎7305-0525　🕘9:30〜20:00　📅テト3日間
💳A.D.J.M.V.　🚇市民劇場から徒歩約4分
🌐www.facebook.com/letnaturevn

「レット・ネイチャー」（→上記）では一部商品の量り売りも可能。容器も販売している。

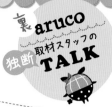

裏aruco 取材スタッフの独断TALK

ボツにするにはもったいない！　こぼれネタ6

ちょっぴり穴場的なスポットや取材スタッフのおすすめ店など、本誌で紹介しきれなかったネタを公開！　もしかすると旅のヒントになるかも……？

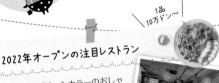

2022年オープンの注目レストラン

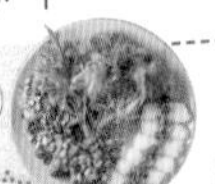
1品
10万ドン〜

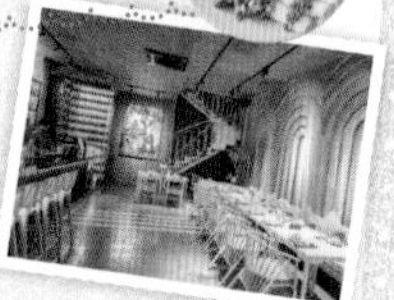

ターコイズグリーンカラーのおしゃれなベトナム料理店。料理は食べやすい味つけ。1品の量が多めなのでシェアがおすすめです。（カメラマンM）

ラーン・サイゴン・セントラル　Laang Saigon Central

[Map 別冊P.11-D1] ティーサック通り周辺

🏠18 Ngô Văn Năm　☎6684-7708　🕘7:00〜23:00
[休]無休　[Card]J.M.V.　[予]不要　[交]市民劇場から徒歩約11分
[URL]laangsaigon.com　[ホーチミン]ホーチミン

エッグコーヒーのカフェチェーン

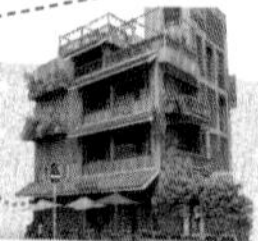

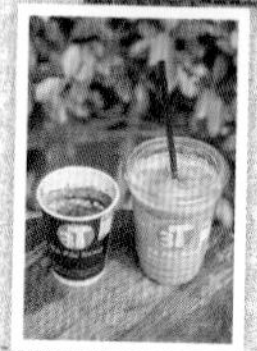

レトロな内装の「カフェ・チュン3T」は市内に店舗拡大中の人気カフェチェーン。ここの名物のエッグコーヒーはクセになるおいしさ！（コーディネーターD）

カフェ・チュン3T　Ca Phe Trung 3T

[Map 別冊P.11-D1] ティーサック通り周辺

🏠2B Ngô Văn Năm　☎093-7430600（携帯）　🕘7:00〜24:00
[休]無休　[Card]不可　[予]不要　[交]市民劇場から徒歩約11分　[ホーチミン]ホーチミン

ベンタン市場を見下ろすカフェ

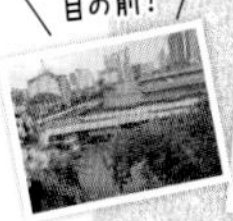
市場の
目の前！

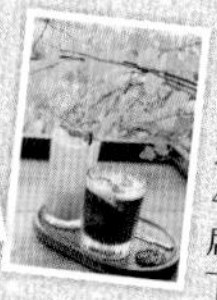

ベンタン市場（→P.25）近くで休憩するならここ。厳選豆のコーヒーがおいしく4万ドン〜。小さなテラス席からはベンタン市場を見下ろせます。（編集O）

スー・カフェ　Soo Kafe

[Map 別冊P.12-A1] ベンタン市場周辺

🏠3F, 35 Phan Chu Trinh
🕘8:00〜23:00　[休]無休　☎089-9312386（携帯）
[交]ベンタン市場すぐ　[URL]sookafe.com　[Card]不可　[予]不要

ディープなショッピングスポット

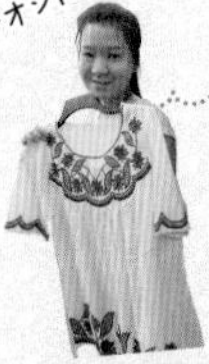
刺繍入り
チュニックが
イチオシだよ

2階建ての建物内には小さなショップがひしめき合い、ローカル度満点！　洋服、靴、バッグ、雑貨など、ありとあらゆる店が集まっていて地元のお客さんでいっぱい。コピー商品も多いが、なかには近郊の工場から流れてきたブランドのB級品もあるとか。（編集O）

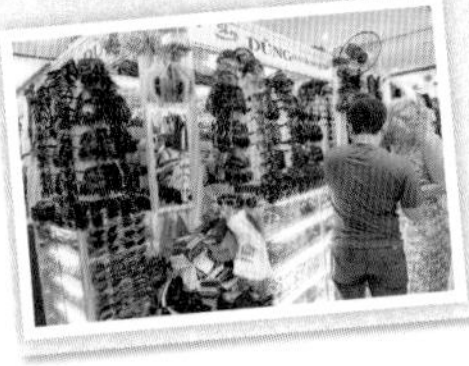

サイゴン・スクエア　Saigon Square

[Map 別冊P.12-B1] ベンタン市場周辺

🏠77-89 Nam Kỳ Khởi Nghĩa
☎3823-3915　🕘9:00〜21:00
[休]無休　[交]ベンタン市場から徒歩約3分

乗り降り自由の市内バスツアー

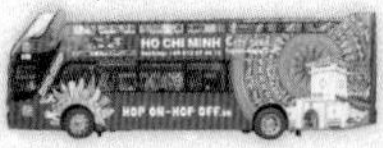
赤いバスが
目印！

市内の主要な観光スポットを巡るダブルデッカーバスのホップオン・ホップオフ・ベトナムは、効率よく観光できておすすめ。24時間有効のチケットは22US$、8:00〜15:30の間に30分間隔で運行。バス発着所は中央郵便局前[Map 別冊P.10-B2]。ナイトツアーや1時間のバスツアーもある。市民劇場前[Map 別冊P.14-B1]など各所にチケットブースがある。ウェブサイトからも予約可能。（編集O）

ホップオン・ホップオフ・ベトナム
Hop On Hop Off Vietnam

☎091-3674412（携帯、ホットライン）
[URL]hopon-hopoff.vn

使える！「アンナム・グルメ・マーケット」のカフェ

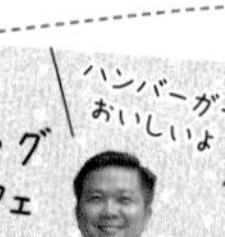
ハンバーガー
おいしいよ

「アンナム・グルメ・マーケット」（→P.120）併設のカフェは食事メニューが豊富でおいしい。サラダで15万ドン〜など。（編集K）

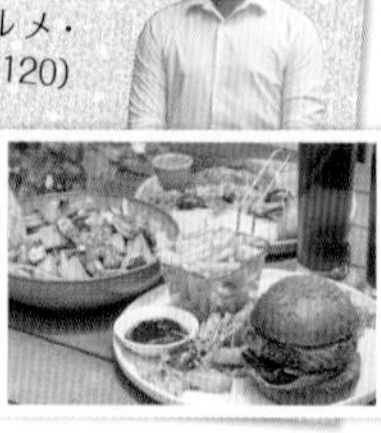

こんなお店も
あったんだ♪

変わり続けるホーチミンは
Newsがいっぱい！
エリア別おさんぽプラン

ホーチミンのちょっとツウな歩き方＆今行きドキの
最旬エリアをご紹介。おすすめの時間帯もチェックして！
行ったことのある通りでも、新しい発見がきっとあるはず。

ホーチミンのシャンゼリゼ
ドンコイ通り周辺で
グルメ＆ショップ散策

DƯƠNG ĐỒNG・KHỞI

ショッピングストリートのドンコイ通り。以前に比べると雑貨店は減っているけれど、注目店はまだまだ健在。カフェやレストランも最旬の店が集まっているので散歩がてらチェックしよ！

TOTAL 4時間

ドンコイ通り周辺
おさんぽ

TIME TABLE

11:30 市民劇場
(市民劇場からカフェ・コーバーまで、普通に歩いて約10分)
↓ ミステル
↓ エス・エイチ・ガーデン
↓ ニンクーン
↓ サイゴン・セントラル・モスク
↓ ハノイア
14:45 カフェ・コーバー

1 市民劇場 Nhà Hát Thành Phố
バロック様式の優美なオペラハウス　11:30

1898年の建設当時を再現した、天使像や壁画などにうっとり。観光での入場は不可だが、アー・オー・ショー（→P.48）などの定期公演が行われている。

Map 別冊P.14-B1

🏠7 Lam Sơn Square ☎3829-9976 ⏰公演によって異なる。チケットはチケットブースで購入可能 📍ホーチミン市人民委員会庁舎から徒歩約3分

1. 歴史建築の劇場内部 2. ベトナム戦争中は国会議事堂として使われていた

市民劇場

コンチネンタル・サイゴン
→P.151

リートゥチョン通り

ヴィンコム・センター

レタントン通り

ドンコイ通り

ルイ・ヴィトン

若者が集まる通りだよ！

ユニオン・スクエア

高級ブティックもあるヨ

公園

2 ミステル Mystere
少数民族グッズが豊富　11:45

洗練された民族雑貨が手に入る。織物や布小物、アクセサリーなどをチェックしてみて（→P.108）。

Map 別冊P.14-B1

🏠141 Đồng Khởi ☎3823-9615 ⏰8:00〜21:30 🈺無休 💳J.M.V. 📍市民劇場から徒歩約1分

北部ハイフォン名物カニ汁麺

3 エス・エイチ・ガーデン SH Garden
ベトナム各地の味が楽しめる　12:15

元客室乗務員のオーナー夫婦がベトナム各地で食べた料理を厳選してメニュー化。小エビとスターフルーツ炒め（21万5000ドン）など他店にはない珍しい料理も多く、どれも美味。

Map 別冊P.15-C1

🏠1F, 26 Đồng Khởi ☎6659-6622 ⏰10:00〜22:30（L.O.22:00）🈺テト2日間 💳A.J.M.V. 📍望ましい 📍市民劇場から徒歩約5分 🌐shgarden.com.vn

1. 店内には民族雑貨のほか、陶磁器や石細工製品も並ぶ 2. 渋い雰囲気がたまらない黒モン族のポーチ34万5000ドン 3. 花モン族のポーチ27万6000ドン

1. バン・ダー・クア・ハイフォン22万5000ドン 2. エビと豚肉のからし菜巻（23万5000ドン）3. 店内は明るく開放的

「エス・エイチ・ガーデン」（→上記）は値段が高めだけど、どれもとてもおいしかった。（匿名希望）

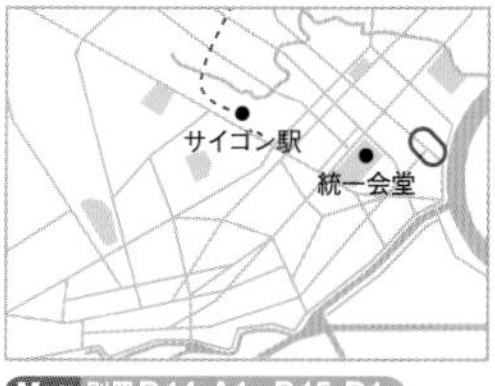
サイゴン駅
統一会堂

Map 別冊P.14-A1〜P.15-D1

4 老舗のキッズ用品専門店 13:30
ニンクーン Ninh Khuong

動物や果物など、キッズ用品ならではの素朴であたたかみのある刺繍が特徴。ベトナムの農村部の風景や観光名所を刺繍したアイテムは、この店だけ。すべて手刺繍で、テーブルクロスやコースターなどもある。

Map 別冊P.15-C1

🏠71B Đồng Khởi ☎3827-9079 🕘9:00〜21:90 [休]無休 [Card]A.J.M.V. [交]市民劇場から徒歩約5分 ホーチミン

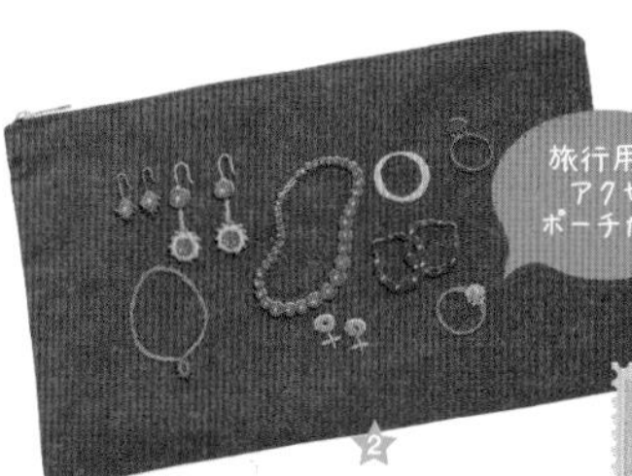
旅行用のアクセポーチだよ

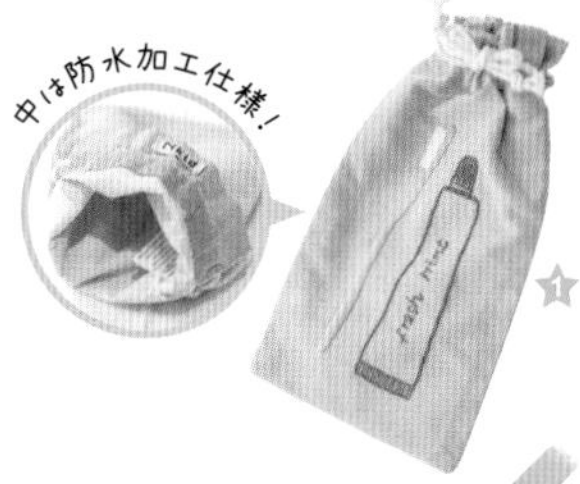
中は防水加工仕様！

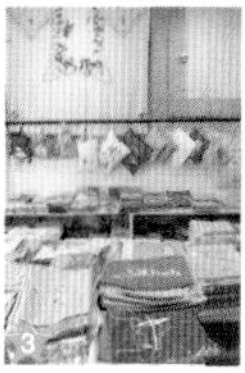

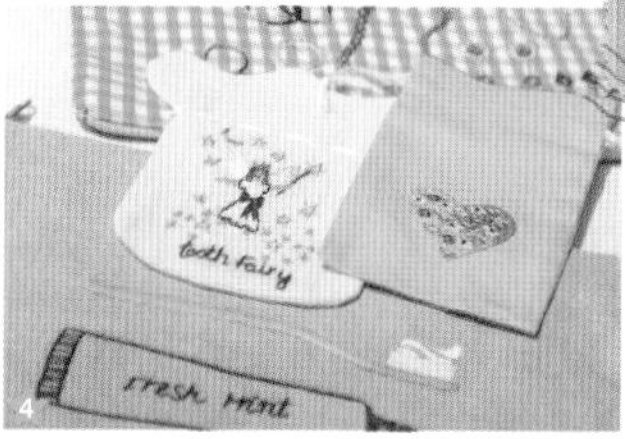

1. 歯磨きセット入れ17万9000ドン 2. 25×15cmと少し大きめのアクセサリーポーチ。22万9000ドン 3. たくさんの商品が陳列された店内 4. ミニ巾着各13万9000ドン

ドンコイ通り周辺

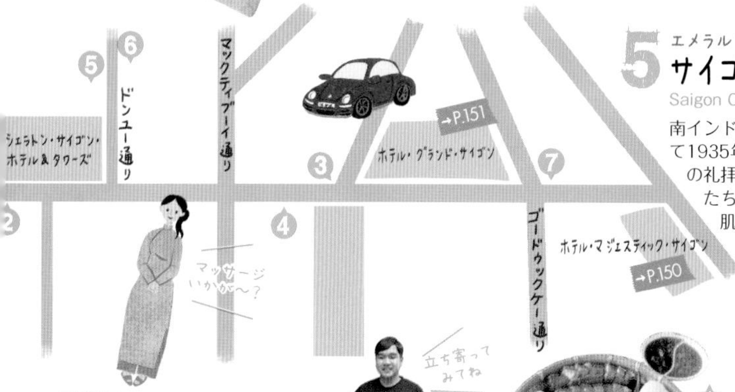
ドンユー通り
マックティブーイ通り
シェラトン・サイゴン・ホテル＆タワーズ
ホテル・グランド・サイゴン
→P.151
ゴードゥックケー通り
ホテル・マジェスティック・サイゴン
→P.150
マッサージいかが〜？
立ち寄ってみてね

5 エメラルドグリーンの南国モスク 14:00
サイゴン・セントラル・モスク Saigon Central Mosque

南インド出身のイスラム教徒たちによって1935年に建てられたモスク。1日6回の礼拝時間にはアザーンが流れ、信者たちが訪れる。内部は土足厳禁、肌を露出した服装もNG。

Map 別冊P.14-B1

🏠66 Đông Du ☎なし 🕘4:00〜21:00 [休]無休 [料]無料 [交]市民劇場から徒歩約3分

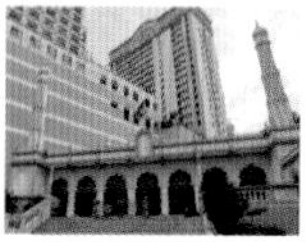

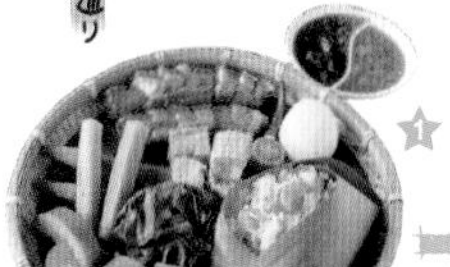

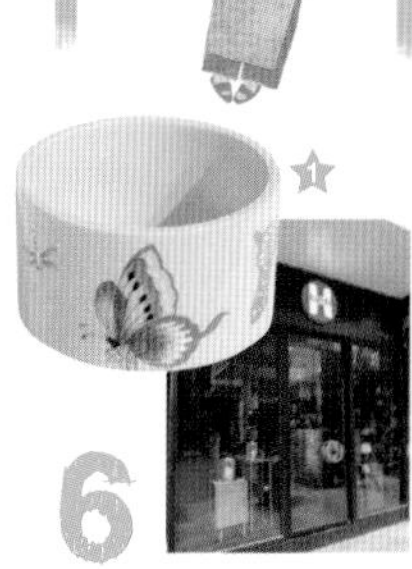

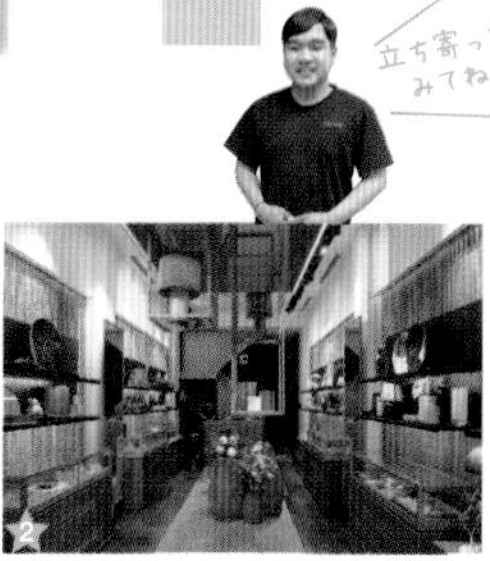

6 色合いの美しい漆アクセサリー 14:15
ハノイア Hanoia

ベトナム伝統工芸の漆をモダンにアレンジした高級漆製品の店。昔のハノイの家々の窓や王を表すドラゴンなどをモチーフにしたデザインで、各商品にストーリー性をもたせているそう。

1. チョウが描かれたバングル201万ドン 2. 高級感あふれる店内 3. 好みのチャームを選べるブレスレット460万ドン

Map 別冊P.14-B1

🏠15 Đông Du ☎3823-3648 🕘9:00〜20:00 [休]無休 [Card]A.D.J.M.V. [交]市民劇場から徒歩約3分 [URL]hanoia.com

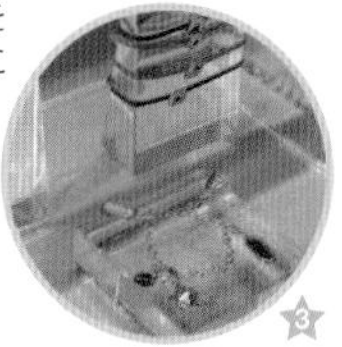

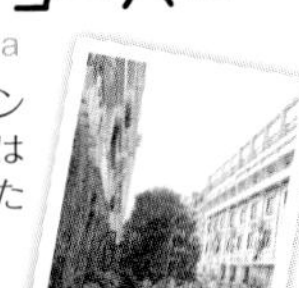

7 レトロかわいいカフェ 14:45
カフェ・コーバー Ca Phe Co Ba

1975年以前のオールド・サイゴンをコンセプトにしたカフェ。ウッディな店内には民家の中を再現した一角や壁画が描かれたエリアがあり、レトロかわいい雰囲気。

Map 別冊P.15-D1

🏠1F, 6 Đồng Khởi ☎093-3427553（携帯）🕘7:30〜22:00 [休]テト2日間 [Card]J.M.V. [予]不要 [交]市民劇場から徒歩約6分

1. サツマイモご飯、ゆで野菜、揚げ豚のコーバー風プレートご飯9万5000ドン 2. くつろげる雰囲気 3. ドンコイ通りを眺められるテラス席もある

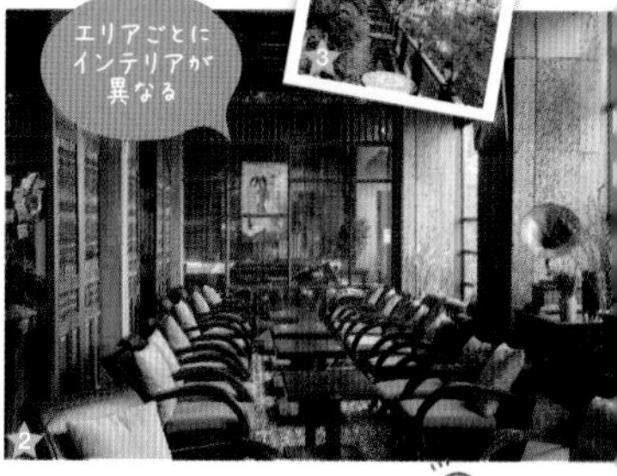
エリアごとにインテリアが異なる

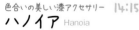

伝統芸能に博物館、B級グルメも 統一会堂周辺で ベトナムの歴史スタディさんぽ

観光スポットを歩いて巡る、ホーチミン観光のスタートにふさわしいコース。どっぷりベトナムにつかって、"ホーチミン通"になっちゃおう。

TOTAL 5.5時間

統一会堂周辺おさんぽ
TIME TABLE

- 14:00 統一会堂
  - ↓ 徒歩約9分
- 15:30 …フム
  - ↓ 徒歩約1分
- 16:00 戦争証跡博物館
  - ↓ 徒歩約13分
- 17:00 サーロイ寺
  - ↓ 徒歩約8分
- 17:30 ティエム・コム67タムで夕食
  - ↓ 徒歩約5分
- 18:30 水上人形劇を観る

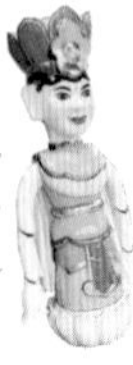

水上人形劇も見もの

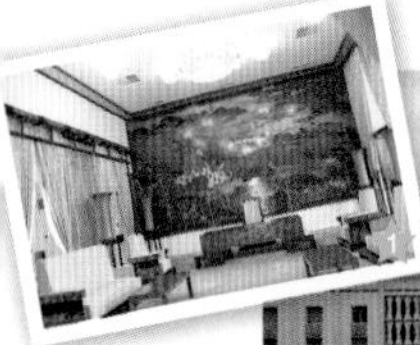

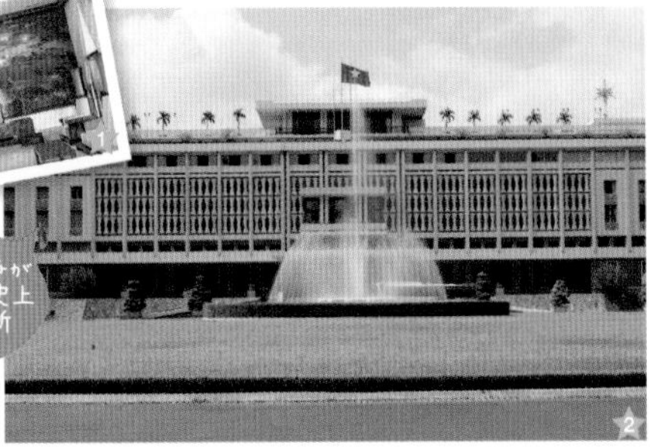

ベトナム戦争が終結した歴史上重要な場所

1 ベトナム近代史を物語る建物 統一会堂（独立宮殿） 14:00

Hội Trường Dinh Thống Nhất（Dinh Độc Lập）

1. 国書を呈上した部屋 2. 仏領時代の1871年にインドシナ総督の邸宅として建てられ、ノロドム宮殿と呼ばれた

南ベトナム政権時代の大統領官邸（→P.175）。応接室、宴会室、各国大使との謁見場など見応えあり。地下には秘密の軍事施設も。

Map 別冊P.7-C2

🏠135 Nam Kỳ Khởi Nghĩa ☎3822-3652 🕘8:00～16:30（最終入場15:30）※「ノロドム宮殿から独立宮殿1868-1966」展示8:30～ [休]無休 [料]入場料4万ドン、「ノロドム宮殿から独立宮殿1868-1966」展示を含むセットチケット6万5000ドン。日本語音声ガイド9万ドン [交]サイゴン大教会から徒歩約5分 [URL]independencepalace.gov.vn

2 中庭のカフェで休憩 …フム …Hum 15:30

ヴィラを改装した一軒家の創作ベジタリアン料理店だが、カフェとしての利用もOK。緑に囲まれた小さな中庭席がおすすめ。

Map 別冊P.7-C2

🏠32-34 Võ Văn Tần, Q.3 ☎3930-3819、089-9189229（携帯） 🕘10:00～22:00 [休]テト [Card]A.M.V.（20万ドン以上の支払いのみ） [予]不要 [交]サイゴン大教会から徒歩約10分 [URL]hum-dining.vn

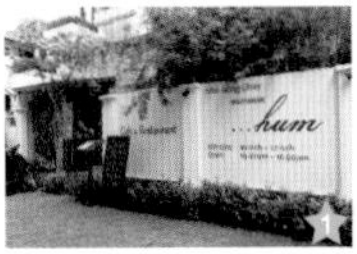

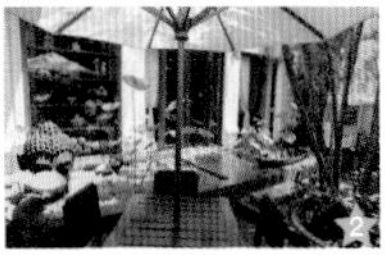

1. 隠れ家的なレストランでもある 2. 小さな池がある中庭席

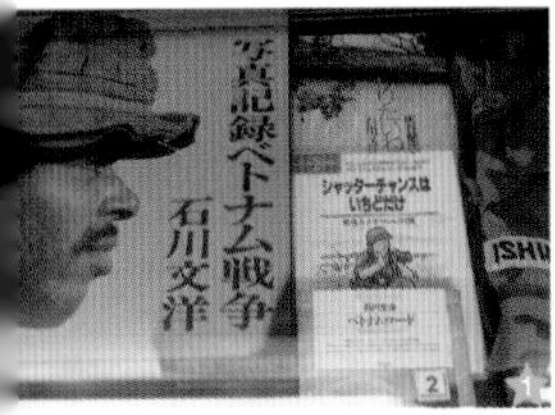

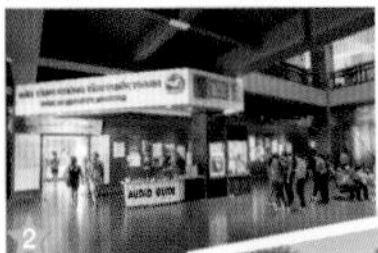

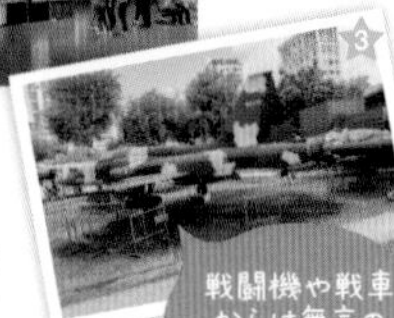

1. ベトナム戦争を撮影した写真家・石川文洋氏の作品やカメラも展示 2. 世界中から多くの人が訪れる 3. 屋外展示のベトナム戦争で使用された戦闘機

戦闘機や戦車からは無言のメッセージが……

3 ベトナム戦争のことがわかる 戦争証跡博物館 16:00

Bảo Tàng Chứng Tích Chiến Tranh

ベトナム戦争の歴史を、実際に使用された戦車や爆弾、写真展示でつづる博物館。世界中の従軍カメラマンの写真は何よりも雄弁。

Map 別冊P.7-C2

🏠28 Võ Văn Tần, Q.3 ☎3930-6325、3930-5587 🕘7:30～17:30（最終入場17:00） [休]無休 [料]4万ドン [交]サイゴン大教会から徒歩約10分 [URL]www.baotangchungtichchientranh.vn

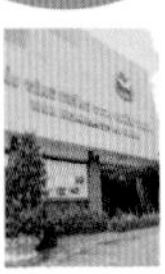

4 仏教徒運動の中心となった サーロイ寺 Chùa Xá Lợi 17:00

1963年、南ベトナム政府による仏教弾圧に対抗して、僧侶たちが行った抗議運動の中心の場となった仏教寺院。1956年建立。

Map 別冊P.6-B2

🏠89 Bà Huyện Thanh Quan, Q.3 🕘6:00～11:30、14:00～21:00 [休]無休 [料]無料 [交]サイゴン大教会からタクシーで約8分

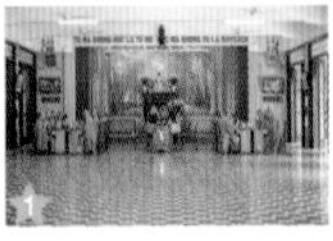

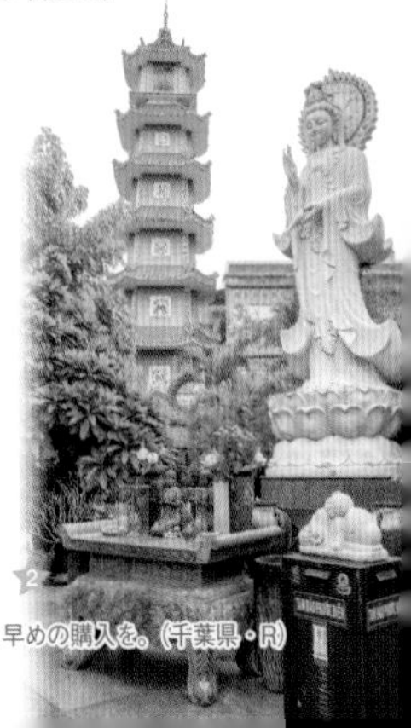

1. 現在も多くの仏教徒の心のよりどころでもある 2. きれいに整備された境内。敷地内には七重の塔がある

水上人形劇場にチケットを予約しに行ったら、「2日後までフルブック（満席）」と言われてびっくり！ なるべく早めの購入を。（千葉県・R）

Map 別冊P.6-B2～P.7-C3

5 17:30
アンジャン風コム・タム
ティエム・コム67タム
Tiem Com 67 Tam

ベトナムの米どころとして知られるメコンデルタのアンジャン省発のコム・タム（→P.74）専門店。粒の小さいアンジャンの米を使い、濃いめのたれが特徴的。

Map 別冊P.7-C2

🏠99/1B Võ Văn Tần, Q.3
☎077-2996767、094-940
1333（携帯）🕖7:00～13:30、
17:00～21:00（日曜～13:30）
📅テト Card不可 💰不要
🚕サイゴン大教会からタクシーで約6分

低い座席が並ぶローカル食堂風の店内

統一会堂周辺

サイゴン駅
統一会堂

1. コム・タムは3万9000ドン〜。手前は焼肉、煮卵、煮豚のスライスなどがのるスペシャル（6万7000ドン）2. 店頭で焼かれる炭火焼肉

夜になるとライブハウスがヒートアップ！

放課後に寄っといて！

アコースティック
→P.143

→P.143

PHA BÒ LÂU

おなかすいたね

夜もお楽しみ

④ ③② ①

統一会堂

⑤ ⑥

タオダン公園

ベトナムの妖精、舞います

水しぶき上がる白熱のボートレース

ベトナムのミュージックシーンに触れてみる

このエリアにはライブハウスが点在。おすすめはロックやポップスを中心とした若いベトナム人バンドのライブが観られる「アコースティック」。

アコースティック
Acoustic

Map 別冊P.6-B2

🏠6E1 Ngô Thời Nhiệm, Q.3
☎081-6777773（携帯）🕖19:00
～24:00（ライブは21:15～24:00）
📅無休 CardM.V. 💰不要 ※エントリーチャージ不要

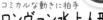

6 18:30

コミカルな動きに拍手
ロンヴァン水上人形劇場
Nhà Hát Múa Rối Nước Rồng Vàng

水面を舞台に繰り広げられる約50分間の人形劇。祭りや田植えなど生活シーンや民話が3〜5分のスパンで次々に展開する。民族楽器の音色も楽しい。

1. 楽器奏者は歌や台詞も巧みにこなす 2. 16のプログラムが小気味よく進行。人形たちのこまやかな動きにびっくり

水上人形劇の詳細は →P.49

水上人形劇の詳細は →P.49

Map 別冊P.7-C2

🏠55B Nguyễn Thị Minh Khai ☎3930-2196
🕖18:30の1回公演（チケット窓口は9:00～11:30、13:30～18:00）※座席は指定制なので、事前に会場横のチケット窓口でチケットを買っておこう
📅無休 Card不可 💰30万ドン
🚕サイゴン大教会から徒歩約15分

一大ツーリストエリア
ブイビエン通り&デタム通りで
世界中の旅人たちに仲間入り♪

安宿、エスニックな雑貨店、食堂、夜遅くまでにぎわうバー。
ブイビエン通り&デタム通りは旅人の世界☆　東洋・西洋問わず、
さまざまな人が行き交う交差点を歩いて旅人気分を盛り上げよ♪

TOTAL 3.5時間

ブイビエン通り&
デタム通りおさんぽ

TIME TABLE

18:30	ファイブボーイズ・ナンバーワン・スムージー
↓ 徒歩約4分	
19:00	サイゴン・ジェーン
↓ 徒歩すぐ	
19:30	モン・クラフト&ファッション
↓ 徒歩すぐ	
20:00	ルースター・ビアーズ
↓ 徒歩すぐ	
20:30	ブイビエン通りの飲み屋街
↓ 徒歩約2分	
21:00	ババズ・キッチン

1 スムージーの人気屋台 18:30
ファイブボーイズ・ナンバーワン・スムージー
Five Boys Number One Smoothie

ベトナムのスムージー、シン・トー（Sinh Tố）や搾りたてジュース（各3万ドン〜）がおいしいドリンク屋台。フルーツ2〜3種類のミックスも可能。

Map 別冊P.15-C3

🏠 Hẻm 84/7 Bùi Viện　☎070-453 1215、078-98822 90（携帯）🕙10:30〜24:00　休無休　Card不可　🚇ベンタン市場から徒歩約13分

1. 左はカスタードアップルのシン・トー（4万ドン）。右はドラゴンフルーツ、マンゴー、パッションフルーツのシン・トー（4万5000ドン）　2. 椅子＆テーブルもある

甘いコーヒーでちょっと一服してるんだよ

ホテルが多くて迷っちゃうかなあ

朝限定の屋台もあるよ

ゲストハウスが並ぶ

ブークマンダウ通り

COM TAM 30K
SƯỜN・BÌ・CHẢ・ỐP LA

ブイビエン通り

←⑥へ　⑤へ

2 オリジナルTシャツ専門店 19:00
サイゴン・ジェーン
Saigon Jane

地元のタトゥーアーティストがデザインしたオリジナルTシャツの店。サイズはSS〜XXLで、試着室も完備。タンクトップ19万ドン〜、Tシャツ24万ドン〜。

Map 別冊P.15-D2

🏠185/12 Phạm Ngũ Lão　☎093-13352 63（携帯）🕘9:00〜22:00　休第1日曜　Card A.D.J.M.V.　🚇ベンタン市場から徒歩約11分

1. プロパガンダアートやベンタン市場をデザインしたTシャツ（各28万5000ドン）　2. オリジナルバッグもある。写真は11万ドン

3 ベトナムみやげ&刺繍小物 19:30
モン・クラフト&ファッション
H'mong Crafts & Fashion

おもにベトナム北部に暮らす少数民族の刺繍小物を扱う小さな店で、プチプラの定番みやげもある。

→ データは→P.108

1. 内側にシェルアートが施されたコナッツボウル6万5000ドン　2. カラフルな花刺繍のパッチワークがかわいいミニポーチ4万ドン

　📧 週末夜のブイビエン通りは歩くのがやっとなくらいの人の多さ！　（東京都・匿名希望）

4 20:00
廉価なクラフトビール

ルースター・ビアーズ
Rooster Beers

黄色の派手な外観に雄鶏のキャラクターが目を引く、ベトナム発クラフトビールのタップバー。250mLで2万2000ドン～と安く、ビールは全9種類。

Map 別冊P.15-D3

🏠 40 Bùi Viện ☎ 090-8924 877（携帯）⏰ 13:00～24:00 🈺 無休 Card 不可 🈂 不要 🚶 ベンタン市場から徒歩約13分 URL roosterbeers.com 📍 ホーチミン

Map 別冊P.14-B2～P.15-D3

サイゴン駅
統一会堂

2

1. 缶ビールは4種類あり4万5000～5万5000ドン 2. 口当たりがよく飲みやすい。200mLを3種類ずつ味わえるコンボ（12万ドン）もある

公園

ハロー彼女！シクロ乗らない？

パーやクラブがタ多い

デタム通り

GO2バー

一杯飲んでかない～？

ビールがうまいぜ！

② ③

④

5 20:30
週末の夜は大にぎわい！

ブイビエン通りの飲み屋街
Bui Vien Street

ナイトクラブやバーが連なるブイビエン通りは、夜になると各店が大音量で音楽を流し、通り一帯がまるでナイトクラブのように様変わりする。プラスチック椅子を並べたローカル飲み屋も多く、ビール片手にワイワイ楽しむ人でいっぱい！

Map 別冊P.15-C3

デタム通りから入り、ブイビエン通りの中ほどから飲み屋街になる

1,2,3. ネオンきらめく夜のブイビエン通り。週末は特に盛り上がる 4. 生バンド演奏を楽しめる店も 5. 店頭で踊るクラブダンサーも登場

6 21:00
安くておいしいインド料理店

ババズ・キッチン
Baba's Kitchen

インド人が営む本格的なインド料理店。スパイシーなチキンのから揚げのチキン65やホウレンソウとチーズのマイルドなカレー、パラク・パニールがおすすめ。カレーは12万ドン～。

Map 別冊P.14-A3

🏠 274 Bùi Viện ☎ 3838-6661 ⏰ 11:00～22:30 🈺 無休 Card A.D.J.M.V. 🈂 不要 🚶 ベンタン市場からタクシーで約5分 📍 ホーチミン、ホイアン

1. タンドリーチキン（半羽19万5000ドン）
2. サモサ（7万ドン～）はおつまみにもいい

このあたりでは、深夜の女性ひとりの夜歩きは控え、遅くとも24:00にはタクシーで退散して

プラタもおいしいよ！

中国パワー全開！エネルギッシュなチャイナタウン チョロンへダイブ！

ホーチミン中心部から西へ約5kmのエリアに広がる、ホーチミン最大のチャイナタウン、チョロン。飛び交う中国語、色の洪水、食欲を刺激する香ばしい匂い……。好奇心の赴くままに、混沌世界を歩いてみよう！

TOTAL 3.5時間

チョロンおさんぽ

TIME TABLE

13:00 ティミ
↓ 徒歩約8分
13:30 ビンタイ市場
↓ 徒歩約5分
14:30 チ・トゥー
↓ 徒歩約10分
15:00 チャータム教会
↓ 徒歩約6分
15:30 杏徳堂藥行
↓ 徒歩約6分
16:00 ティエンハウ寺

1 フレンチシックな上品刺繍 13:00
ティミ　Timi

約20年にわたってお針子を続けてきた女性オーナーがオープン。色合いの美しい繊細なフランス刺繍はすべてオリジナルデザインで、ていねいな手仕事が光る美しいアイテムばかり。

Map 別冊P.4-A3

⌂121A/15B Hậu Giang, Q.6 ☎090-8940381（携帯）
◎10:00～18:30 [祝日]無休
A.D.J.M.V. [交通]中心部からタクシーで約20分

右のブックカバーは20万ドン～

1. かぎ編みの内布がポイントのカゴバッグ60万ドン　2. シュシュ7万ドン　3. 色合いが美しい花刺繍のペンケース24万ドン　4. ポーチ18万ドン。アルファベット刺繍バージョンもある

カラーバリエも豊富！

ローカルなキッチンアイテムの品揃えがいい

キッチン雑貨が豊富

2 チョロン最大の卸市場 13:30
ビンタイ市場　Chợ Bình Tây

乾物もたくさん！

2000以上の店舗のほとんどが卸売りメイン。チョロンいちパワフルな巨大市場をぐるりと1周して、中国気分を味わおう。

詳しくは → P.28

③

グエンチャイ通り

⑤

ティエンハウ寺（天后宮）

④
チャータム教会

チャンフンダオ通り

ハイトゥーンランオン通り

①へ
②
ビンタイ市場

▽ チョロンはホーチミン中心部よりさらにバイクの数が多く、歩道も少ないので街歩きの際は要注意です！（千葉県・麗子）

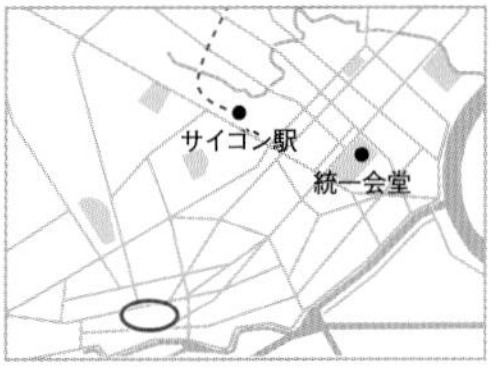

サイゴン駅
統一会堂

Map 別冊P.16-A3～B3

3 プラカゴの老舗 14:30
チ・トゥー Chi Tu

「プラカゴといえばここ」という老舗。チョロン・バスターミナルのすぐ近くにあり、中心部からは少々遠いが、品揃えはピカイチ。柄やサイズで値段が異なり、いちばん小さなサイズのプラカゴは2万5000ドン～。

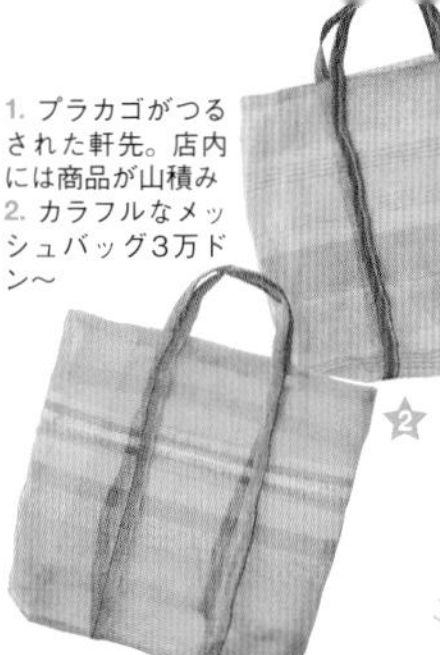

1. プラカゴがつるされた軒先。店内には商品が山積み 2. カラフルなメッシュバッグ3万ドン～

Map 別冊P.16-A3

⌂21 Lê Quang Sung, Q.6 ☎3855-1670 🕘6:00～18:00 [休]テト1週間 [交]中心部からタクシーで約25分

4 1900年建立のカトリック教会 15:00
チャータム教会
Nhà Thờ Cha Tam

クリームイエローの外壁の優美な教会。ベトナム戦争下の1963年のクーデターの際、当時の南ベトナム大統領が解放軍に無条件降伏をした場所としても有名。

中国風のユニークな教会

正式名称はフランシスコ・ザビエル教会

Map 別冊P.16-A3

⌂25 Học Lạc, Q.5 🕘6:00～18:00（ミサは月～金曜5:30、17:30。土曜18:30、19:30。日曜5:30、7:15、8:45、16:00、17:00） [休]無休 [料]無料 [交]中心部からタクシーで約20分

5 15:30 約90年の歴史がある
杏德堂藥行
Nha Thuoc Hanh Duc Duong

古い秤を使って薬材を調合中
杏德堂藥行

数少ない伝統的な漢方薬局は貴重な存在

広東省潮州出身者が興した漢方薬店。3代目が継ぐ店は昔ながらの造りで、古い秤やそろばんが健在。

簡単な症状なら、漢方を調合してくれる。漢方のタブレットも販売

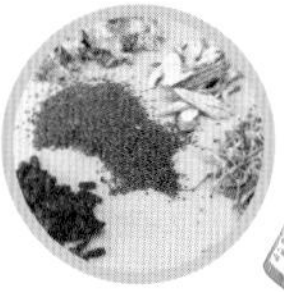

C100
Multi Linhzhi

Map 別冊P.16-B3

⌂826 Nguyễn Trãi, Q.5 ☎3856-0288 🕘7:00～20:00（日曜～18:00） [休]テト3日間 [Card]不可 [交]中心部からタクシーで約20分

線香の煙に包まれ厳かな空気に包まれている

うずまき線香がたくさん!

6 1760年建立の華人寺 16:00
ティエンハウ寺（天后宮）
Chùa Bà Thiên Hậu

航海安全の守り神、ティエンハウ（天后聖母）を祀るベトナム最古の華人寺のひとつ。地元民や観光客で1日中にぎわう。

Map 別冊P.16-B3

⌂710 Nguyễn Trãi, Q.5 🕘6:00～17:30 [休]無休 [料]無料 [交]中心部からタクシーで約20分

線香をつるして祈願

1. ホーチミンを代表する古刹 2.線香は2万ドン～ 3. 天后聖母の像

最新スポットが集まる
トレンドエリア、タオディエンで
ショッピング三昧

中心部からタクシーで約20分。タオディエン地区は
おしゃれなカフェ、レストラン、雑貨店が集まるホーチミン市の
トレンドエリア。注目店でショッピングを楽しんじゃお！

TOTAL
3.5時間

タオディエン地区
おさんぽ
TIME TABLE

10:00	ズズ・コンセプト・ストア
↓徒歩10分	
11:00	カシュー・チーズ・デリ
↓徒歩7分	
12:00	デコシー
↓徒歩4分	
12:30	ヴェスタ・ライフスタイル &ギフト
↓徒歩3分	
13:30	アマイ

1 イイものだけを集めたセレクトショップ　10:00
ズズ・コンセプト・ストア
Zuzu Concept Store

品質にもこだわりのあるフェアトレード商品、オーガニックアイテムなど、ベトナム各地のいいものだけを日本人女性オーナーが厳選して販売。

🏠48A Trần Ngọc
Diện, Thảo Điền,
TP.Thủ Đức　☎077-
9148390（携帯）
🕙10:00～17:00
🈺火・水曜　CardM.V.
📍中心部からタクシーで
約17分
📷zuzuconceptstore
※2023年11月現在、移転
につき休業。移転先はインス
タグラムで確認を。

左は13万ドン、
右は10万ドン

1. ベトナムの有機野菜ブランド
「ニコニコ野菜」のピーナッツカ
カオスブレッド（左）とピーナッ
ツバター（右）　2. ホーチミンの
風景を切り取ったポストカード。
1枚4万ドン、5枚セット18万ドン

船に目玉が
付いてる！

トロピカル

おしゃれな店が
いっぱい

タオディエン通り

2 カシューナッツから作るチーズ　11:00
カシュー・チーズ・デリ
Kashew Cheese Deli

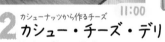

カシューナッツから作られるヴィーガンチーズ、カシューチーズの専門店。カフェを併設しており、自家製のカシューチーズを使ったサンドイッチ（9万5000ドン～）やサラダ、パスタなどを味わえる。

Map 別冊 P.17-D2

🏠Saigon Concept, 14 Trần
Ngọc Diện, Thảo Điền, TP.
Thủ Đức　☎098-
9890927（携帯）
🕙9:00～20:00（木
～日曜～21:00）
🈺無休　CardM.V.
👔不要　📍中心部
からタクシーで約15
分　URLkashewch
eese.com

1. 手前は果物、野菜、パン、3種類のチーズ盛り
合わせのプレート（ミディアム、25万ドン）　2. カ
シューヨーグルト5万5000ドン　3. エイジドチー
ズは8種類あり、17万5000ドン

スアントゥイー通り

3

洗練された雑貨＆ホームウエア
デコシー Decosy 12:00

広い倉庫のような店内。フランス人アーティストがベトナム手工芸品をデザイン。しゃれた小物や食器類はおみやげにもなり、家具のコーナーはインテリアのお手本になりそう。

Map 別冊P.17-D1

🏠 112 Xuân Thủy, Thảo Điền, TP.Thủ Đức
☎6281-9917 ●9:00～18:30（日曜～17:00）
⊕テト1週間 Card M.V.（50万ドン以上購入の場合の使用可）○中心部からタクシーで約30分

1. セラミックのキャニスター21万ドン。コーヒーの粉などを入れるのにぴったり 2. レトロな雰囲気がかわいいワーゲンバスの置き物。各49万ドン

タオディエン

1. ニワトリ刺繍の手鏡25万ドン 2. ハンドメイドのピアス29万5000ドン 3. 店内はかなり広く、雑貨、コスメ、ファッションなど350ものブランドが大集合。「バナン・パティスリー」（→P.91）併設 4. 手前右はヘンプとコルクで作られたポーチ35万ドン 5. ステッカー5万ドン 6. エスニック刺繍ポーチ32万ドン

12:30

4

ユニークなローカルブランドが大集合
ヴェスタ・ライフスタイル ＆ギフト Vesta Lifestyle & Gift

ユニークでクオリティの高い多種多様なアイテムを揃えたギフトアイテムや生活雑貨のセレクトショップ。商品の90%はローカルプロダクトで、クリエイティブなアイテムが厳選されている。

Map 別冊P.17-C1

🏠 34 Ngô Quang Huy, Thảo Điền, TP.Thủ Đức
●9:30～21:00（土・日曜～21:30）
⊕テト3日間 Card J.M.V. ○中心部からタクシーで約17分
URL vestalifestyle.com
⊕ホーチミン

5

パステルカラーの陶器
アマイ 13:30
amaï

波打つような独特のフォルムと淡いパステルカラーが目を引く、ベトナム発の陶器ブランド「アマイ」のショップ。薄いのに丈夫で、電子レンジ使用もOKなものばかり。

Map 別冊P.17-D1

🏠 83 Xuân Thủy, Thảo Điền, TP.Thủ Đức ☎3636-4169（携帯）●9:00～20:00 ⊕無休 Card A.J.M.V. ○中心部からタクシーで約15分 URL amaisaigon.vn

1. 金の縁取りが入ったインドシン・コレクション。XXSサイズのプレート16万ドンなど 2. 人気アイテムはSサイズのマグカップ16万ドンなど

川沿いからタオディエン通りの間にはレストランが増えている

サイゴン川

文化人に愛されてきた由緒あるコロニアルホテルで過ごすロマンティックな時間

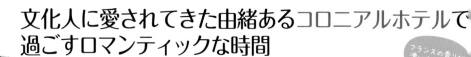

ホーチミンがまだ「サイゴン」と呼ばれていた時代から、街の一部として息づいていた歴史あるホテルたち。時を超えて輝くステンドグラスや、アーチを描くドアの一つひとつがまるでアート。そんなコロニアルホテルで、特別な時間を過ごしたい!

フランスの香りが漂います……♪

ホテル・マジェスティック・サイゴン
Hotel Majestic Saigon　Since 1925

歴史を感じるわ〜♪

豆知識
103号室は芥川賞作家の開高健の部屋
ベトナム戦争中、朝日新聞社の臨時特派員として従軍し、戦記を執筆した開高健が当時滞在したのが103号室。

左上の写真が103号室でシグネチャールームになっている。上写真はマジェスティック・スイート。電話など調度品はアンティーク調

ロビーの天井はステンドグラスとシャンデリアで彩られている

オープンエアのプールでのんびり。プールバーも併設している

サイゴン川沿いの「カティーナ・ラウンジ」では15:00〜18:00の間、アフタヌーンティーが楽しめる(50万ドン)

おすすめポイント
秋篠宮様やフランスの元大統領、カトリーヌ・ドヌーヴなど各国の著名人が滞在した名門ホテルでVIP気分を満喫!

サイゴン川沿いに立つフレンチスタイルの老舗ホテル。第2次世界大戦中には日本軍の兵舎として、ベトナム戦争中にはジャーナリストらの拠点として、ベトナムの近代史を見守ってきた歴史あるたたずまいは一見の価値あり。新館と旧館に分かれ、さまざまなタイプがある客室はアンティーク調の家具で統一されており、存分に雰囲気を味わうことができる。夜は屋上の「エム・バー」(→P.21)でリバービューを。

Map 別冊P.15-D1 ドンコイ通り周辺

🏠 1 Đồng Khởi　☎ 3829-5517
🛏 ツイン180US$〜 (朝食付き)
Card A.J.M.V.　🛏 175室
🚇 市民劇場から徒歩約7分
URL www.majesticsaigon.com

✉ 食事の値段が安いので、高級ホテルでのハイティーもおすすめ。ちゃんと英語が通じるし、落ち着いた気分になれます。(千葉県・宮野明子)

ホテル・グランド・サイゴン
Hotel Grand Saigon
Since 1930

このプールで泳ぎたい♡

吹き抜け状の屋外プールからはビテクスコ・フィナンシャルタワー（→P.68）が見える

リビングルーム付きの旧館グランド・スイート。机やランプなどレトロな家具を配するが設備は近代的

ロビーには創業当時からあるレトロなエレベーターがある

白亜の外観

コロニアルホテル

豆知識
始まりはドリンクショップ？
1928年にフランス人編集者がこの場所に、小さなドリンクショップを開いたのがグランドホテルの始まり。

1930年創業の歴史あるホテル。新館のラグジュアリー・ウイングと旧館のエンシェント・ウイングに分かれ、どちらの客室も品のあるクラシカルな内装だが、旧館は創業当時の趣をより感じられる。見事な眺望の「ルーフトップ・グランド・ラウンジ」は宿泊せずとも訪れたい。

Map 別冊P.15-C1〜D1 ドンコイ通り周辺
🏠8 Đồng Khởi ☎3915-5555
💰ツイン142US$〜（＋税・サ15％。朝食付き）
Card A.D.J.M.V. 🛏251室 市民劇場から徒歩約5分 URL www.hotelgrandsaigon.com

すすめポイント
ドンコイ通りの中心に位置するので、ショッピングに便利。旧館もしっかり整備されていて、快適に滞在できる。

コンチネンタル・サイゴン
Continental Saigon
Since 1880

すすめポイント
造りや調度品がレトロで思いっきりコロニアルな雰囲気に浸りたい人に絶好のホテル。市民劇場ビューの部屋もある。

雰囲気のよいパティオで朝食を取れる。宿泊客以外もカフェとして利用できる

暑かったでしょうさあどうぞ

豆知識
コンチネンタルはベトナム最初のホテル
コンチネンタル・サイゴンはフランス統治時代の1878年から2年をかけて、フランスからの旅行者をもてなすために建てられた。

市民劇場の隣に立つ。定期的に改装を重ねており、やや古いながらも快適に滞在できる

レトロですてきな部屋だわ〜

数々の著名人が宿泊してきたヘリテージ・ルーム

1世紀以上も続く名門ホテル。カトリーヌ・ドヌーヴ主演のフランス映画『インドシナ』に登場したことでも有名で、世界各国の著名人が宿泊客に名を連ねる。館内随所に、アンティークの調度品や創業当時の写真が飾られ、ノスタルジーが漂う。宿泊客はサウナとジャクージが無料。

Map 別冊P.14-A1
ドンコイ通り周辺

🏠132-134 Đồng Khởi
☎3829-9201 💰ツイン100US$〜（朝食付き）
Card A.D.J.M.V. 🛏83室 市民劇場すぐ
URL www.continentalsaigon.com

1階を「グランドフロア」、2階を「1階」とイギリス式に数えるホテルも多い。本書では各ホテルの表記に従っている。

最新設備を備えた
5つ星高級ホテル5選

世界ブランドの最高級ホテルに、他国に比べてわりとリーズナブルに宿泊できるのもホーチミンならでは。最新設備を備え、滞在自体も楽しめる5つ星ホテルを厳選してご紹介！

注目 Point!
iPad miniやセンサー付き照明など、客室には最新設備を導入。

ベッドふかふか〜

フレンチコロニアルの雰囲気が楽しめる
パークハイアット・サイゴン
Park Hyatt Saigon

市内中心部に立つ白亜の外観が印象的な最高級ホテル。館内はクラシカルな雰囲気に包まれ、近年改装した客室もフレンチシックな家具で統一。ハイティーが好評の「パーク・ラウンジ」や「2ラムソン」（→P.98）、「スアン・スパ」など各施設もレベルが高い。

Map 別冊P.16-A2 ティーサック通り周辺

🏠2 Lam Son Square ☎3824-1234
🛏シングル・ツイン800万ドン〜 （＋税・サ15%）
Card A.D.J.M.V. 🛌245室 🚶市民劇場から徒歩約1分 URLsaigon.park.hyatt.com

1. パークデラックス・ルーム　2. 窓が大きく開放的なロビー階の「パーク・ラウンジ」では毎タライブ演奏も楽しめる　3. ゆったりとくつろぎたい屋外プール　4. 市民劇場の裏に立つ

優雅なラグジュアリーホテル
レヴェリー・サイゴン
The Reverie Saigon

ヨーロピアンテイストで統一されたゴージャスなホテル。バスタブにはテレビが付き、ベッドは最高級のシモンズ、アメニティはショパール、シーツや布類はフェレッティ社のものを使用するなど細部まで贅を尽くした造り。

Map 別冊P.15-C2 ドンコイ通り周辺

🏠22-36 Nguyễn Huệ & 57-69F Đồng Khởi
☎3823-6688 🛏シングル・ダブル・ツイン320US$
〜 Card A.D.J.M.V. 🛌286室 🚶市民劇場から徒歩約7分 URLthereveriesaigon.com

注目 Point!
ベトナム初の入ると音が聞こえるサウンドプール。温水なのであたたかい。

1. 眺めも抜群のプール　2. 客室の大きな窓からはサイゴン川が望める　3. 青色の大理石とスワロフスキーのシャンデリアがロビーを彩る　4. 3つあるレストランは朝食以外ドレスコードあり

「プルマン・サイゴン・センター」は夜遊びスポットのブイビエン通り（→P.144）まで徒歩約5分だった。（秋田県・たみ）

モダン×コロニアルのブティックホテル

ホテル・デザール・サイゴン・Mギャラリー

Hôtel des Arts Saigon-MGallery

Hôtel des Arts Saigon-MGallery

フレンチコロニアルをイメージしたブティックホテル。木をふんだんに使った客室は、クリーム色と真鍮色をあしらい、落ち着いた雰囲気。「ソーシャル・クラブ」（→P.97）をはじめ、館内のレストランやバーも雰囲気、味ともに申し分ない。

Map 別冊P.10-A1　サイゴン大教会周辺

🏠 76-78 Nguyễn Thị Minh Khai, Q.3
☎ 3989-8888　料シングル・ダブル・ツイン287万5000ドン〜（＋税・サ15％。朝食付き）
Card A.D.J.M.V.　客168室
🚶 サイゴン大教会から徒歩6分
URL www.hoteldesartssaigon.com

1. デラックスルームは30㎡とやや狭いが、窓が大きく窮屈さを感じさせない　2. 館内のあちらこちらにアートが飾られている　3. 開放的な雰囲気の屋上プール。街の中心部を見渡せる　4. フランスのホテルグループ、アコーが運営

注目
Point!
屋上にあるプール＆バー「ソーシャル・クラブ」からは市内が一望できる。

すてきなお部屋！

5つ星高級ホテル5選

注目
Point!
塩素ではなく、肌や髪に優しい海水プールからはサイゴン川が見える。

1. 客室は最小でも38㎡と広々
2. 9階のプール　3. サイゴン川沿いに立つ

モダンデザインの川沿いホテル

ル・メリディアン・サイゴン

Le Méridien Saigon

客室はブラックを基調にしたモダンなデザインで統一。全室バスタブとシャワーブースが分かれており、リバーサイドの客室からはバスタブにつかりながら景色が楽しめる。

Map 別冊P.7-D2
ティーサック通り周辺

🏠 3C Tôn Đức Thắng　☎ 6263-6688　料シングル・ダブル・ツイン180US$〜（朝食付き）
Card A.D.J.M.V.　客343室
🚶 市民劇場からタクシーで約5分
URL www.lemeridiensaigon.com

都会の中心でリゾート気分を味わえる

プルマン・サイゴン・センター

Pullman Saigon Centre

都会的なデザインでまとめられた館内には、屋外プールやレストラン、ジム、スパなどがあり、ホテルステイを十分満喫できる。客室はモダンなインテリアで彩られ、デラックス以上はバスタブ、エスプレッソマシンを完備。

Map 別冊P.5-C2
ブイビエン通り周辺

🏠 148 Trần Hưng Đạo　☎ 3838-8686　料シングル・ダブル・ツイン235万7200ドン〜（＋税・サ15.5%）
Card A.D.J.M.V.　客306室　🚶 中心部からタクシーで約5分　**URL** www.pullman-saigon-centre.com

1. 広々としたバスタブでゆっくり旅の疲れを取ろう　2. ベーシックなスーペリア・ルーム

注目
Point!
快適な眠りにつける特注のベッド、選べる枕のサービスなどがある。

スタイリッシュで過ごしやすい
お手頃デザインホテル3選

ホッと
できるね

ベトナムらしいインテリアを取り入れたり、モダンで居心地のいい客室にこだわったりと、
デザインホテルが進化中のホーチミン。女子ひとり旅にもぴったりのコスパ良好のホテルを厳選してご紹介！

各部屋
デザインが
違いますよ

レトロモダンが新しい
ミスト・ドンコイ
The Myst Dong Khoi

1970～1980年代のオールド・サイ
ゴンをテーマにしたおしゃれな
ブティックホテル。木を多用した
あたたかみのある客室には、ビン
テージ風の家具やタイルなどベト
ナムらしいインテリアがあしらわ
れ、まるで自宅のような居心地の
よさ。屋上のプールからはサイゴ
ン川も望める。

Map 別冊P.15-C1 ドンコイ通り周辺
♠6-8 Hồ Huấn Nghiệp ☎3520-3040
⑲シングル・ダブル・ツイン160US$～、スイー
ト298US$～（＋税・サ15%）
Card A.D.J.M.V. ⑭108室
⑰市民劇場から徒歩約5分
URL www.themystdongkhoihotel.com

注目
Point!

全室ジャクージが備え
られた緑あふれるバル
コニーがあり、ゆっくり
バスタイムが楽しめる。

お皿を時計にリメイク！

1. 77㎡の広々としたミスト・スイート
2. バルコニーに設置されたジャクージ
3. 小さいながらもリゾート感ある屋上プー
ル 4. スタッフの対応もスマート

アットホームなミニホテルに泊まろう

居心地バツグン
だね

家族のように笑顔で迎えてくれ、何気ない気配りにほろっとさせられる
民宿のようなホテル。民家の一部を改装した所から、ビジネス仕様の
所までさまざま。ミニホテルに数日滞在すれば気分はもうホーチミン暮らし！

ミニホテル Information

客室数／10～30室程度
料金／20～40US$
立地エリア／バックパッカーが集まるブイ
ビエン通り（→P.144）周辺に多数ある。

ドミトリーメインの高層ホステル
9ホステル＆バー　9 Hostel & Bar

ベンタン市場まで徒歩約12分の所に立つ高層のホステ
ル。ドミトリーはすべて2段ベッドタイプで、ライト、コ
ンセントが付く。ロッカーも完備。個室は高層階にありミ
ニバー、ヘアドライヤー、湯沸かし器など設備も十分。1
階にはカフェ・バーを併設している。

Map 別冊P.7-C3 ブイビエン通り周辺
♠9 Bùi Thị Xuân ☎090-6889855（携帯）⑲ドミト
リー15万ドン～、シングル・ダブル・ツイン35万ドン～
Card M.V. ⑭6室、46ベッド ⑰中心部からタクシーで約
9分 ✉booking.9hotel@gmail.com

1. 25㎡のダブルルームの個室　2. ツインルームはハンモックのあるバルコニー付き
3. ドミトリーのベッド　4. 1階のカフェ・バー

ホテルで洗濯を頼んだら服のタグに油性ペンで部屋番号が書かれて返却。お気に入りの服を出すのは避けたい。（埼玉県・OT）

注目
Point!

最上階にある屋外プールから眺めるサイゴン川の景色は最高！

サイゴン川のビューを楽しむ

リバティセントラル・サイゴンリバーサイド

Liberty Central Saigon Riverside

ホーチミンを中心に展開するリバティグループのホテル。ホテル名のとおり、サイゴン川の目の前に立ち、客室やレストランからの眺めは最高。せっかくならリバービューの客室に泊まりたい。スイートルームなど一部の客室はバスタブ付き。

Map 別冊P.15-D1 ドンコイ通り周辺

🏠17 Tôn Đức Thắng ☎3827-1717 ㊰シングル220万ドン〜、ダブル・ツイン260万ドン〜、スイート600万ドン〜（朝食付き）**Card**A.J.M.V. ㊰170室 ㊰市民劇場から徒歩約8分 **URL**www.libertycentralsaigonriverside.com

1. 客室はごくシンプル。デラックスルームはシティビュー 2. 1階のレストランでは1日中ビュッフェが楽しめる 3. プールは25階。24階にはスパもある

注目
Point!

キッチン付きのリビング、ベッドルームが独立した客室は居心地◎

暮らす気分で滞在できる

EMMホテル・サイゴン

EMM Hotel Saigon

中心部からは少し離れるが、キッチン付きのアパートメントタイプの客室が多く、暮らすように滞在してみたい人におすすめ。洗濯機と乾燥機も無料で使える。

Map 別冊P.7-C1 市北部

🏠157 Pasteur ☎3936-2100 ㊰シングル・ダブル・ツイン65US$〜、アパートメント78US$〜（朝食付き）**Card**A.D.J.M.V. ㊰50室 ㊰中心部からタクシーで約10分 **URL**emmhotels.com/en/hotels/emm-hotel-saigon

1,2. アパートメントタイプのジュニアスイートは70㎡と広い。リビングルーム、キッチン、バスタブ付き 3. 館内にはカフェ・レストラン、ジム完備

客室内の備品

無料のコーヒー＆ティー、湯沸かし器があるホテルも。アメニティも揃っている。

貴重品はどうする

必ずセーフティボックスに入れる。セーフティボックスがないミニホテルでは、貴重品は肌身離さずしっかり管理。

サービス＆居心地よし

ジャン・ホステル・セントラル・ポイント

Jan Hostel Central Point

ブイビエン通り（→P.144）とチャンフンダオ通りの間の路地にある居心地のいいホテルで、ブイビエン通りまで徒歩数分なのに比較的静か。客室はシンプルだけど設備は申し分なく、ウエルカムドリンクや盛りだくさんの朝食などサービスもいい。

Map 別冊P.5-C2 ブイビエン通り周辺

🏠100/25/2 Trần Hưng Đạo ☎093-7528689、093-7286939（携帯）㊰シングル・ダブル25US$〜（朝食付き）**Card**A.D.J.M.V. ㊰34室 ㊰中心部からタクシーで約5分 **URL**jangroup.vn

1. 小さなキッチン＆バルコニー付きの客室 2,4. 朝食は麺類やパンなどから選べる。季節のフルーツも付いてボリューム満点 3. チャンフンダオ通りからはすぐの立地

民家を改装したミニホテルにはエレベーターのない所が多い。荷物はコンパクトにしたほうがベター。

朝から街はいい匂い

今日の朝ご飯 何にする？
Bữa ăn sáng

ベトナムの朝食は名物がいっぱい。朝が弱い人向けのあっさりメニューから パワフルご飯まで、お好み次第。ちょっと早起きして朝グルメ！

フォーとボー・コーがメニューにある食堂

コム・スーン
Cơm Sườn

豚肉のせご飯。ヌックマムをベースにした店独自のたれをつけて焼いた豚肉が美味。ネギ油と豚皮の揚げ物が食欲をそそる。

ここでEat！「Com Tam」の看板が出ている店やニューラン（→P.38）、市場の食堂。

おなかペコペコの朝は

ブン・ティット・ヌーン
Bún Thịt Nướng

米麺の上に豚焼肉、揚げ春巻、野菜、ネギ油などをのせたもの。ヌックマムの甘酸っぱいたれをかけて食べる。

ここでEat！ニューラン（→P.38）、ニャーハン・ゴン（→P.75）、市場の食堂、屋台。

フー・ティウ麺もおいしいよ

意外とヘビー

バインミー・オップラー・ジャンボン
Bánh Mì Ốp Lá Jambon

地元の定番朝食のバゲットとハムエッグのセット。通常、目玉焼きは2個。塩コショウは好みで。

ここでEat！ニューラン（→P.38）。

軽く済ませたいなら

ローカル食堂の朝食風景。みんな朝から食欲旺盛

フォー・Phở

ご存じ米粉から作った麺。野菜や香草たっぷりなのでヘルシー。

ここでEat！フォー専門店、市場の食堂、屋台。

チャオ・ガー Cháo Gà

鶏肉入りのお粥。砕き米（コム・タム）の形が残るサラサラとした食感。たっぷりのショウガがアクセントでペロリといける。

ここでEat！食堂、屋台。

フランスとベトナムのコラボ朝食！

ボー・コー
Bò Kho

ベトナム風ビーフシチュー。肉やニンジン、ジャガイモがしっかり煮込まれていて、口に入れるとホロホロ。バゲットや米麺のフー・ティウと合わせる。

ここでEat！朝食メニューのある食堂やカフェ、屋台。

バン・クォン Bánh Cuốn

豚ひき肉にキクラゲ、シイタケなどが入ったあんを米粉の皮で包んで蒸したもの。点心の腸粉に似ている。ハムがのっているのがベトナム風。

ツルンとして食べやすい

ここでEat！バン・クォン専門店、市場の食堂、ニューラン（→P.38）。

ソイ・タップ・カム Xôi Thập Cẩm

ミックスおこわ。具は中華ソーセージ、ハム、干しエビ、豚肉のフレーク、干しダイコンの甘辛煮と盛りだくさん。

ここでEat！ソイ・チェー・ブイ ティスアン（→P.93）、ニューラン（→P.38）、屋台。

aruco取材スタッフおすすめはコレ！

PHỞ BÒ · BÒ KHO

人気急上昇の
ベトナム中部も！

世界遺産＆最旬リゾート
ホイアン、ダナンへ

ホーチミンを歩いたら、ほかの町も知りたくなってくるはず。
ベトナム中部の世界遺産の古都ホイアンや、リゾート地ダナンは、
今いちばん注目したいイチオシの2都市。
日本からの直行便利用はもちろん、ホーチミンの旅にプラスしてもOK。
ベトナム愛♥がますます深まること間違いナシ！

VIETNAM MORE!

ホイアン Hội An

古くから貿易港として栄えた
ノスタルジックタウン

世界遺産

16〜17世紀頃、東アジアとヨーロッパの貿易の中継地として
日本人街が造られたホイアン。遠い貿易時代に思いをはせながら、
世界遺産の古い町並みをお散歩しちゃお♪

ロマンティックな → P.56
夜さんぽ

Map 別冊P.2-B2

ホイアンへの行き方
ダナン空港からホイアン旧市街まで車で40分〜1時間、36万ドン〜。

ホイアン観光のチケット

各観光名所で入場料を払うのではなく、5枚綴りの総合チケット（12万ドン）を購入するシステム。25ヵ所の指定観光名所はもちろん、世界遺産エリアの旧市街へもこのチケットがないと入れない。有効期限は特に設けられておらず、チケット購入時のホイアン滞在期間内。売り場は **Map** 別冊P.18-19 内に複数あり、チケット販売は8:00〜21:00。ここでチケットチェックも行われる。

散策のヒント
旧市街は、10:00頃から観光客で混み始めるため、ゆっくり観光するなら朝早めの動き出しがおすすめ。ちなみに観光スポットの多くは8:00頃には開館する。

グエンティミンカイ通り

①

Nguyen Thi Minh Khai St. **②**

バナナおいしいよ！

ホアイ川

犬です！ サルです！

8:00

① フーンフンの家（馮興家）
ひょうこうけ
Nhà Cổ Phùng Hưng

1780年に貿易商人の家として建てられた木造建築で、ベトナム、中国式に加え、中庭部分の屋根には日本の建築様式も見られる。

Map 別冊P.18-A3

🏠 4 Nguyen Thi Minh Khai
☎ 0235-3861-280
🕐 8:00〜17:30または18:00
休 テト　料 チケットのみ

アンホイ島

フォッフォッ

来遠橋を架けることで退治した大怪物ナマズの鎮魂を願って、橋の中に小さな寺を建てたという伝説がある

8:20

② 日本橋（来遠橋）
らいおんばし
Cầu Nhật Bản（Cầu Lai Viễn）

日本人によって1593年に造られたといわれる屋根付きの橋。橋を守るサルと犬の像にも注目。2万ドン札に印刷されている観光名所。※2023年8月現在、改修工事中。2024年初旬終了予定。

Map 別冊P.18-B3

🏠 Trần Phú　🚫 なし　🕐 8:00〜21:30　休 無休
料 チケットのみ

158 ▼ 日本橋は橋を通るだけでもチケットが必要とのことでした。（埼玉県・匿名希望）

8:40

★**3** こうちょうかいかん
廣肇会館 Hội Quán
Quảng Triệu

1786年に中国の広州と肇慶の出身者たちによって建てられた同郷人集会所。屋根や柱の彫刻は美しく、中央には関羽が祀られている。

Map 別冊P.18-B3

🏠 176 Trần Phú　☎なし　🕐7:30～18:30（冬季～18:00）　休無休　チケットのみ

庭には9つの頭をもつ緑起物の龍が。タイルと陶器でカラフルに飾られ、迫力満点

チリン
チリン！

龍です！

レロ通り

ファンチャウチン通り **6**

2枚のコインを皿に投げて、裏表になったら願いがかなうという陰陽の占いができる

朝食メニューのグラノーラ

★**4** **9:00**
ココ
ボックス
Cocobox

ベトナム産オーガニック果物にこだわったヘルシーなカフェメニューがウリ。特にフレッシュジュースとスムージーの種類が豊富。

Map 別冊P.18-B3

🏠 94 Lê Lợi
☎0235-3862-000
🕐8:00～21:00　休無休
Card M.V.　M.V.不要
🌐www.cocobox.com.vn

スムージー6万9000ドン～

豆腐のサンドイッチ11万5000ドン

広場

9:30

★**6** ちんしじどう
チャン家の祠堂（陳祠堂）
Nhà Thờ Tộc Trần

1802年に、中国人の血を引く阮朝の官吏によって、先祖への礼拝をする場所兼住宅として建てられた。和、漢、越折衷の建築様式。英語を話すスタッフが堂内を案内してくれる。

Map 別冊P.18-B2

🏠 21 Lê Lợi　☎0235-3861-723
🕐8:30～18:00　休テト　チケットのみ

3

チャンフー通り

ーフィン
物館

バンイット (Bánh Ít) という草餅を売る店。緑豆あん入りのラーガイ (Lá Gai) と、ココナッツ入りのスーセー (Susê) があり、ひとつ4000ドン

お茶でひと休み～

5

P.160へ続くよ！ →

10:00

★**5** きんしょうごう
クアンタンの家（均勝號）
Nhà Cổ Quân Thắng

約300年前に中国福建出身の商人によって建てられた平屋の代表的な建築様式の家。間口が狭くて奥に長い。家の中でホワイトローズ (→P.162) も食べられる。

Map 別冊P.19-C3

🏠 77 Trần Phú　☎0235-3863-267　🕐8:00～20:00
休無休　チケットのみ

ホワイトローズ 5万ドン

4

N

7

0　　50m

7 **10:30**
しんきけ
タンキーの家（進記家）
Nhà Cổ Tấn Ký

200年以上前に建てられた中国広東出身の漁師の家で、現在は5～7代目が住んでいる。天井の大中小の梁に和の建築文化を感じる。

Map 別冊P.18-B3

🏠 101 Nguyễn Thái Học
☎0235-3861-474
🕐8:00～18:30　休テト4日間
チケットのみ

バクダン通り

上：グエンタイホック通りからもバクダン通りからも入れる　右：柱に貝殻を使った文字の装飾が。よく見ると、ひと筆ひと筆が鳥をかたどっている

ホイアンは数年に一度、9～11月の雨季に大洪水に見舞われることがあるのでこの時期の旅行は注意。

Phan Chau Trinh St.

バーレー井戸

世界遺産って知ってた？

11:00

8 貿易陶磁博物館
Bảo Tàng Gốm-Sứ Mậu Dịch ở Hội An

2階建ての古民家を利用した博物館。朱印船の模型や沈没船から引き上げた遺物など、約100点が展示されている。

Map 別冊P.19-C3

🏠 80 Trần Phú ☎0235-3862-944
⏰7:30～21:00 休毎月15日 料チケットのみ

朱印船貿易で日本からホイアンへ入ってきた肥前焼の陶器

11:40

10 ふっけんかいかん 福建会館
Hội Quán Phúc Kiến

中国風の色鮮やかな建物内には、福建出身者の多くが信仰する天后聖母が祀られており、いちばん奥には祭壇がある。

Map 別冊P.19-C3

🏠 46 Trần Phú ☎0235-3861-252 ⏰7:00～17:00 休無休
料チケットのみ

ピンク色の派手な門構えが印象的

Tran Phu St.

ホイアン市場

P.159へ続くよ

チャンフー通り

え〜〜

屋根部分の華やかな装飾！

かつて、華人たちが中国語を学ぶ中華学校としても利用されていた

グエンタイホック通り

DƯỜNG NGUYỄN THÁI HỌC

11:20

9 ちゅうかかいかん 中華会館
Hội Quán Trung Hoa

1773年に中国の福建、潮州、海南など5つの省人会が共同使用の目的で建てた集会所。航海安全の守り神、天后聖母が祀られている。

Map 別冊P.19-C3

🏠 64 Trần Phú ☎0235-3861-935
⏰7:00～22:00（冬季～21:30）休無休
料無料

Bach Dang St. バクダン通り

ホイアン民俗博物館

シクロ乗り場

総合チケット売り場

チャム島行き船乗り場

12:00

11 クアンコン廟（関公廟）
Quan Công Miếu

1653年建立の中国様式の小さな寺。中央には武の神とされる関羽が祀られている。龍の装飾や赤を基調とした豪華な装飾。

Map 別冊P.19-C3

🏠 24 Trần Phú ☎0235-3862-945
⏰7:00～11:30、12:00～17:00、18:00～22:00 休無休 料チケットのみ

N

0 50m

ホアイ川

✉旧市街は夜が断然キレイ。宿泊がおすすめです！（愛媛県・みかん）

駐車場●

⑫

●総合チケット
売り場

チャウチン通り

おすすめは目玉焼きや肉、ハム、パテなどが入ったミックスのBánh Mì Thập Cẩm3万5000ドン

駐車場●

⑫ チャウチン通り

●総合チケット
売り場

13:00

⑬ **海南会館（瓊府會館）**
Hội Quán Hải Nam

1851年にホイアン近海で殺害された108人の海南島出身者の商人の鎮魂を目的に建てられた会館。人影は少なく静寂に包まれている。

Map 別冊P.19-C3

🏠 10 Trần Phú
🕐 7:00～21:30（冬季～21:00）
⊗無休　チケットのみ

祭壇前の金箔を施した華やかな彫刻は、建築当時の中国の宮廷の生活を描いたものといわれる

12:30

⑫ **バインミー・フーン** Banh Mi Phuong

開店と同時にひっきりなしに客がやってくる人気のバインミー店。パンを温めてから具を詰めてくれ、最後にかける特製のピリ辛だれがとっても美味。

Map 別冊P.19-C2

🏠 2B Phan Châu Trinh　☎090-5743773（携帯）🕐6:30～21:30
⊗テト　Card不可　⊗不要

⑬

おすすめは目玉焼きや肉、ハム、パテなどが入ったミックスのBánh Mì Thập Cẩm3万5000ドン

ヤリー・ファッションタウン ⑤

DƯỜNG TRẦN PHÚ

⑭

明郷華先堂

●総合チケット
売り場

ホイアンジア通り

ホイアン布市場

Hoang Dieu St.

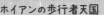

ワンッ！

ファンボイチャウ通り

⑮

DƯỜNG BẠCH ĐẰNG

ホイアン市場

ホイアンの歩行者天国

以下のエリアは決められた時間帯は車とバイクの乗り入れが禁止され、歩行者天国となる。
・グエンティミンカイ通り、チャンフー通りと川沿いに挟まれたエリア
毎日9:00～21:30（冬季～21:00）
・ファンチャウチン通り
毎日17:30～21:30（冬季～21:00）
※自転車はOK

Map 別冊P.18-A2～P.19-D3

路上市場

日本風なところも探してね！

路上市場

いちばん奥の扉に施された女性の透かし彫りは、日本髪を結った中国人といわれている

14 **13:20**

⑭ **潮州会館**
Hội Quán Triều Châu

1776年に中国の潮州出身者たちによって建てられた同郷人集会所。柱や扉に施された彫刻や、屋根に飾られた魚の排水溝などに注目。

Map 別冊P.19-D3

🏠 362 Nguyễn Duy Hiệu
☎0235-3914-853　🕐8:00～17:30
⊗無休　チケットのみ

カフェラテ
4万5000ドン

13:45

⑮ **ミア・コーヒー**
Mia Coffee

ブーゲンビリアの花に囲われた地元人気の高いカフェ。ダラット産の厳選豆を使用したコーヒーがおいしいと評判でアメリカーノ3万ドン、ベトナムコーヒー3万5000ドンなど。

Map 別冊P.19-D3

🏠 20 Phan Bội Châu　☎090-5552061（携帯）
🕐7:00～17:00　⊗テト　CardM.V.　⊗不要

旧市街のバーならホイアン市場の2階にある「マーケット・バー」**Map**別冊P.19-D3がおすすめ。

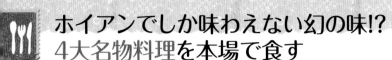

ホイアンでしか味わえない幻の味!?
4大名物料理を本場で食す

ホイアン料理は、ホーチミンやダナンなどでも食べられるものもあるけれど、ここでしか味わえない料理もある。やっぱり本場で食べるとおいしさ格別、気分も上がる♪

モッチモチの半透明の皮が、白いバラのよう!

愛情いっぱい

つけだれを工夫したり、フレンチ風に盛りつけたりしてバリエーションが楽しめる。

たくさん食べろよ!

エビの蒸しワンタン
ホワイトローズ
Bánh Vạc

米粉の皮にエビのすり身を詰めて蒸し上げたもの。ホイアンではどこでも食べられるけれど、実は「ホワイトローズ」（→下記）がホイアン中のホワイトローズを製造！　本家の味をぜひ。

伝統のレシピで作る本家の味
ホワイトローズ　White Rose

ホワイトローズの製造卸元で、ここで1日に5000個ものホワイトローズが作られ、ホイアンのレストランに卸されていく。製造風景も見学できて楽しい。ホワイトローズは7万ドン、揚げワンタンは10万ドン。

この窯で3分間蒸し上げるよ！

Map 別冊P.18-A1　ホイアン中心部

🏠 533 Hai Bà Trung　☎0235-3862-784、090-3010986（携帯）　⏰7:30～20:30　㊡旧暦5/5、テト1週間、不定休　**Card**J.M.V.　予不要

鶏だしが香るご飯は感動のおいしさ

ベトナム醤油とトウガラシのたれで味に変化をつけていただこう。

ホイアン風鶏飯
コム・ガー・ホイアン
Cơm Gà Hội An

鶏だしで炊き、ターメリックで色付けしたご飯の上に裂いたゆでた鶏肉と香草をトッピング。レストランだけでなく、路上屋台でも食べられるホイアン庶民の味。

1955年創業の老舗
バー・ブーイ　Ba Buoi

ホイアンの鶏飯といえば必ず名前が挙がる有名店で、外国人客も多い。定番はコム・ガー・セーCơm Gà Xé（5万5000ドン）。写真付きメニューあり。並ぶ覚悟で来店を。

Map 別冊P.19-C2　ホイアン旧市街

🏠 22 Phan Châu Trinh　☎090-5767999（携帯）　⏰11:00～14:00、17:00～20:00※売り切れ次第閉店　㊡テト、不定休　**Card**不可　予不要

💌 「ホワイトローズ」でホワイトローズを注文したら、一緒に蒸し餃子も盛られてきた。こちらも歯応えシャキシャキで美味！（石川県・A）

小ぶりなので
ペロリだよ

モチモチ麺とパリパリせんべいの合わせ技

ジューシーな
チャーシューと
甘めのだしが
決め手！

醤油だれの汁なし麺
カオ・ラウ
Cao Làu

日本の伊勢うどんがルーツで、日本人が伝えたともいわれる、きしめんのような米の麺。一説にはこの地方の水で作られるから美味なのだとか。ホイアン以外の所ではあまりお目にかかれない。

代々伝わる母の味
モット・ホイアン
Mot Hoi An

漢方薬店を営んでいた一家が始めたハーバルティー（→P.59）とベトナム料理の店。ホイアン名物を中心に一家に代々伝わる家庭の味がリーズナブルに楽しめる。カオ・ラウ（4万5000ドン）は味のバランスがよく人気。

ホイアン４大名物料理

Map 別冊P.18-B3
ホイアン旧市街

⌂150 Trần Phú
☎090-1913399（携帯）🕐8:00～22:00
休不定期 **Card**不可 予不要

揚げ加減、
トッピングなどによって
大きく味が変わる。食べ比べに
チャレンジしたい一品☆

パリパリに揚げたおやつ
揚げワンタン
Hoành Thánh Hội An

甘酸っぱいたれに食欲が止まらない

豚のひき肉やエビのすり身の具を黄色いワンタンで包み揚げたもの。具は小さく、皮のパリパリ食感を楽しみながら、おやつ感覚でモリモリいける。タマネギ、トマト、ニンニクなどの角切りをあえたソースがうまい。

おいしいよ！

中部ストリートフードが食べられる
モーニング・グローリー・オリジナル
Morning Glory Original

著名なベトナム人女性料理研究家が手がける人気レストランでホイアンを中心に中部の大衆料理、屋台料理に焦点を当てたメニュー構成。ここの揚げワンタン（11万5000ドン）はカニ肉入り。

Map 別冊P.18-B3
ホイアン旧市街

⌂106 Nguyễn Thái Học ☎0235-2241-555、0235-2241-556 🕐11:00～22:00
休無休 **Card**J.M.V. 予不要 🏠ホイアンに系列店複数あり

コム・ガー・ホイアンの店はファンチャウチン通り **Map** 別冊P.19-C2 に集まっており、人気店も多い。屋台なら3万5000ドン～。

163

まったり過ごせる人気カフェ

古民家を改装したおしゃれなカフェが多いホイアン。なかでも味よし、雰囲気よし、居心地よしで長居しちゃうこと間違いなしの人気店をご紹介。

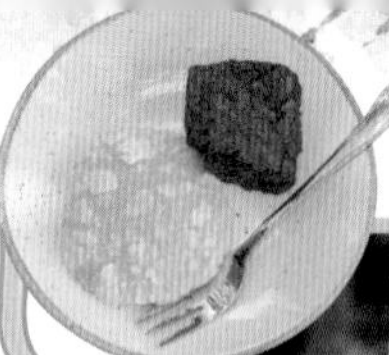

左はレモンクッキー、右はブラウニー

歩き疲れたら休憩しよ

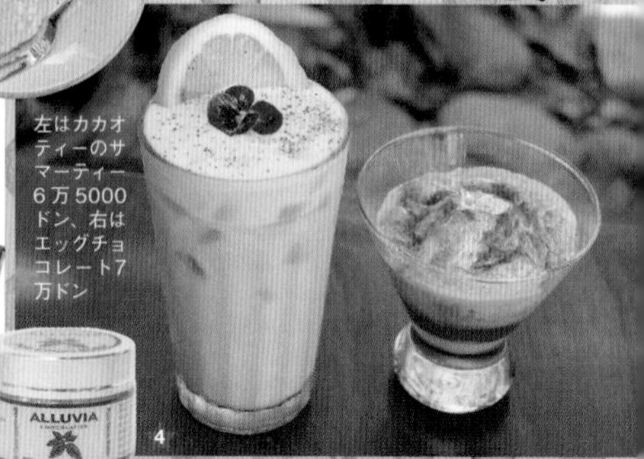

左はカカオティーのサマーティー6万5000ドン、右はエッグチョコレート7万ドン

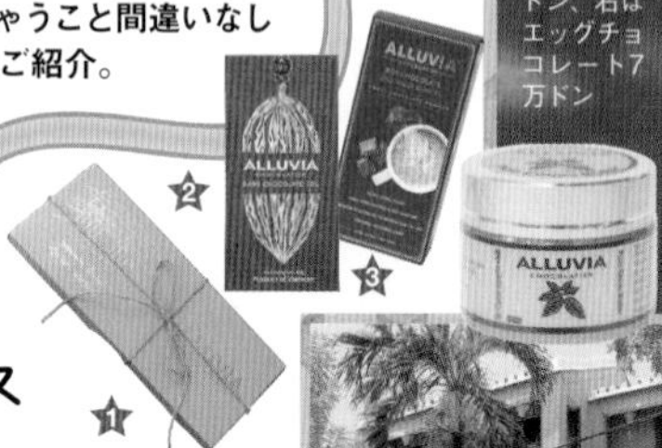

珍しいカカオドリンクが楽しめる

アルビア・チョコレート・ハウス

Alluvia The Chocolate House

メコンデルタ産カカオを使ったシングルオリジンチョコブランドの「アルビア・チョコレート」が手がけたカフェ。アルビアのカカオをふんだんに使ったドリンクやスイーツが楽しめる。

[Map 別冊P.18-A3] ホイアン旧市街

🏠10/11 Nguyễn Thị Minh Khai ☎083-4837164、090-6822050（携帯） 🕘9:00～21:30 [休]無休 [Card]A.J.M.V. [予]不要 [URL]www.alluviachocolate.com 🏬アルビア・チョコレート：117 Phan Chu Trinh [Map 別冊P.18-A2]、ホーチミン(→P.120)

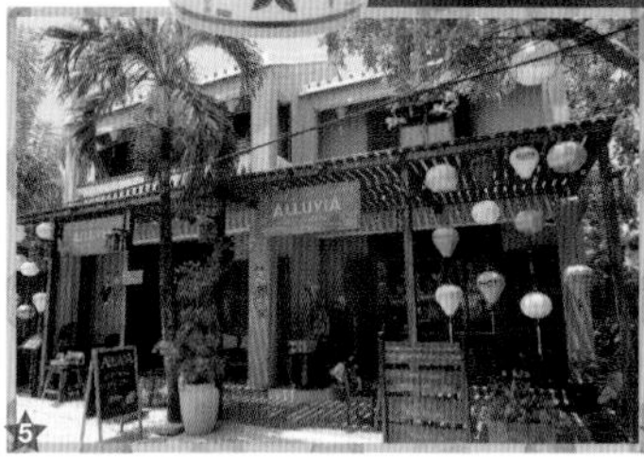

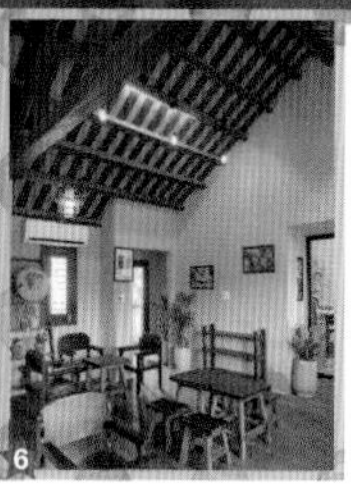

1,2,3,4. カフェでもチョコレート製品の販売はあるがファンチューチン通りのショップのほうが品揃えがいい。チョコレートバーは30g6万ドンなど。4の純ココアバター（40g10万ドン）は人気商品のひとつ 5,6. チョコ作りのワークショップも開催予定

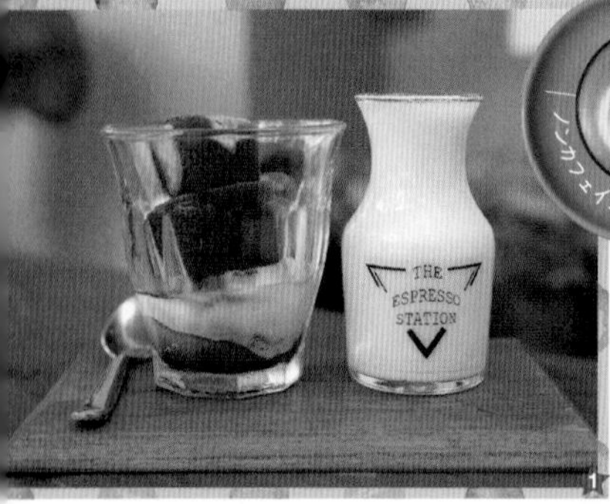

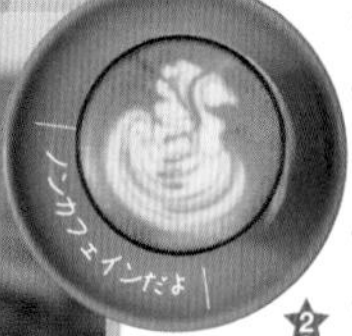

1. コーヒー氷にミルクを注ぐコーヒー・アイスキューブス6万5000ドン 2. ピンク・ラテ5万ドン

路地裏の隠れ家カフェ

エスプレッソ・ステーション

The Espresso Station

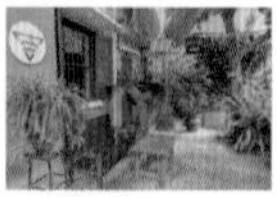

ベトナムコーヒーだけでなく本格的なイタリアンコーヒーもおいしい路地裏の小さなカフェ。オーナーが厳選したラムドン省産アラビカ種のコーヒー豆だけを使用しており、ひきたてのコーヒーは香り高くすっきりとした味わい。

[Map 別冊P.18-B2] ホイアン中心部

🏠28/2 Trần Hưng Đạo ☎090-5691164（携帯） 🕘8:00～17:30（L.O.17:00） [休]テト4日間 [Card]不可 [予]不要 [URL]www.facebook.com/TheEspressoStation

廃れた雰囲気がかっこいい

ヒル・ステーション

The Hill Station

年季の入った古い建物を改装。2階のカウンター式テラス席からは通りを眺められ、夜の雰囲気もいいのでバーとしての利用もおすすめ。ベトナムコーヒー3万ドン。

1. 雰囲気のある2階席 2. 食事メニューもおいしい。写真は人気のスカンジナビアン・ミートボール19万5000ドン

[Map 別冊P.19-D3] ホイアン中心部

🏠321 Nguyễn Duy Hiệu ☎0235-6292-999、091-5131066（携帯） 🕘7:00～22:30 [休]テト [Card]M.V. [予]不要

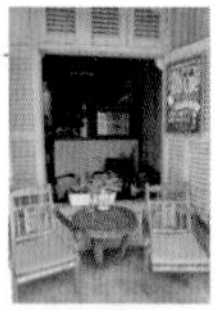

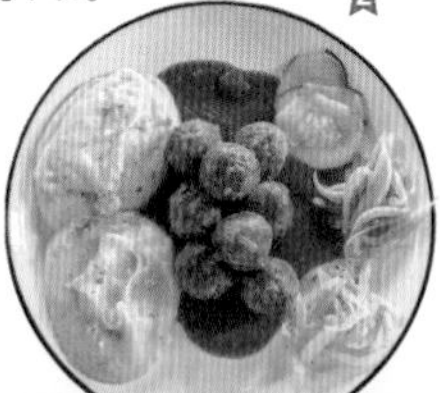

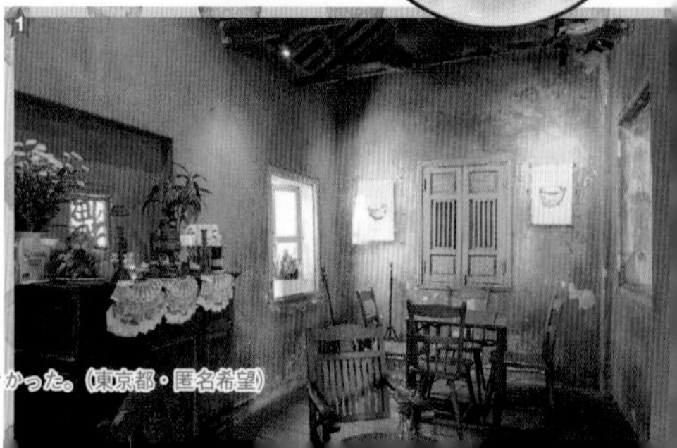

ホイアン旧市街にカフェは多いけれど冷房が効いた所はほとんどなかった。（東京都・匿名希望）

B ピンクと紫のツートンカラーのビニール素材バッグ49万ドン

A 肌に優しいシルクのアイマスク。ケース入りで45万9000ドン

少し小さめのマグカップ

ポップなデザインがかわいらしいマグカップ 各28万5000ドン

A 髪がつるつるになるシルクのヘアバンド32万9000ドン

刺繍入りくるみボタンのヘアゴム19万ドン。ヘアピンもある

食事が楽しくなりそうなカラフルな箸。各8万9000ドン

B リネン素材の巾着29万ドン。小さな花刺繍がポイント

色違いで揃えるのもいいね

いろんなデザインがあるよ

旧市街で見つけた ほっこり雑貨

おみやげ屋はたくさんあるけれど、似たような品揃えが多いホイアン旧市街。そんな旧市街で見つけたグッドセンスなアイテムをご紹介。

A ショルダーバッグにもなるアクリルクラッチバッグ89万9000ドン

「アルビア・チョコレート」のイラストも手がけるベトナム人アーティストTao氏のポストカード各2万ドン。ショップの「アルビア・チョコレート」（→P.164）にて

C コインケースにぴったりのミニミニポーチ5万ドン

内側は藍色の布だよ

北部山岳地帯に暮らすザオ族の布を使ったパスポートケース19万ドン

花柄の布カバーのノート19万ドン。中紙はクラフトペーパー

C 花の刺繍がワンポイントで入った小さなポーチ8万ドン

A キュートなライフスタイル雑貨
サンデー・イン・ホイアン
Sunday in Hoi An

「週末の女性のライフスタイル」をコンセプトに、ハンドメイドやベトナムメイドのグッズを集めた店。見ているだけで楽しくなるかわいい商品が盛りだくさん。

Map 別冊P.18-B3 ホイアン旧市街

🏠 184 Trần Phú ☎079-7676592（携帯）
🕐9:30〜21:30 休無休 Card M.V.
URL www.sundayinhoian.com

B ハノイ発の手刺繍ブティック
フーララ
Huulala

ハノイに本店がある、緻密な手刺繍を施したファッションブランド「フーララ」のホイアン支店。洋服はもちろん、刺繍入りの雑貨や民族布を使った布小物、バッグなどもかわいい。

Map 別冊P.19-C3 ホイアン旧市街

🏠 79 Trần Phú ☎032-6202986（携帯）
🕐9:00〜21:00 休無休 Card J.M.V.
URL huulala.vn

C 大人シンプルのリネン服
リミ
LiMe

上質なリネンの服を販売するブティック。ほとんどが無地でシンプルなデザインだがシルエットやカッティングがきれいなため既製品を自分サイズや好みのカラーにカスタムメイドする人が多い。所要1日〜。

Map 別冊P.18-B2 ホイアン中心部

🏠 107 Trần Cao Vân ☎035-3150613（携帯）🕐9:00〜19:00 休日曜、テト1週間 Card J.M.V.
@lime.linenme

世界遺産にもビーチにも好アクセス！
中部最大の都市

ダナン *Đà Nẵng*

世界遺産ホイアンやフエの観光の拠点となるだけでなく、
近年はリゾート地としても注目を集めるダナン。
そんなダナンの見どころを巡る1日満喫コースをご紹介。

ダナンのリゾート
&ローカルスポット →P.60

タナンへの行き方
成田空港からダナン
国際空港まで約6時間
30分。ホーチミンからは1時間20〜30分、
国内線は往復100
US$〜。ダナン国際
空港からダナン中心
部へはタクシーで10
〜15分、約3km。海
沿いのリゾートホテ
ルへはタクシーで約
30分、約6km。

Map 別冊P.2-B2

いい波が
来るよ！

ダナンの見どころをチェック！

町歩き1Dayモデルプラン

12:00

1 チャンパの彫刻美に浸る

チャム彫刻博物館
Bảo Tàng Điêu Khắc Chăm Đà Nẵng

ダナン郊外に栄えたチャンパ王国
（→P.183）の遺跡から発掘された彫
刻を展示。シヴァ神やガネーシャの
彫刻からは、王と一体化したシヴァ
神へのあつい信仰が伝わってくる。

Map 別冊P.21-D2 ダナン中心部

⌂ 2 Đường 9/2, Q.Hải Châu ☎0236-
3572-935 ⏰7:30〜17:00 休無休
料6万ドン 📍ハン市場から徒歩約15分

迫力
あるでしょ

ドゥバラバーラと呼ばれ
る門神の像（上）

徒歩5分

13:30

全部で
12種類

2 ダナンみやげの定番

フェヴァ
Pheva

ベトナム産カカオを使用した、ダナン
発のチョコレート専門店。コショウ、
オレンジビールなどのフレーバーがあ
り、12個8万6400ドン〜。

Map 別冊P.21-D2 ダナン中心部

⌂ 239 Trần Phú, Q.Hải Châu ☎0236-3566-030
⏰8:00〜19:00 休無休 CardJ.M.V.
📍ハン市場から徒歩約7分

徒歩2分

14:00

3 ピンクの外壁が美しい

ダナン大聖堂
Nhà Thờ Đà Nẵng

1923年、フランス統治時
代に建てられたカトリッ
ク教会。色鮮やかなステ
ンドグラスが美しい。正
面入口はチャンフー通り
だが、ミサ時以外は入場
はイエンバイ通りから。
内部に入れるのはミサの
時間のみ。

ミサは月〜土曜の
5:00、17:15、日
曜の5:30、8:00、
10:00、15:00、
16:30、18:00

Map 別冊P.21-D2

ダナン中心部

⌂ 156 Trần Phú,
Q.Hải Châu 電なし
⏰8:00〜11:30、
13:30〜16:30 日
曜は見学不可 料無料
📍ハン市場から徒歩約
3分

ピンクの
かわいい
教会

「フェヴァ」は1個ずつ好きな味を選んで箱めできる。おみやげにも好評だった。（埼玉・T）

徒歩5分

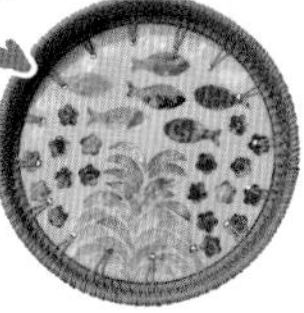

貝殻アートのトレイ
7万ドン～

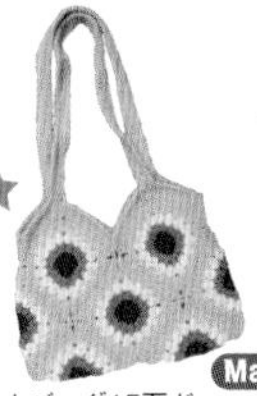

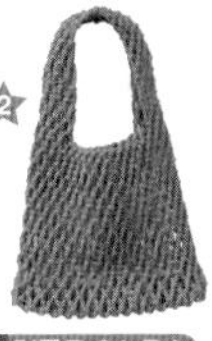

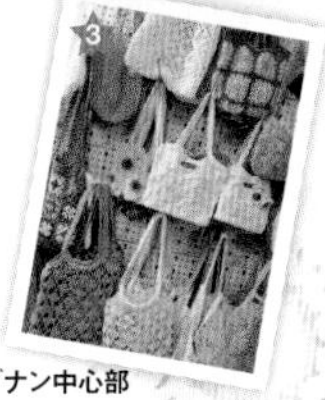

1. ニットバッグ15万ドン 2. 編みバッグ7万ドン 3. バッグの品揃えは特によく素材も豊富

14:15

4 バッグ＆小物類が人気 ジーハイユン
Di Hai Dung

ラタンやい草など、自然素材を使ったバッグ、キッチン小物などを販売。ローカルな店構えだが、デザインのセンスがよく、安くて大人買いしたくなる品揃え。

Map 別冊P.21-D1 ダナン中心部

16 Hùng Vương, Q.Hải Châu
☎0236-3892-013 🕘6:00～20:00 [休]無休
Card J.M.V. [交]ハン市場から徒歩約1分

徒歩1分

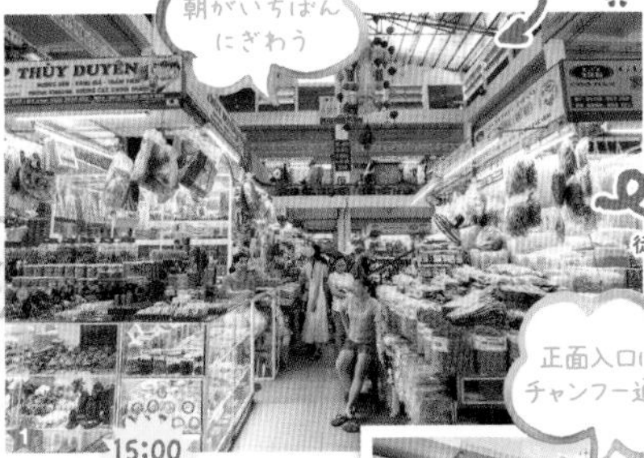

朝がいちばんにぎわう

正面入口はチャンフー通り

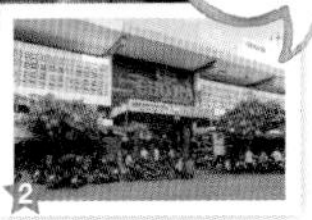

15:00

5 ダナン市民の台所 ハン市場
Chợ Hàn

1階は生鮮食品、食堂、スパイスやドライフルーツ、祭事用品などの店が並び、2階は靴や服、布地などの店が中心。海の町だけあり、魚介類売り場は迫力満点！

Map 別冊P.21-D2 ダナン中心部

119 Trần Phú, Q.Hải Châu
🕘店によって異なるが、だいたい6:00～19:00
[交]ロン橋から徒歩約15分

1. 見て歩くだけでも楽しい
2. みやげ物も見つかる

徒歩10分

15:45

6 ダナンの歴史を知りたいなら ダナン博物館
Bảo Tàng Đà Nẵng

ダナンの文化や歴史、近代の戦争、人々の生活などについて、写真や人形を使ってわかりやすく展示。3フロアある。

Map 別冊P.21-D1 ダナン中心部

24 Trần Phú, Q.Hải Châu ☎0236-3886-236 🕘8:00～17:00 [休]無休 [料]2万ドン

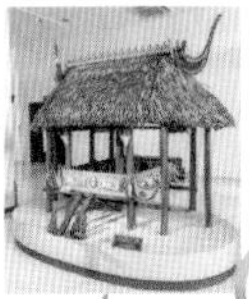

コトゥー族の暮らしや文化も紹介

建物の形がおもしろい！

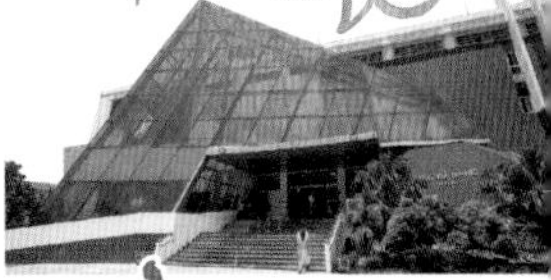

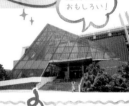

一度ホテルへ戻ったあと

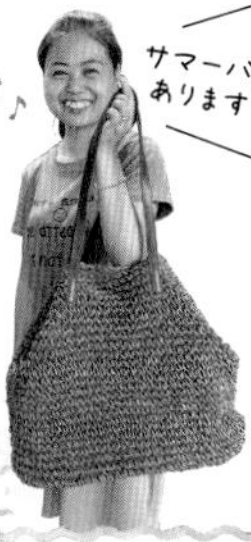

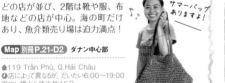

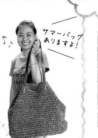

サマーバッグありますよ！

1品4万5000ドン～

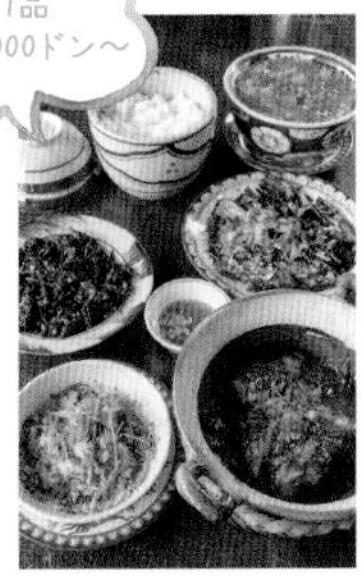

19:00

7 ダナン家庭料理の店 ベップ・ヘン
Bep Hen

どこか昔懐かしいレトロな空間で提供するのはダナンの家庭料理。優しい味つけの料理が多くリーズナブル。

Map 別冊P.21-D2 ダナン中心部

47 Lê Hồng Phong, Q.Hải Châu ☎093-5337705（携帯） 🕘10:00～15:00、17:00～21:30 [休]テト Card 不可 [予]不要 [交]ハン市場から徒歩約11分

徒歩10分

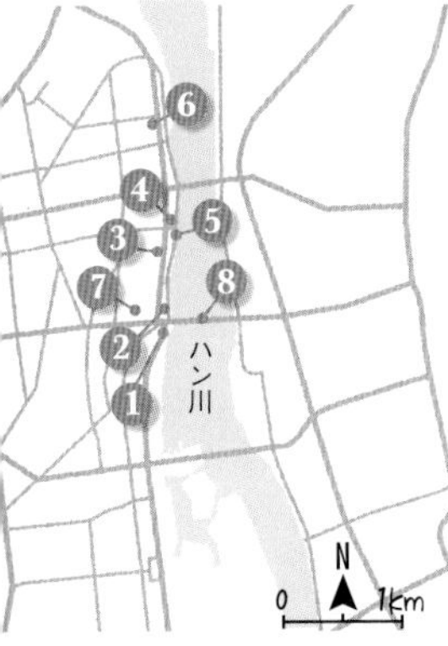

20:45

8 龍の形のド派手な橋 ロン橋
Cầu Rồng

夜はカラフルにライトアップされ美しい姿を見せる。さらに金～日曜の21:00から約15分は、龍が水や火を噴射し迫力満点。

Map 別冊P.21-D2 ダナン中心部

[交]ハン市場からタクシーで約10分

町歩きのあとはスパやバーへ！ → P.63

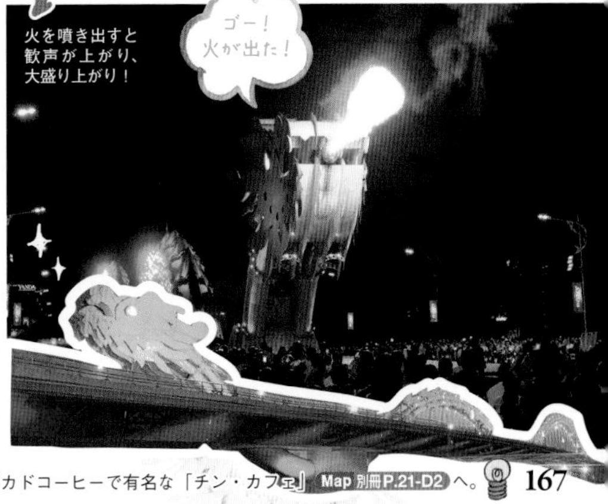

火を噴き出すと歓声が上がり、大盛り上がり！

ゴー！火が出た！

町歩きの休憩にはアボカドコーヒーで有名な「チン・カフェ」Map 別冊P.21-D2 へ。

食べ方

野菜と一緒にライスペーパーで巻く

味噌だれのようなたれが抜群においしい!

たっぷりつけていただこう

こってりだれと相性抜群!

ベトナム版お好み焼き
Bánh Xèo
バン・セオ

バン・セオ(→P.42)
といってもダナンのは
皮がやや厚めで小ぶり。
ライスペーパーで包み、
たれにつけて食べる。

路地奥の人気店
バーユーン Ba Duong

小さな路地の突き当たりにある創業
50年以上の老舗。エビ、豚肉、卵入
りのバン・セオは8万ドン。豚つく
ねのネムルイNem Lụi(5本4万ドン)
と一緒に食べるのが定番。

Map 別冊P.21-C2 ダナン中心部
🏠280/23 Hoàng Diệu, Q.Hải
Châu ☎0236-3873-168
🕐9:00～21:30 旧暦4/15・
7/15 Card不可 予約不要 交ハン
市場からタクシーで約5分

いらっしゃい!

ダナンの名店
Best 5

あまり知られて
ダナンは思わず
おいしいご当地
そんな絶品グルメ

青トウガラシであえたしっとりチキンが美味

1日に200羽売る有名店
コム・ガー・アー・ハイ
Com Ga A.Hai

地元でも人気の店。写真の
裂いたゆで鶏肉がのったタ
イプのコム・ガー・セー
Cơm Gà Xé(4万5000ド
ン)はピリ辛にあえてあり、
美味。

Map 別冊P.21-D2 ダナン中心部
🏠100 Thái Phiên, Q.Hải Châu
☎090-5312642(携帯)
🕐8:00～23:00 旧暦4/15・
7/15、テト5日間 Card不可
予約不要 交ハン市場から徒歩約5分

パリパリの皮が
おいしいロースト
タイプ、Cơm Gà Quay
(5万7000ドン)
も人気

鶏飯
Cơm Gà
コム・ガー

ホイアンの鶏飯(→P.162)とは
味も見た目も異なり、
ガックという赤い実で
色付けしたライスが特徴。

ダナンのバン・セオは乾季によく食べられる。皮がパリッとしておいしいからだとか。(ダナン在住・T)

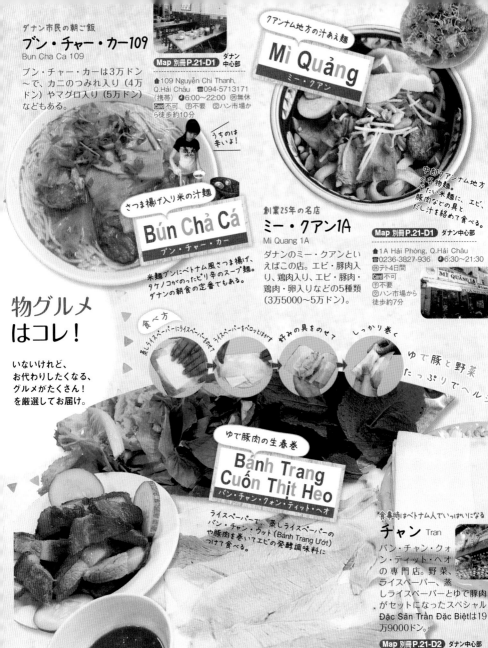

ダナン市民の朝ご飯

ブン・チャー・カー109
Bun Cha Ca 109

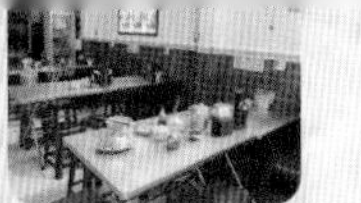

ブン・チャー・カーは3万ドン～で、カニのつみれ入り（4万ドン）やマグロ入り（5万ドン）などもある。

Map 別冊P.21-D1 ダナン中心部

🏠109 Nguyễn Chí Thanh, Q.Hải Châu ☎094-5713171（携帯） 🕘6:00～22:00 [休]無休 [Card]不可 [予]不要 [交]ハン市場から徒歩約10分

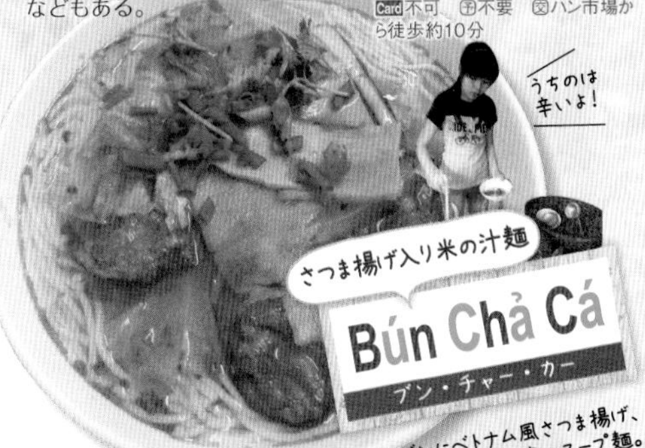
うちのは辛いよ！

さつま揚げ入り米の汁麺

Bún Chả Cá
ブン・チャー・カー

米麺ブンにベトナム風さつま揚げ、タケノコがのったピリ辛のスープ麺。ダナンの朝食の定番でもある。

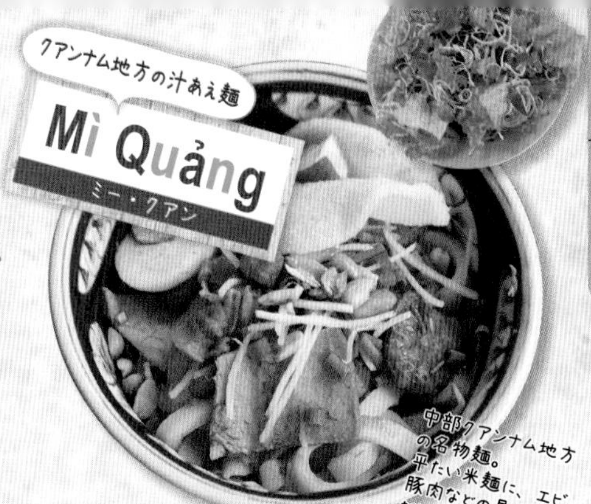

クアンナム地方の汁あえ麺

Mì Quảng
ミー・クアン

中部クアンナム地方の名物麺。平たい米麺に、エビ、豚肉などの具とだし汁を絡めて食べる。

創業25年の名店

ミー・クアン1A
Mi Quang 1A

ダナンのミー・クアンといえばこの店。エビ・豚肉入り、鶏肉入り、エビ・豚肉・鶏肉・卵入りなどの5種類（3万5000～5万ドン）。

Map 別冊P.21-D1 ダナン中心部

🏠1A Hải Phòng, Q.Hải Châu ☎0236-3827-936 🕘6:30～21:30 [休]テト4日間 [Card]不可 [予]不要 [交]ハン市場から徒歩約7分

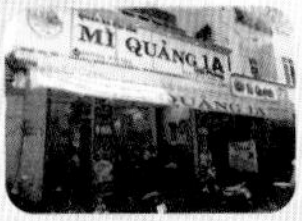
MÌ QUẢNG 1A

物グルメはコレ！

いないけれど、お代わりしたくなる、グルメがたくさん！を厳選してお届け。

食べ方

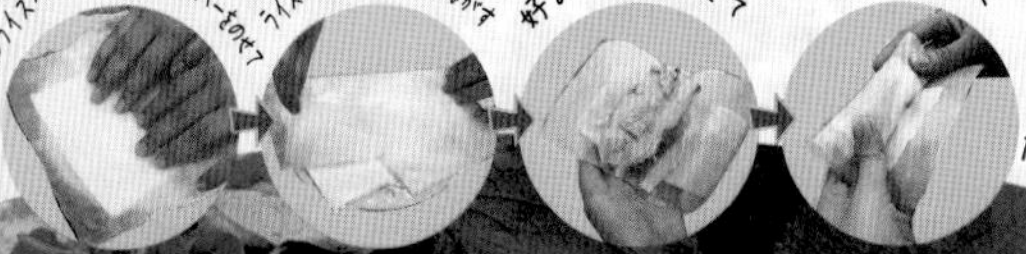
蒸しライスペーパーにライスペーパーをのせて
ライスペーパーをペロッとはがす
好みの具をのせて
しっかり巻く

ゆで豚と野菜たっぷりでヘルシー

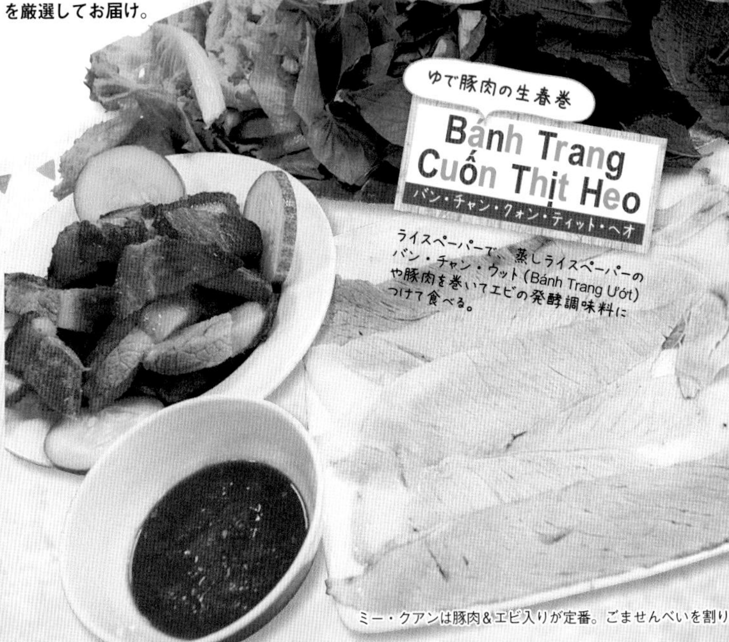

ゆで豚肉の生春巻

Bánh Trang Cuốn Thịt Heo
バン・チャン・クォン・ティット・ヘオ

ライスペーパーで、蒸しライスペーパーのバン・チャン・ウット（Bánh Trang Ướt）や豚肉を巻いてエビの発酵調味料につけて食べる。

食事時はベトナム人でいっぱいになる

チャン Tran

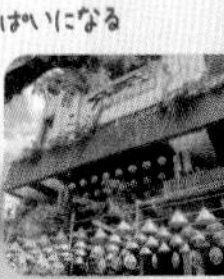

バン・チャン・クォン・ティット・ヘオの専門店。野菜、ライスペーパー、蒸しライスペーパーとゆで豚肉がセットになったスペシャルĐặc Sản Trần Đặc Biệtは19万9000ドン。

Map 別冊P.21-D2 ダナン中心部

🏠11 Nguyễn Văn Linh, Q.Hải Châu ☎0236-3272-222 🕘7:00～22:00 [休]テト4日間 [Card]J.M.V. [予]不要 [交]ハン市場からタクシーで約5分 [他]ダナン

ミー・クアンは豚肉＆エビ入りが定番。ごませんべいを割り入れて食べるとさらに美味。

すぐに行きたい隠れ家カフェ

カフェでのんびりしよ〜

おしゃれなカフェが急増中のダナン。路地裏やひっそりとした
エリアにある隠れ家的な注目カフェをピックアップ。

店の奥の撮影スポット♪

フォトジェニックなカフェ
クアゴー・カフェ
Cua Ngo Cafe

ラテライトのような土壁が古代遺跡を思わせ
るエキゾチックなカフェ。レトロな窓枠や民族
風の布、瓦などがインテリアに用いられ、独
特の雰囲気に包まれている。中心部のグエン
ティミンカイ通りにも支店があり、こちらは北
部サパの村をイメージした店内。

Map 別冊P.20-B2 ミーケー・ビーチ周辺

🏠 4 Trần Bạch Đằng, Q.Sơn Trà ☎081-7499966
（携帯）⏰6:30〜22:00 😊テト **Card**不可 👔不要
🚕 ハン市場からタクシーで約8分 🏠102 Nguyễn Thị
Minh Khai, Q.Hải Châu **Map** 別冊P.21-D1

1,4,5. ベトナム中南部にあった
チャム族の王国、チャンパをイメー
ジさせる赤みがかった土壁とインテ
リア 2. 奥には小さなガーデン
席があり、遺跡のような建物が撮
影スポットになっている 3. 左は
ドラゴンフルーツ＆ザボンティー
Trà Thanh Long Bưởi Vàng（3万
9000ドン）、右はフルーツヨーグ
ルト Sữa Chua Trái Cay（4万
2000ドン）

木陰が気持ちいい穴場カフェ
スローブリーズ Slow Breeze

ハンドリップで入れるコーヒー
（6万ドン〜）がおいしい路地奥
の小さなカフェ。屋外のカウン
ター席は緑に囲まれ、ときおり心
地よく吹く風が気持ちいい。

Map 別冊P.20-A1
ダナン中心部

🏠 8/16 Phan Bội Châu, Q.Hải
Châu ☎092-4696706（携帯）
⏰7:00〜19:00（20:00〜翌1:00は
バー）**Card**不
要 🚕 ハン市場からタクシーで約5分

コンブチャも
おすすめ

1,3. コーヒー豆は1〜
2ヵ月ごとに入れ替え。
塩カカオラテやバナナ
チョコラテも試したい
2. 屋外席 4. 店内は
極狭だが不思議と居
心地のいい空間

店の奥に空間が広がる
バーラーカフェ 3lacafé

一見するとよくある普通のカ
フェだが、奥にゆったりとした
空間が広がり、のんびりくつろ
げる。ベトナムコーヒー1万
9000ドン〜という安さも魅力。

Map 別冊P.21-D2 ダナン中心部

🏠 52 Lê Đình Dương, Q.Hải Châu
☎090-5713947（携帯）⏰7:00〜
翌3:00 😊テト **Card**不可 👔不要
🚕 ハン市場から徒歩約15分

1. 店奥のテーブル席
2. ドリンクは最も高
いものでも3万9000
ドン 3. 店の脇が路
地になっていて屋外
席が設けられている

夏のダナンの暑さは強烈。カフェがたくさんあるので、観光の合間にこまめに休憩を挟んだほうがいい。（埼玉県・ポン）

ひと目ボレのダナンみやげ

ダナンでしか買えないスペシャルなおみやげを中心に、
連れて帰りたくなってしまうキュートな雑貨をセレクト。

ダナンのカフェ＆みやげ

安くてかわいいポップなピアス各7万ドン **C**

色＆柄も豊富だよ

ベトナム少数民族布のコースター各5万ドン

肌の再生力を高めてくれるモリンガオイル15mL10万ドン **B**

町歩きにも活躍してくれそうな花柄帽子18万ドン **C**

A4より少し小さなサイズで持ち歩きにも便利なうちわ各6万ドン **B**

小さじ4分の1から量れる木の計量スプーン22万ドン **A**

梨の形の木製ミニプレート9万5000ドン **A**

キッチュさがたまらない

プラスチック椅子＆テーブルなどのおままごとセット10万ドン **B**

縫製もしっかり

ロン橋が刺繍されたエアメール風のポーチ。左は10万ドン、右は8万ドン **B**

キラキラの光沢がすてきなシェルアートを施したココナッツボウル各8万ドン **B**

カードは4枚入る

町のシンボル、レディブッダのスノードーム16万ドン **B**

魚の木製コースター10万ドン。裏はコルク仕様 **A**

カード＆お札入れ各12万ドン。後ろはファスナー付き **C**

A キュートなライフスタイル雑貨
イマ・スタジオ
YMa Studio

陶器類を中心に、カトラリー、レーザー加工を施した木製のスマホケースなどモダンなベトナムメイドの雑貨を販売。

Map 別冊P.20-B3 ダナン市南東部

🏠10&12 Khuê Mỹ Đông 2, Q.Ngũ Hành Sơn ☎096-2070189（携帯）
🕐10:00～19:00 休日曜 **Card** M.V.
📷yma.design.studio

B ベトナムみやげが揃う
ホアリー
Hoa Ly

少数民族アイテムから刺繍小物、陶器、食品まで、日本人女性オーナーがセレクトしたセンスのいいベトナムみやげが揃う。

Map 別冊P.21-D2 ダナン中部部

🏠252 Trần Phú, Q.Hải Châu ☎091-2347454（携帯）、0236-3565-068
🕐10:00～18:00 休無休 **Card** 不可 交ハン市場から徒歩約8分
📷hoaly.danang

C 小花柄の布小物がかわいい
ミルクスタイル
Miukstyle

さまざまな花柄布を使った雑貨＆洋服の店。優しい雰囲気のアイテムが多く、カード入れ9万ドンなど。カフェ「ワンダーラスト」内。

Map 別冊P.21-D1 ダナン中部部

🏠1F, Wonderlust, 96 Trần Phú, Q.Hải Châu ☎093-1941905、090-5408849（携帯）
🕐8:30～21:30 休無休 **Card** 不可 交ハン市場から徒歩約1分
📷miukstyle_shop

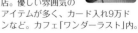

チョコレートならダナン発のシングルオリジンチョコ「ティーブロス」 **Map** 別冊P.21-D2 もおすすめ。

大理石でできた神秘の丘

ダナンのパワースポット「五行山」へ！

それぞれ風水にちなんだ名前がつけられた5つの連山、五行山はダナンの人々の信仰の地。5つの山のうち、散策コースが整備されたトゥイーソンThủy Sơn（水山）の見どころをダイジェストで紹介！

2、6～8、11～13、15はショートカット！

Start 1 サーロイ塔 Xa Loi Tower

全長15mの七重の仏塔。内部は見学不可。

出発！

3 タンチョン洞窟 Tang Chon Cave

トゥイーソンで2番目に大きい洞窟。巨大な大理石の仏像以外に、シヴァ神の彫刻も見つかっており、かつてチャム族の信仰の場所であったことがわかる。

4 ひとつ目の見晴台 Vong Hai Dai

海岸線が見えるよ

階段を数十段上った高台に小さな東屋があり、ダナンのリゾートエリアの海岸線と水平線が見渡せる。

5 ヴァンチョン洞窟 Van Thong Cave

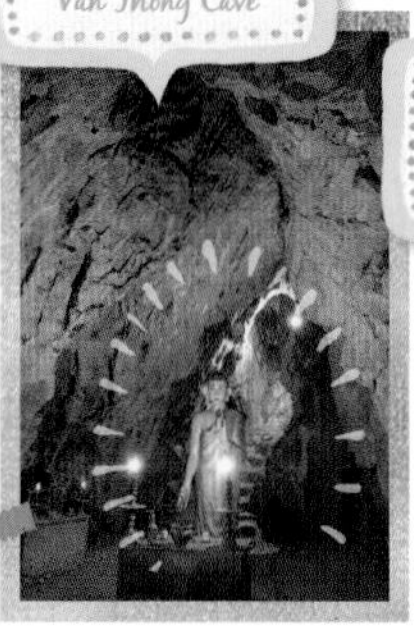

身をかがめなければ進めないような狭い洞窟の中には仏像が安置されており、さらにその奥には岩の切れ間から光の差し込む一画が。洞窟の外側ではロッククライミングを楽しむ姿も。

9 ホアギエム洞窟 Hoa Nghiem Cave

入口付近の巨大な大理石の像を見たら、さらに進んで洞窟内の階段を下りる。

10 フェンコン洞窟 Huyen Khong Cave

15～16mほど階段を下りた先には開けた空間が。この空洞はベトナム戦争時にアメリカ軍の空爆でできたとされており、鍾乳洞内部には仏像が祀られ、信仰の場所になっている。

Goal
このあと360度ダナンが一望できる14の「ふたつ目の見晴台」に行くのもおすすめ！
ココが最強パワースポット！

1～15のすべてを回ると約2時間かかる
N
Hoa Nghiem Cave 9
10
8
Huyen Khong Cave
7
6
Tang Chon Cave 3
Tam Thai Pagoda
12
2 Linh Ung Pagoda
13
11
Vong Hai Đai 4
Vong Giang Đai
14
5 Van Thong Cave
15
Xa Loi 1 Tower
0 10m

1の山頂まではエレベーターで（片道1万5000ドン）

14の見晴台は五行山いちのベスト・ビューポイント！

大理石でできた山

五行山 Ngũ Hành Sơn

Map 別冊P.21-C3 ダナン郊外

ダナンについては→P.60、166

Huyền Trân Công Chúa, Q.Ngũ Hành Sơn
0236-3961-114、093-6455234（携帯、ホットライン）
7:00～17:30 休無休
料トゥイーソンの入山料4万ドン、アムフー洞窟入場料2万ドン
交ダナンの中心部からタクシーで約20分

初めてでも
大丈夫♪

安全・快適
旅の基本情報

ベトナム旅行って、ちょっぴり大変かな……って思ってる？
いえいえ、基本的な情報や、もしものときの対処法を
ちゃんとおさらいしておけば、プチぼうけんの旅はきっと大成功。
ベトナムで楽しく過ごすためのヒント、arucoが教えちゃいます！

I N F O M A T I O N

aruco的 おすすめ旅グッズ

月平均最高気温が30度という暑さのホーチミンやダナン。
何といっても紫外線対策が気になるところ。お気に入りの日よけグッズ持参で、
思いっきりアジアの熱気を楽しんじゃお！

忘れ物はないかな？

旅のお役立ちアイテム

□ 日焼け止め

市内のスーパーなどで現地調達も可能だけど、やっぱり日頃使っているものを持ち歩くのが安心。いつもより念入りに塗ってね。

□ サングラスと帽子

ベトナムの強烈な日差しに備えて、街歩きやメコンデルタへのクルーズツアーに出かけるときは忘れずに持っていこう。

□ 折りたたみ傘

ベトナム中・南部では雨季に、マンゴーシャワーと呼ばれる雨が、1日に数時間程度激しく降る。雨季の旅行は、突然の雨に備えて折りたたみ傘を持っていくと安心。

□ ポケット＆ウエットティッシュ

路上でつまみ食いをするときなどに便利。また、庶民派食堂ではウエットティッシュが有料なので、持参したものを使うようにしよう。

□ ビーチサンダル

シャワーのとき、ホテルの部屋でくつろぐとき、ちょっとお散歩に出るときなどにお役立ち。

□ はおり物

街は灼熱でも、ホテルやカフェに入るとクーラーがガンガンということが多い。体調を崩さないためにも、はおり物を持っていこう。

□ マスク

バイク天国ベトナムでは、排気ガス対策にマスクがあると便利。街歩きのときは携帯しよう。

機内手荷物のアドバイス

日本からベトナムまでは直行便で約5時間20分～6時間30分。パスポート、eチケット控えと貴重品類は機内に持ち込もう。機内は乾燥しているので、マスクや乾燥対策の乳液（1～2回ぶんのサンプルがベスト）があるといい。肌寒いときのために、はおり物かストールもあると安心。アイブロウはさみ、スプレー、容器が100mLを超える液体物は持ち込めないので、預け荷物に。

▶ 機内持ち込み制限についての詳細はP.177をチェック！

基本の持ち物チェックリスト

【貴重品】
- □ パスポート
  - **残存有効期間は要チェック！**
  - →P.176
- □ ビザ（必要な人のみ）→P.176
- □ 航空券（eチケット控え）
- □ クレジットカード
- □ 現金
- □ 海外旅行保険証書

【洗面用具】
- □ シャンプー類
- □ 歯磨きセット
- □ 洗顔ソープ
- □ 化粧水、乳液
- □ タオル

【衣類】
- □ 普段着、おしゃれ着
- □ 靴下、タイツ
- □ 下着、パジャマ

【その他】
- □ 常備薬
- □ 虫除けスプレー
- □ 生理用品
- □ 電卓
- □ 目覚まし時計
- □ 雨具
- □ スマートフォン
- □ エコバッグ
- □ カメラ
- □ 電池、充電器
- □ 変圧器、変換プラグ
- □ スリッパ
- □ 携帯電話

知って楽しい！ ベトナムの雑学

アオザイ、生春巻にフォー、天秤棒を担ぐ行商人……。
ベトナムのイメージは何となくあるけれど、実際はどんな国？
旅する前の少しの勉強が、ベトナム旅行をより楽しくする
きっかけになること間違いなし！

へ〜 なるほど

ベトナムの
基礎知識メモ

正式名称	ベトナム社会主義共和国 Socialist Republic of Viet Nam
国旗	金星紅旗（コー・ドー・サオ・ヴァン）と呼ばれ、旧ベトナム（北ベトナム）の国旗として1945年に制定した旗を、南北統一（1976年）後も使用している。
国花	ハス　　面積 33万1346km²（日本の約90%）
人口	9946万人（2022年）　首都 ハノイ
政体	社会主義共和制　国家主席 ヴォー・ヴァン・トゥオン Võ Văn Thưởng
民族	キン族（ベト族）が約85%。そのほかに53の少数民族が存在している。
宗教	約80%が仏教徒。そのほか、キリスト教（9%）、イスラム教、カオダイ教、ホアハオ教、ヒンドゥー教など。
言語	公用語はベトナム語。文字はクオック・グー（Quốc Ngữ）を使用する。

ベトナムの情報収集

在住者向け現地フリーペーパーのサイト

『ベトナムスケッチ』
URL vietnam-sketch.com

『週刊Vetter』
URL wkvetter.com

その他のお役立ちサイト

『地球の歩き方』
URL www.arukikata.co.jp

ベトナム観光総局
URL vietnam.travel/jp

ベトナム総合情報サイト「ベトジョー」
URL www.viet-jo.com

ホーチミンってどんな人？

ベトナムの革命家で初代国家主席（1890〜1969年）。ベトナム革命を指導し、ベトナムの独立を勝ち取った国民的英雄で、彼の名前を取ってサイゴンがホーチミンに改称された。国民からは親しみを込めて「ホーおじさん」の愛称で呼ばれる。

ベトナムの歴史年表

前期石器時代〜鉄器時代　前8000年〜後1・2世紀

ベトナムでの人類最古の痕跡は、北部ベトナムのタインホア省で発見された、約30万年前の前期旧石器時代の石器。前8世紀〜後1・2世紀の鉄器時代に生まれたドンソン文化の頃は、農耕生活を行い、首長が共同体を支配する階級社会を形成していた。

中国支配の時代　前111〜939年

漢の時代から南漢が滅びるまで。
ミーソン遺跡 （→P.183）

ベトナム独立王朝〜動乱時代　939〜1802年

939年に呉権が南漢を破り、ベトナムを開放し、呉朝を興す。その後、968年にホアルーに建都した丁朝、前黎朝と短命の独立王朝が続いたのち、1010年に李公蘊（李太祖）が昇龍（現ハノイ）に都を定め、李朝がベトナム初の長期王朝となる。李朝は中国の諸制度を取り入れ国家を充実させた。現ハノイの名所である一柱寺（1049年）や文廟（1070年）はこの時代の創建。その後、1225年に陳朝、1414年に再び中国（明）が支配。1428年には後黎朝の黎利が独立を回復したが、諸侯の抗争、南北分裂など国内動乱の時代が続く。

独立王朝時代　1802〜1945年

嘉隆がベトナムの統一を回復し、首都をフエに定め阮朝を開いた。ベトナム最後の王朝となった阮朝は、フランスの侵略を受けながらも13代まで続いた。

仏領インドシナ時代　1882〜1945年

1862年にフランスと協定を結び、メコンデルタの一部割譲を認めたが、1882年にフランスがハノイを占領。ベトナムは実質的にフランスの植民地となった。その後、1946年初代国家主席となった革命家ホーチミン（→下記）を中心に南北統一への動きが高まる。
中央郵便局などのコロニアル建築 （→P.20〜21）

南北分断国家時代　1945〜1975年

第2次世界大戦後、ベトナム北部は中国が、南部はイギリスが日本軍の武装解除を行うことになったが、イギリスの支援を受けてフランスの再侵略が始まった。1946年2月までに北緯15度線以南がフランスの支配下となり、南北分断国家時代が始まった。

ベトナム戦争終結と社会主義共和国の誕生　1975年〜

1954年のディエンビエンフーの戦いでフランスはベトナムから撤退したが、その後アメリカの軍事介入が始まった。アメリカの傀儡政府である南ベトナム政権と、それに抵抗してきたベトナムの「南ベトナム解放民族戦線」との戦争はおよそ15年間も続いた。1975年、かの有名なサイゴン陥落で南ベトナムが崩壊。同年4月、南ベトナム政権の大統領官邸（現、統一会堂）に解放軍の戦車が無血入城を果たし、終戦。翌年ベトナム社会主義共和国が誕生し、現在にいたる。

統一会堂（→P.142）、戦争証跡博物館（→P.142）

ベトナム入出国かんたんナビ

空港には出発の2～3時間前に着こう！

日本から約5時間20分～6時間30分のフライトでベトナムに到着！
2023年8月現在、ベトナムへの入国に際して入出国カードの記入は不要。
税関申告書は5000US$以上の外貨を持ち込むなど、申告が必要な場合のみの
提出となり、さらに簡単になった空港での手続きをご紹介。

日本からベトナムへ

1 ベトナム到着

到着ターミナルに入ったら、案内板に従いイミグレーションカウンターに向かおう。

↓

2 ベトナム入国審査

日本人は「All Passport」と書かれた所に並ぶ。カウンターではパスポートと帰国便のeチケットの控えを係員に提出する。

↓

3 荷物の受け取り

イミグレーションカウンターを抜け、1階へ下りた所にある電光掲示板で、ターンテーブルの番号をチェックし、機内預けにした荷物を受け取る。荷物が出てこなかった場合は、近くにいる係員に搭乗地でもらった手荷物引換証（クレームタグ）を見せて探してもらおう。

↓

4 税関審査

申告すべき物がある場合は、「税関申告書」に記入して赤いランプの検査台へ。申告すべき物がない場合は、緑のランプの検査台へ。最後に空港出口で手荷物引換証の提示を求められることもあるので、機内預け荷物のクレームタグはこの時点まで捨てずに持っておこう。

↓

5 到着ロビー

両替所や旅行会社のカウンターがある。ツアーやホテルでのピックアップサービスを予約している場合は、空港出口で自分の名前が書かれたプラカードを持っている現地スタッフのもとへ。個人旅行ならタクシーかバスで市内へ（→P.178）。

国内線の乗り継ぎ

ホーチミンのタンソンニャット国際空港の国内線ターミナルは、国際線ターミナルから徒歩約3分の別の建物にある。続けて国内便を利用する場合は、一度入国審査を受けてから国内線のターミナルへ移動する。

ビザの取得

45日以内ならビザ不要

日本国籍で以下の条件を満たす場合は、45日間以内の滞在にかぎりビザ不要となる。
■入国時点でパスポート残存有効期間が6ヵ月以上ある。
■ベトナムの法令で入国禁止措置の対象になっていないこと。

eビザ

45日以上滞在する予定の人は電子ビザ（eビザ）を取得しよう。eビザもビザ免除入国と同じ上記条件を満たす必要がある。eビザは90日間滞在が可能で、入国が1回のみのシングルビザ（25US$）または有効期間内なら何度でも入国可能なマルチプルビザ（50US$）が選べる。下記公式ウェブサイトからオンライン申請する。パスポートおよび顔写真をアップロード＆必要事項を記入し、カード決済で支払う。所要3業務日。
URL https://evisa.xuatnhapcanh.gov.vn

ベトナム入国時の免税範囲

品名	内容
たばこ	たばこ200本、または葉巻20本、または刻みたばこ250gのいずれか
酒類	度数20度以上のもの1.5L、または度数20度未満のもの2L、またはその他ビールなどのアルコール飲料3Lのいずれか
外貨	5000US$、または同額相当の外貨、または1500万ドン ※上記以上を持ち込む場合で申告せず、出国時に上記以上の現金を持ち出す場合は没収の可能性あり
貴金属、ジュエリー	金の原石（Raw Gold）、ジュエリーは300g。銀行小切手、銀、プラチナ、宝石類は3億ドン相当
その他	ビデオカメラ、ラジカセ、テレビ、パソコン、通信機器など500万ドン相当を超える品。申告の際はメーカーや機種の明記が必要
おもな持ち込み禁止品	麻薬、毒物、花火、骨董品、武器類、社会主義批判または卑猥な出版物や映像など。植物（種も含む）やキノコ類、動物性の生鮮食品も持ち込み禁止

❶ チェックイン

チェックインは通常出発の2時間前（ベトナム航空は3時間前）から開始。カウンターでパスポートとeチケット控えを提出し、荷物を預ける。搭乗券と預け荷物のクレームタグを受け取ったらチェックインは終了。

❷ 税関審査

申告すべき物がある場合は窓口へ。

❸ ベトナム出国審査

搭乗券とパスポートを提出。パスポートに出国スタンプが押されて返却される。

❹ セキュリティチェック

機内持ち込みの手荷物をX線検査機に通す。ジュースなどの液体類は没収されるので要注意。VAT（付加価値税）の還付（→P.185）手続きは出発ロビーで。

❺ 帰国

日本の主要な空港では自動化ゲートで入国審査。税関申告は事前にVisit Japan Webでのオンライン申請が便利。

出国時の骨董品の持ち出しに注意

ベトナムからは基本的に骨董品の持ち出しはできないことになっているため、税関検査でそれらしいものが出てきた場合は厳しく調べられる。購入店できちんとしたレシートを発行してもらうか、他国で購入したものなら、ベトナム入国時に申請しておいたほうがよい。

荷物について〜

長旅おつかれさま〜

機内持ち込み制限

航空会社によって異なるが、ベトナム航空のエコノミークラスの場合、3辺の合計が115cm以内の手荷物1個と付属品1個の合計12kgまで。日本を出発するすべての国際線では、容器が100mLを超える液体物は持ち込み禁止（出国手続き後の免税店購入を除く）。液体物は機内預け荷物の中に入れてカウンターで預ける。薬なども必需品は指定された透明な容器に入れれば持ち込み可能。

機内預け荷物重量制限

ベトナム航空の日本〜ベトナム間の場合、エコノミークラスは各23kgの荷物2個。ANAは23kg1個、JALは各23kg2個。超過手荷物料金は各社に問い合わせを。

日本入国時の免税範囲　　URL www.customs.go.jp

品名	内容
酒類	3本（1本760mL程度のもの）
たばこ	紙巻200本、葉巻50本、加熱式たばこ個包装等10個、その他250g ※免税数量はそれぞれの種類のみを購入した場合の数量で複数の種類を購入した場合の免税数量ではない。加熱式たばこの免税数量は、紙巻たばこ200本に相当する数量。
香水	2オンス（約56mL。オードトワレは含まれない）
その他	20万円以内のもの（海外市価の合計額）
おもな輸入禁止品目	・麻薬、向精神薬、大麻、あへん、覚せい剤、MDMA ・けん銃等の鉄砲　・爆発物、火薬類 ・貨幣、有価証券、クレジットカード等の偽造品、偽ブランド品、海賊版等

※免税範囲を超える場合は追加料金が必要。海外から自分宛に送った荷物は別送品扱いになるので税関に申告する。

日本入国時の食品持ち込み制限

海外からの植物・果物や肉類の持ち込みは厳しく規制されている。特に肉類は厳罰化されているので要注意。持ち込み可能なものでも入国時に必ず植物検疫または動物検疫カウンターで申告・検査を。植物防疫所ホームページでは持ち込み制限されている植物の検索が可能。

● 野菜・果物
生野菜、果物、根付きの植物、種子は不可。ドライフルーツ、瓶詰めのジャムなどは可
● 肉類
生肉、卵、ハムやベーコンなどの加工肉は不可（調理済みの肉類も不可）。長時間加熱調理し、長期で常温保存が可能な缶詰などは可
● 乳製品
牛乳、生クリームは不可。チーズ、ヨーグルトは可

植物防疫所
URL www.maff.go.jp/pps/j/trip/keikouhin.html
動物検疫所
URL www.maff.go.jp/aqs/tetuzuki/product/aq2.html

「携帯品・別送品申告書」記入例

A面　　　　　　　　　B面

visit Japan web について

日本入国時の税関申告をオンラインで手続きできるサービス。税関では二次元コードを提示したあと、電子申告の専用ゲートを通過とスピーディに入国できる。
URL https://vjw-lp.digital.go.jp/ja/

ベトナムドンから日本円への再両替は、500US$相当額内ならパスポートと航空券の提示が必要。それ以上の額は円からドンに両替した際の外貨交換証の提示も必要。

空港からホーチミン市内へ

ホーチミンのタンソンニャット国際空港は、市中心部から約8km。
空港から市内へのアクセスは、タクシーまたは路線バス利用が便利。なかには悪質なドライバーもいるので、タクシー利用なら、配車サービスまたは定額タクシーがおすすめ。

さぁ市内へ～！

到着ロビーにて

1 まずは、両替

到着ロビーには日本円からベトナムドンへの両替が可能な銀行代理店の窓口が多数ある。市内とほぼ同じレートなので、必要であればここで両替。お金を受け取ったらその場で確認し、破れた札などは替えてもらい、レシートは控えておく。1万～5万ドン札を多くもらうと便利。

両替所のほか
ATMもある

2 SIMカードを購入

SIMカードを購入予定の人は空港で手に入れるのがいちばん簡単。到着ロビーにはVinaphone、Mobifoneなど主要通信会社のブースが並ぶ。

SIMカード購入にはパスポートの提示が必要

タンソンニャット国際空港 国際線ターミナル

Map 別冊P.4-B1参照

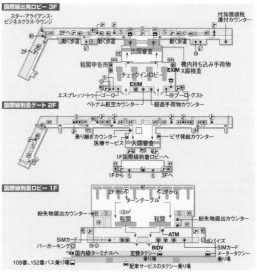

国際線出発ロビー 3F
スター・アライアンス・ビジネスクラス・ラウンジ
付加価値税還付カウンター
2Fへ / 動く歩道 / 動く歩道 / 動く歩道
2Fへ
出国審査
税関申告所
機内持ち込み手荷物
EXIM X線検査
チェックインビー
EXIM
エスプレッソ・トゥー・ゴー
プーロ・グスト
国際線到着ゲート 2F
ベトナム航空カウンター
超過手荷物カウンター
乗り継ぎカウンター
医療サービス
ビザ発給カウンター
入国審査
1F国際線到着ロビーへ
1Fから
1Fから / 3Fへ
国際線到着ロビー 1F
2Fから / 2Fから
ターンテーブル
紛失物届出カウンター
税関 税関
紛失物届出カウンター
SIMカード
ATM
ハイバイズ
SIMカード
バーガーキング
BIDV
メータータクシー乗り場
109番、152番バス乗り場
国内線ターミナルへ
定額タクシー
配車サービスのタクシー乗り場

空港⇔ホーチミン市内

タクシー

空港からはメータータクシー、グラブなどの配車サービス（→P.179）、定額タクシーが利用できる。

メータータクシー

乗り場は到着ロビーを出て左側。1区まで16万ドン～、空港使用料別途。

配車サービス

乗り場は到着ロビーを出て道を渡った奥のレーンB。1区まで12万ドン～、空港使用料別途。

定額タクシー

到着ロビー内の各社ブースで販売。1区まで7人乗りの車で25万ドン～で、空港使用料込み。

旅行会社の送迎車＆ホテルのシャトルバス

空港～市内間の送迎を含めたツアーに参加している場合や、ホテルで空港送迎を頼んでいる場合は、自分の名前が書かれたプラカードを持って、到着ロビー出口で待機している係員を探そう。送迎のみの予約が可能な旅行会社（→P.183）もある（30US$～）。

路線バス

空港とホーチミン市内を結ぶバスは2路線ある。

1区の主要ストリートを回る109番バス

バスター通りなど1区間を走り、サイゴン・バスターミナル **Map** 別冊P.14-B2までを結ぶ。5:30～22:15の間に18分間隔で運行、所要約45分。1万5000ドン（4.5km以内は8000ドン）。

地元の人の利用が多い152番バス

1区にあるハムギー通りバス乗り換え所 **Map** 別冊P.12-B2～P.13-D2 などを経由して7区までを結ぶ。停車するバス停が多く、5:15～19:00の間に12～18分間隔で運行、所要約50分。5000ドン。大きな荷物を持って乗車する場合はプラスひとりぶんの料金。

空港で手数料を取らないと言われて両替したのに、あとでレシートを見たらしっかり手数料を取られてた。注意してください！（匿名希望）

ホーチミン市内交通

強烈な日差しが降り注ぐホーチミンでは、地図で見ると近そうな距離でも、実際に歩いたら思いのほか体力を消耗した、ということもしばしば。市内移動は安くて便利なタクシーまたは配車サービスで。

タクシー
Xe Taxi

18の表示は
1万8000ドン

料金は会社や車種により異なるが、ビナサンタクシーの場合、初乗り1万2000ドン、以後30kmまで1kmにつき1万9200ドン加算。メーターに表示された料金には1000をかけて計算する。

トラブル回避！ 乗り方

1. ホテルやレストランなどで呼んでもらう、またはビナサン、マイリン各社のアプリで呼び出すのが確実。

2. トラブル多発の白タクに乗らないよう乗車前に車体の社名＆電話番号を確認。

3. メーターが正常に動いているか、メーター横に社員証があるか確認。支払いはメーター通りの金額を。チップ不要。

● 便利な配車アプリ

専用アプリをダウンロードして利用する配車サービス「グラブGrab」を利用するのもいい。メータータクシーに比べるとトラブルが少なく、料金も割安。クレジットカード決済も可能だ。路上でスマホ操作する場合はひったくりには十分注意を（→P.186）。

配車アプリは
Grabのほかbe
などもある

トラブルが少ないタクシー会社

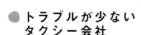

ビナサンタクシー
Vinasun Taxi
☎3827-2727
※アプリあり

マイリンタクシー
Mai Linh Taxi
☎1055
※アプリあり

Evタクシーが運用開始

電気自動車を使ったタクシー、サンSMがホーチミンをはじめ主要都市でサービスを開始。料金は車種や時間帯によって異なるが初乗り1kmまで2万ドン、以後12kmまで1kmにつき1万6000ドンずつ加算。専用配車アプリもあり。
サンSM　Xanh SM
☎1900-2088

路線バス
Xe Buýt

市内の路線バスはサイゴン・バスターミナル **Map** 別冊P.14-B2 が起点。運賃は6000または7000ドンで一部5000ドン。5:00頃〜19:00頃に5〜30分間隔で運行。

乗り方

1. バス停の路線ボードで目的地まで行くか確認。路線はGoogleマップでも確認できる。

2. 前のドアから乗車し、車掌から切符を買う。降りるときはブザーを鳴らそう。

水上バス
Tuyến Buýt

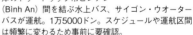

サイゴン川沿いのバクダン船着き場 **Map** 別冊P.11-D3 と対岸のトゥードゥック市ビンアン（Binh An）間を結ぶ水上バス、サイゴン・ウオーターバスが運航。1万5000ドン。スケジュールや運航区間は頻繁に変わるため事前に要確認。
サイゴン・ウオーターバス　Saigon Water Bus
☎1900-636830（ホットライン）　(URL)saigonwaterbus.com

シェアサイクル
Xe Đạp Công Cộng

市内に40ヵ所以上ポートがある公共自転車サービスのTNGO（(URL)tngo.vn）が24時間利用できる。料金は30分5000ドン、1日5万ドン。クレジットでの支払いも可能。

使い方

まずはアプリに登録（ベトナムの電話番号が必要）。クレジットカードでお金をチャージし利用するポートを「Find Station」から探す。自転車を選択したら車体の二次元コードをアプリから読み取ると自動的に解錠される。

 バイクタクシー
Xe Ôm

小回りが利くので便利だが、事故や支払いトラブルも多い。上記のグラブではバイクタクシーも呼べるので、利用する場合は配車アプリを使うのがおすすめ。

空港からダナン市内、ホイアンへ

タクシーが便利！

ダナン国際空港は、ダナン中心部から約3km、ホイアン旧市街から約30km。空港からダナン市内を経由するホイアン行きシャトルバスが運行しているが、便数が少ないため、タクシー利用が便利。

到着ロビーにて

1 まずは、両替

到着ロビーを出て左に進むと、日本円からベトナムドンへの両替が可能な銀行の窓口が多数ある。リゾートホテルに滞在する人は空港での両替がおすすめ。ダナン市内やホイアンでは銀行や両替商で両替可能。両替商を利用する際は合法である銀行代理の両替認可証を掲げている所を選ぼう。お金を受け取ったらその場で確認し、破れた札などは交換してもらおう。

銀行や両替所が並ぶ。ATMは到着ロビーを出て左手すぐ、エレベーターや階段がある屋内エリアにある

2 SIMカードを購入

空港の到着ロビーにはSIMカード販売のカウンターがある。

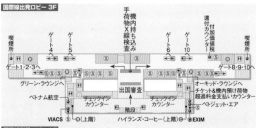

ダナン国際空港 国際線ターミナル

Map 別冊P.21-C2参照

国際線出発ロビー 3F

手荷物機内持ち込みX線検査み / ゲート4・5 / ゲート6・10 / 還付価値税 / 付加価値税 / 還付カウンター / 喫煙所 / ゲート1・2・3へ / ゲート8・9・10へ / グリーン・ラウンジへ / 出国審査 / オーキッド・ラウンジへ / チケット＆機内預け荷物超過料金支払いカウンター / ベトナム航空 / チェックインカウンター / 階段 / チェックインカウンター / ベトジェット・エア / VIACS / （上階） / ハイランズ・コーヒー（上階） / EXIM

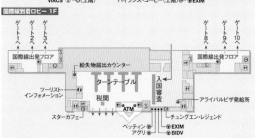

国際線到着ロビー 1F

ゲート1・2・3 / 国際線出発フロア / 紛失物届出カウンター / ターンテーブル / 入国審査 / ゲート8・10 / 国際線出発フロア / ツーリスト・インフォメーション / 税関 / アライバルビザ発給所 / スターカフェ / ATM / チュングエン・レジェンド / ベッティン・アグリ / EXIM / BIDV

空港⇔ダナン市内、ホイアン

🚕 タクシー

メータータクシー

乗り場は到着ロビーをぬけた所。ダナン市内まで所要10〜15分、8万ドン〜。ホイアン旧市街までは所要約50分、36万ドン〜。乗車料金とは別に空港入場料1万ドン〜が加算される。トラブルの少ないタクシー会社はP.181を参照。

ホイアンへ行くならゆったり座れる7人乗りがおすすめ

配車サービス

グラブ（→P.179）が利用できる。乗り場は通常、空港内の駐車場。メータータクシーより若干安いが利用者の多い時間帯は割高になる。乗車料金に空港入場料1万ドン〜が加算。

🚌 旅行会社の送迎車＆ホテルのシャトルバス

空港〜市内間の送迎を含めたツアーに参加している場合や、ホテルで空港からの送迎サービスを頼んでいる場合は、自分の名前が書かれたプラカードを持って、到着ロビー出口で待機している係員を探そう。送迎のみの予約が可能な旅行会社（→P.183）もある。

🚌 ダナン市内、ホイアンへのシャトルバス

空港（国内線）〜ダナン中心部〜ホイアンを結ぶシャトルバスが運行。空港発は7:00〜22:15の間、ダナン発は7:00〜22:30の間、ホイアン発は6:00〜21:00の間に各11便。片道13万ドン、往復23万ドン。空港からホイアンへは所要約1時間15分。

バリアン・トラベル　Barri Ann Travel　Map 別冊P.18-B2
☎091-5105499（携帯）　URL www.barrianntravel.com

空港からグラブタクシーを利用。自分のいる場所の写真をドライバーに送るとやりとりがスムーズだった。（匿名希望）

ダナン＆ホイアン市内交通

ホーチミン以上に猛暑が続く日があるダナン＆ホイアンでは、
徒歩圏内の距離でも歩くとかなり体力を消耗してしまう。
タクシーやレンタルサイクルなどを上手に利用しよう。

利用前に
チェック！

ダナン

晴天が多い3〜8月は、暑さと強い日差しで体力が奪われることもあるので近場でもタクシー利用を。トラブルを回避するタクシーの乗り方はP.179を参照。

タクシー
Xe Taxi

メータータクシーは料金は会社や車種により異なるが、ビナサングリーンは初乗り1万2000ドン、以後30kmまで1kmにつき1万9200ドン加算。EVタクシーのサンSM（→P.179）も走っており、初乗り500mまで1万1000ドン、その後12kmまで1kmごとに1万7000ドン。配車サービスのグラブ（→P.179）も利用できる。

● トラブルが少ないタクシー会社

ビナサングリーン
Vinasun Green
☎0236-3686-868
※アプリあり

マイリンタクシー
Mai Linh Taxi
☎1055
※アプリあり

タクシー・ティエンサー
Tien Sa Taxi
☎0236-3797-979

シェアサイクル
Xe Đạp Công Cộng

公共自転車サービスのTNGO（→P.179）がダナンでも利用できる。市内に60ヵ所以上ポートがある。利用可能時間は24時間。料金は30分5000ドン、1日5万ドン。クレジットでの支払いも可能。ウェブサイトやアプリでポートの場所が確認できる。利用方法はP.179を参照。

施錠は前輪近くの鍵を手動で下ろす。解錠はアプリで「Unlock」をタップ

バイクタクシー
Xe Ôm

小回りが利くので便利だが、事故や支払いトラブルも多いため、利用する場合は配車サービスのグラブのバイクタクシーがおすすめ。

 シャトルバス
Xe Ghép

空港〜ダナン市内〜ホイアン間を運行するシャトルバス（→P.180）はダナンからホイアンへ移動する際にも利用できて便利。上記路線のほか、ダナン〜バーナーヒルズ間（往復12US$、所要約1時間）やダナン〜フエ間（片道13US$、所要約2時間30分）もある。

シクロで町散策も楽しいよ

ホイアン

ホイアンでは徒歩またはレンタルサイクルがおすすめ。旧市街は小さいので徒歩でも回れる。

タクシー
Xe Taxi

メータータクシーならビナサン、マイリンが利用できる。配車サービスのグラブ（→P.179）も利用可能。

● トラブルが少ないタクシー会社

マイリンタクシー
Mai Linh Taxi
☎1055
※アプリあり

ビナサン・ホイアン
Vinasun Hoi An
☎0235-3686-868
※アプリあり

シャトルバス
Xe Ghép

空港〜ダナン市内〜ホイアン間を運行するシャトルバス（→P.180）はホイアンのビーチも経由する。ホイアン〜ミーソン遺跡間（片道8US$、所要約1時間）を運行する路線もある。

バイクタクシー
Xe Ôm

ホイアンの町なか、特に旧市街にはあまりいない。利用する場合は、配車サービスのグラブ（→P.179）がおすすめ。

シクロ
Xe Xích Lô

旧市街エリアをシクロで回れる。30分20万ドン〜。事前にしっかりと交渉しよう。

レンタルサイクル
Xe Đạp Thuê

ホイアン中心部にあるホテルの多くで、自転車を貸し出している。無料の所もあるが、有料の場合、1日2US$〜。ブレーキや鍵のチェックを忘れずに。

レンタルサイクルで鍵のかけ忘れなどによる盗難が起きた場合、罰金を支払わされることがあるので注意。

ベトナムの国内交通

ホーチミンからなら、国内移動はたいていバスでできる。でも、主要都市間はやっぱり飛行機が便利。滞在時間や予算と相談して、ベストな方法を選んで。

飛行機が便利！

飛 行 機
Máy Bay

ベトナムの国内線はベトナム航空、ベトジェット・エアが主要な20数都市間を運航している。バンブー・エアウェイズやパシフィック航空も国内線を運航しているが便数はそれほど多くない。

ベトナム航空
主要な十数都市間を結んでいる。サービスもしっかりしていて人気がある。
URL www.vietnamairlines.com

バンブー・エアウェイズ
2019年運航開始の新しい航空会社。
URL www.bambooairways.com

ベトジェット・エア
ベトナム初のLCC（ローコストキャリア）。路線によってはベトナム航空より便数が多い。
URL www.vietjetair.com

パシフィック航空
ベトナムのLCC。旧ジェットスター・パシフィック航空。
URL www.pacificairlines.com

列 車
Tàu Hỏa

ホーチミン（サイゴン）からニャチャン、ダナン、フエなどを通過し、ハノイまでを結ぶ全長1726kmにわたる統一鉄道が有名。サイゴン～ハノイ間は最短で約32時間17分（料金：2段ベッドで139万1000ドン～）と、時間がかかる。座席はソフトシート、ハードベッド、ソフトベッドの3種類。
Vietnam Railways　URL dsvn.vn

チケットの予約と買い方

長距離列車の利用は予約が必要。特に、テト（旧正月→P.11）前後などのピーク時は早めの予約が望ましい。

●**ウェブサイトで買う** 統一鉄道の公式チケット予約サイトで、オンラインチケットの発券ができる。座席の指定までできて便利。クレジットカード決済後、eチケットがメールで送られてくる。

●**駅で買う** 各鉄道駅の窓口で予約とチケット購入ができる。通常1ヵ月くらい前から可能。サイゴン駅Ga Sài Gòn **Map 別冊P.6-A2** では英語が通じる。

●**旅行会社で買う** 早めに席を確保したい場合や、英語に自信がない場合は、旅行会社で手配したほうが確実。

サイゴン駅1階にチケット売り場がある。受付番号を取ってから窓口へ

長 距 離 バス
Xe Buýt

バスはほかの交通機関に比べれば安上がり。空港や鉄道駅のない町までカバーしている。バスターミナル発着、各バス会社発着など、各社で発着場所が異なる。複数のバス会社の比較ができオンラインで予約できるウェブサイトもある。
Vexere　URL vexere.com

ホーチミンの長距離バスターミナル
ミエンドン・バスターミナル
Bến Xe Miền Đông **Map 別冊P.5-D1参照**

ハノイ行き…7:00～21:30の間に13便運行。70万ドン～。所要約40時間。
ダナン行き…7:00～18:00の間に9便運行。60万ドン～。所要約22時間。

交通ルールに注意！
人を優先するという交通マナーはなく、車>バイク>人の優先順位。たとえ歩道や青信号の交差点を歩いていてもバイクには気を配ること。道路横断の際は信号がある所を。信号がなければ現地の人が渡るタイミングに合わせる。決して走らない、止まらない、を心がけて！

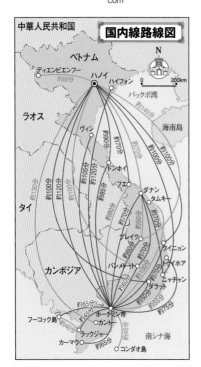

中華人民共和国

国内線路線図

ベトナム

ディエンビエンフー
ハノイ
約60分
ハイフォン
バック湾
0　　200km
N
ラオス
ヴィン
海南島
ドンホイ
フエ
ダナン
タムキー
タイ
プレイク
クイニョン
バンメトート
トゥイホア
ニャチャン
カンボジア
ダラット
ファンティエット
ホーチミン市
フーコック島　コント
カント
ラックジャー
カーマウ　コンダオ島
南シナ海

ベトナムの祝日（連休）に国内移動をしようと思ったら飛行機も列車も満席だった。（東京都・TM）

現地旅行会社利用法

各種ツアー催行だけでなく、空港送迎、ツアーバス、航空券、ホテル、スパなどの手配をしてくれる旅行会社は利用価値大。現地での予約はもちろん、インターネットでの予約も可能。

■ ホーチミン

アオザイレンタルも好評
HISホーチミン支店
HIS Ho Chi Minh

日本語スタッフが常駐。ミトー・メコン川クルーズ終日観光（70US$、昼食付き）やアオザイを着て回るホーチミン半日市内観光（45US$、アオザイレンタル付き）、水上人形劇とサイゴン川のディナークルーズのセット（65US$、夕食付き）などのツアー申し込み、スパやレストランの予約代行、アオザイレンタルができる。

Map 別冊P.10-B2　サイゴン大教会周辺

🏠 MF, Bao Viet Financial Centre Bldg., 233 Đồng Khởi　☎3939-0800
🕐8:30〜17:30　🈺土・日曜、祝日　**Card**M.V.
URLwww.his-discover.com/vietnam

日本語ツアーなら
TNK&APTトラベルJAPAN ホーチミン本店
TNK&APT Travel JAPAN Ho Chi Minh

リーズナブルな日本語ツアーならここ。日本語ガイド付きでは最も安いメコン川クルーズ（49US$）やクチトンネル半日（42US$）、サイゴン川ディナークルーズ（56US$）、ホタルが観られるナイトメコンデルタ日本語ツアー（78US$）など。ダナン＆ホイアン発のツアーもある。問い合わせは公式LINE利用が便利。

Map 別冊P.15-C3　ブイビエン通り周辺

🏠90 Bùi Viện　☎なし
🕐7:00〜20:00　🈺無休　**Card**J. M. V.
URLwww.tnkjapan.com
公式LINE https://lin.ee/bqUppns

格安ツアーなら
シン・ツーリスト
The Sinh Tourist

老舗のツアーオフィス。ホーチミン市内半日観光（24万9000ドン、入場料別）や、カオダイ教寺院とクチトンネル1日（54万9000ドン、入場料別）、メコンデルタ1日（49万9000ドン〜）、スクーターで行くストリートフードツアー（89万9000ドン）などの英語ツアーを催行。ベトナム全土へのツアーバスも運行している。

Map 別冊P.15-C3　ブイビエン通り周辺

🏠246-248 Đề Thám　☎3838-9597
🕐6:30〜20:30　🈺無休　**Card**M.V.
URLwww.thesinhtourist.vn

※いずれの旅行会社もウェブ予約が可能なので、遅くとも前日までに予約しておこう。もちろん現地オフィスでも予約可能。また、空港への送迎、ツアーバス、航空券、ホテル、スパなどの手配も可能。

■ ダナン

ダナン＆ホイアンの多彩な日本語ツアー
HISダナン支店
HIS Da Nang

HISのダナン支店。ふたつの世界遺産観光が楽しめるミーソン遺跡＆ホイアン終日観光（120US$、昼・夕食付き）など各種ツアーのほか、ダナン国際空港からの送迎やレストラン、スパの予約代行も可能。アオザイレンタル（15US$）も人気。

Map 別冊P.20-B3　ダナン市南東部

🏠City, 61 Ho Xuan Huong Group 37, Ward, Bắc Mỹ An, Q.Ngũ Hành Sơn　☎0236-7301-400　🕐8:30〜17:30
🈺土・日曜、祝日　**Card**M.V.　🚗ハン市場から車で約6分
URLwww.his-discover.com/vietnam

■ ホイアン

ツアーバス利用も多い
シン・ツーリスト・ホイアン
The Sinh Tourist Hoi An

シン・ツーリスト（→上記）のホイアン支店。ミーソン遺跡半日ツアー（49万9000ドン）が人気。

Map 別冊P.18-B1　ホイアン中心部

🏠646 Hai Bà Trưng　☎0235-3863-948
🕐8:00〜19:00　🈺無休　**Card**M.V.
🚶日本橋から徒歩約11分　**URL**thesinhtourist.vn

■ 人気のオプショナルツアー

ホーチミン発

1 メコン川クルーズツアー

ニッパヤシの繁る細い水路を手こぎボートでゆっくり進むメコンクルーズがいちばん人気。ホタル観賞ができるツアーもある。詳細は→P.50。

2 アンコール・ワットツアー

ホーチミンからシェムリアップまでは飛行機で約1時間。カンボジアのビザは空港で取れるので、せっかくだから行こうっとく？なんてノリもOK！

ダナン＆ホイアン発

1 世界遺産ミーソン遺跡半日ツアー

ミーソン遺跡 **Map** 別冊P.21-C3 は2〜17世紀頃に海洋交易国家として栄華を極めたチャンパ王国の聖地。ホイアンから車で約70分。

2 世界遺産フエ1日ツアー

せっかく中部に来たなら、古都フエ **Map** 別冊P.2-B2 も行きたい！ダナンから車で約2時間。フエ王宮だけでなく、各帝廟も回れる。

旅の便利帳

ベトナムの旅に必要なノウハウをぎゅぎゅっとまとめました。
旅の基本をきっちりおさえていれば、
イザというときに慌てないで済むよね。

項目別に
まとめたよ！

お金・クレジットカード

お金

ベトナムの通貨単位はベトナムドン（Đồng=VND）。紙幣が100、200、500、1000、2000、5000、1万、2万、5万、10万、20万、50万ドンの12種類だが100ドン札と200ドン札はほぼ流通していない。硬貨も200、500、1000、2000、5000ドンの5種類あるが、ほぼ流通していない。

ベトナムでは、外貨での価格表示も支払いも禁止されている。以前はUSドルが流通していたが、現在は原則として指定された場所以外で外貨での支払いはできない。わかりやすいようにUSドルを併記している場合もあるが、ドンで支払うようにしよう。

クレジットカード

クレジットカードは、ホテルやレストランなどでは使える所が多く、ATMでベトナムドンのキャッシングもできて便利（ただし金利に留意を）。

100ドン

2000ドン

5万ドン

200ドン

5000ドン

10万ドン

500ドン

1万ドン

20万ドン

1000ドン

2万ドン

50万ドン

200ドン

500ドン

1000ドン

2000ドン

5000ドン

電話

国際電話

都市部の中級以上のホテルなら、客室からダイレクトに国際電話がかけられる。1分300～1万ドンと割高で、ホテルの場合は相手が電話に出なくても料金がチャージされる場合がある。

SIMカード

おもな通信会社はVinaphone、Mobifone、Viettel。SIMカードは空港の到着ロビーで購入可能で、タンソンニャット国際空港のVinaphoneの場合、毎日5GB使えるデータ通信のみのSIMカード（15日間有効）は18万ドン、通話付きなら20万ドン。

日本で使用している携帯電話をベトナムで使用する際の料金やサービス内容などは、日本の各社に問い合わせよう。

日本からベトナムへ

| 国際電話会社の番号 0033/0061 ※携帯からは不要 | + | 国際電話識別番号 010 | + | ベトナムの国番号 84 | + | 市外局番（頭の0は取る） | + | 相手の電話番号 |

※ホーチミンの市外局番は「028」、ダナンは「0236」、ホイアンは「0235」

ベトナムから日本へ

| 国際電話識別番号 00 | + | 日本の国番号 81 | + | 相手の電話番号 市外局番や携帯番号の頭の0を取った番号 |

ベトナム現地での電話のかけ方

市外局番 + 相手の電話番号
※市内通話なら「市外局番」は不要。携帯電話からかける場合は市内でも市外局番が必要

USドルが使える所もあったけど、基本はドンでした。ドルで出してドンのおつりをもらうよりわかりやすかった。（福井県・みさき）

電源・電圧

電圧はほとんどが220Vで、まれに110Vがある。周波数は50Hz。プラグは2本足のAタイプ（日本の形状）とCタイプのどちらのコンセントも使える複合型が多い。ただし、日本の100V用の電化製品を使用するには変圧器が必要。

中級以上のホテルであれば変圧器を借りられる所もある。

トイレ

ベトナムのホテルのトイレは、ほとんどが水洗の洋式。流すときには、脇に置いてあるバケツから桶で水をくんで流すタイプもある。水洗の洋式タイプでないものは、トイレットペーパーは流さないで、近くに置いてあるカゴに捨てる。外出中はショッピングセンターや高級ホテルのトイレが利用できる。

郵便

ベトナムの郵便局はベトナムポスト（Vietnam Post Corporation）と呼ばれる郵便公社が運営していて、手紙や小包を国内外に送れる。日本までのエアメールは、はがき、封書ともに20gまで3万ドン。小包（船便）は1kgまで47万5600ドン。ホーチミンなど各主要都市にはDHLやFedEx、佐川急便などの国際宅配便のオフィスもある。

水

ベトナムの水道水は日本とは異なり硬水。水道水は衛生面に問題があるため、飲まないほうがよい。また、屋台のジュースなどもなるべく氷を抜いてもらうことをおすすめする。ミネラルウオーターは街なかの商店をはじめ、あらゆる場所で購入できる。種類にもよるが500mLで4000〜6000ドン。

Wi-Fi

多くのホテルやレストラン、カフェなどで無料のWi-Fiが使える。パスワードが必要な場合がほとんどなので、パスワードを教えてもらい接続しよう。そのほか、現地SIMカード（→P.184）を購入してインターネットに接続する方法や、日本から海外用モバイルWi-Fiルーターをレンタルし現地で使う方法もある。

マナー

老人を敬い、女性を優先するのは基本。共産党や政府の根本にかかわるような批判は公の場では控えること。軍事施設、政府関係の建築など、撮影禁止、立ち入り禁止区域が意外に多いので注意しよう。また、1歳未満の赤ちゃんに対して「かわいい」「きれいだ」などのほめ言葉は使ってはならない。

服装

基本は、日本の夏と同じような服装を選べばよい。肌寒い中部の12〜3月や、エアコンの冷え過ぎ対策に、はおり物があると便利。ベトナムではあまり服装に気を使う必要はなく、高級レストランや高級ホテルでも、ワンピースがあればこと足りるはず。ただし、ドレスコードを設けている店ではビーチサンダルでの入店を不可としている所も多いので気をつけよう。

VATの還付

VAT（付加価値税）還付とは外国で支払った付加価値税を還付してもらうこと。もしベトナム旅行中に、還付手続き可能な還付登録店（購入前に要確認）で商品を200万ドン以上購入したら、パスポートを提示して付加価値税申告書兼インボイス（領収書）を作成してもらおう。購入から30日以内に、国際線空港の出国ロビー（チェックイン後）にあるカウンターでパスポート、商品、インボイスを提出すれば、通常その場で還付金を受け取れる。還付金はベトナムドンのみで、外貨での受け取りはできない。

旅の安全情報

女性同士の旅が楽しいホーチミン。街の人の優しい笑顔についつい気も緩みがち。
でも、ここは外国であることを忘れないで！
パターンを知って、しっかりトラブル回避しよう。

注意してね〜

治安
旅行者がベトナム旅行中に遭うトラブルで多いのが、シクロ、タクシー、みやげ物店、レストラン、ホテル、旅行会社などでの詐欺＆ぼったくり。レストランやみやげ物店ではレシートをもらってその場で内容と金額を確認する、中級以下のホテルでは貴重品はフロントに預けずに自分で管理するなどの対策を。出発前に下記サイトで安全情報を確認しよう。
外務省海外安全ホームページ
URL www.anzen.mofa.go.jp

病気・健康管理
ベトナムの衛生状態は年々よくなってきており、予防接種などは義務付けられていない。しかし、おなかに自信がなければ生野菜、生の魚介類、屋台のカットフルーツ、氷などは口にせず、必ず火の通ったものを食べるようにしたほうがよい。
また、南部は年中暑いうえに日差しが強烈なので、熱中症には注意したい。もし病気になったら現地の病院（→P.187）で診療を。

海外旅行保険
体調を崩したり盗難に遭ったり、さまざまなアクシデントの可能性がある海外旅行。しかし保険なしで現地の病院に行くのは、金銭的にも大きな負担になる。もしものときのために、必ず海外旅行保険に入っておこう。日本語医療サービスのある海外旅行保険に加入していれば、サービスセンターに電話して提携病院を教えてもらうこともできるので安心。補償内容や現地の連絡先はあらかじめ確認しておくこと。

こんなことにも気をつけて！

 エピソード1 細工されたタクシーメーターに注意

加算金額は小額でも、メーターの上がり具合が異常に速いと感じたら、メーターが細工されている可能性が高い。通常は1kmごとに1万6000〜1万9200ドン加算が目安と考えよう。こういったドライバーには、英語で文句を言っても英語がわからないフリをされてしまう。諦めて早めに降りるのが正解。

 エピソード2 マッサージでは女性のマッサージ師を指名しよう

観光客向けのマッサージ店のなかには、力の強い男性マッサージ師に施術させるのが、女性客へのサービスだと考えている店もある。しかしセクハラまがいの施術を受けたとの声もあり、男性マッサージ師ではやっぱり不安という場合は、最初に女性のマッサージ師をと明確に伝えておいたほうがよい（→P.128のミニ会話）。

エピソード3 歩道だからといって気を抜かないように！

最近改善されてきてはいるが、ホーチミンの交通ルールはあってないようなもの。夕方18:00頃から始まる、帰宅＆下校のお迎えラッシュ時は、歩道に乗り上げてショートカットしようとしたり、逆走したりするバイクが急増するので注意。もちろん道路を横断するときは、細心の注意が必要。

 エピソード4 日本語で声をかけてくる親切な輩には要注意

ドンコイ通りなどのツーリストエリアで某日系旅行会社のガイドと名乗る男に日本語で話しかけられ、警戒心が緩んだところでみやげ物店に連れて行かれて高額で商品を買わされたり、現金を奪われたりといった被害が発生している。見ず知らずの人が異常に親切にしてくる場合は毅然とした態度をとり、すぐにその場から立ち去る。

 エピソード5 スマートフォンを狙ったスリに注意

昼夜を問わず、バイクに乗ったスリにスマートフォンを奪われたという被害が続出。手に持っていなくてもポケットに入れていたスマートフォンを盗まれたという被害も。スマートフォンの使用は人目につく場所では控える、スマートフォンを持ち歩く場合はしっかりとカバンにしまうなど、管理を徹底しよう。

 エピソード6 タクシー＆バイクタクシーはよく道に迷う!?

日本ではあまり考えられないけれど、ベトナムでは意外と多い。ドライバーの「そこ（目的地）知ってる」はあまり信用できない。ちょっと迷いそうだな〜と思ったら乗車前に地図で一緒に確認するか、自分が地図を見ながらナビするつもりで。地図を見せるより行き先の住所を見せるほうがスムーズなこともある。

困ったときの イエローページ

トラブル別

トラブル1 パスポートを紛失したら

まずは警察（公安）に届け出て、現地日本国総領事館で手続きを

パスポートの盗難に遭ったり紛失したりしてしまったら、すぐに最寄りの警察に届け出て「紛失届出受理証明書」を発行してもらうこと。それを持って日本国総領事館へ行き、まず、紛失したパスポートの失効手続きを行う。その後パスポートの新規発給、または帰国のための渡航書の発給を行う。

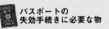

パスポートの失効手続きに必要な物

☐ 警察（公安）発行の紛失届出受理証明書1通
☐ 写真 （縦4.5×横3.5cm）**1枚**

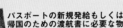

パスポートの新規発給もしくは帰国のための渡航書に必要な物

☐ 旅程が確認できる書類（eチケット控えなど）
☐ 写真 （縦4.5×横3.5cm）**1枚**
☐ 身分を証明する書類・証明書1通
☐ 戸籍謄本1通 （パスポートの場合）
☐ 手数料 （以下を現地通貨にて払う）
　パスポートは1万1000円（5年有効）、1万6000円（10年有効）。帰国のための渡航書は2500円。

トラブル2 事件・事故に遭ったら

警察や日本国総領事館で対応してもらう

事件に巻き込まれたり、事故に遭ったりしてしまったら、すぐに最寄りの警察に届けて対応してもらう。事件・事故の内容によっては日本国総領事館に連絡して状況を説明し、対応策を相談しよう。

緊急連絡先

警察 **113**
在ベトナム日本国大使館（ハノイ）
(024) 3846-3000
在ホーチミン日本国総領事館
(028) 3933-3510
Map 別冊 P.6-B2
在ダナン日本国総領事館
(0236) 3555-535
Map 別冊 P.21-D3

トラブル3 クレジットカードを紛失したら

至急クレジットカード会社に連絡

クレジットカード会社に連絡をして、悪用されないようにカードの利用停止手続きをしてもらう。その後警察に行き、紛失届出受理証明書を発行してもらう。カードの再発行の手続きは、基本的に帰国後に行う。

緊急連絡先

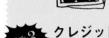

カード会社 ※国際電話コレクトコール可
アメリカン・エキスプレス‥ **65-6535-2209**
ダイナース‥‥‥ **81-3-6770-2796**
JCB‥‥‥‥‥ **81-422-40-8122**
MasterCard‥‥ **120-11576**
VISA‥‥‥‥‥ **1-303-967-1090**

トラブル4 病気になったら

緊急の場合は救急車。保険会社への連絡も忘れずに
病気になってしまったら緊急の場合はすぐに救急車を呼ぶこと。ホーチミンのロータスクリニックは日本人医師が在駐しており、日本語対応可能。海外旅行保険に加入している場合は、保険会社のサービスセンターにも連絡をしよう。

緊急連絡先

救急・消防/病院
消防‥‥‥‥‥‥‥‥ **114**
救急‥‥‥‥‥‥‥‥ **115**
ロータスクリニック ホーチミン‥ **(028) 3827-0000**
ファミリーメディカルプラクティス・ダナン‥‥ **(0236) 3582-699**

トラブル5 荷物を忘れたら

きっぱり諦めて旅の続きを楽しんでベトナムでは路上や交通機関で忘れた物はまず戻ってこない。自分の過失で忘れた物は保険が適用されないので、警察などに届けてもらうのは時間の無駄。きっぱりと諦めて、必要な物は買い直すと次善の策を。忘れないのがいちばんなので、気をつけよう。

緊急連絡先

遺失物取扱所
タンソンニャット国際空港遺失物センター‥‥‥ **(028) 3848-5634**

常に持ち物チェック！

その他連絡先

保険会社
（日本のカスタマーセンター）
損保ジャパン‥‥‥‥‥ **(0120) 666-756**
東京海上日動‥‥‥‥‥ **(0120) 868-100**
AIG損保‥‥‥‥‥ **(0120) 04-1799**

航空会社（ホーチミン市内）
ベトナム航空‥‥‥‥‥ **1900-1100**
ベトジェット・エア‥‥‥‥ **1900-1886**
日本航空‥‥‥‥‥ **1-800-599925、(028) 3842-2161**

航空会社（ダナン市内）
ベトナム航空‥ **(0236) 3821-130**
ベトジェット・エア‥ **(0236) 3692-665**

ホーチミン

ホイアン

ダナン

プチぼうけん どれにしよう？

プールで 泳ぐんだ！

いっぱい 買っちゃおぉ♪

aruco編集部が、本誌で紹介しきれなかったこぼれネタや女子が気になる最旬情報を、発信しちゃいます！ 新刊や改訂版の発行予定などもチェック☆

arucoのSNSで
女子旅おうえん 旬ネタ発信中！

Instagram@arukikata_aruco
X@aruco_arukikata
Facebook@aruco55

arucoのLINEスタンプができました！チェックしてね♪

OK!!

STAFF

Producer
今井 歩 Ayumu Imai

Editors & Writers
大久保民、小坂歩、鈴木由美子（有限会社アジアランド）
Tami Okubo, Ayumi Kosaka, Yumiko Suzuki（Asia Land Co., Ltd.）

Photographers
岩渕正樹 Masaki Iwabuchi、大池直人 Naoto Ohike、竹之下三緒 Mio Takenoshita、
松本光子 Mitsuko Matsumoto、杉田憲昭 Noriaki Sugita、湯山繁 Shigeru Yuyama、
瀧渡尚樹 Naoki Takiwatari、井口和歌子 Wakako Iguchi、© istock

Designers
上原由莉 Yuri Uehara、竹口由希子 Yukiko Takeguchi

Coordinator
ルー・ビック・ユン Luu Bich Dung

Illustration
赤江橋洋子 Yoko Akaebashi、TAMMY、みよこみよこ Miyokomiyoko

Maps
曽根拓（株式会社ジェオ）Hiroshi Sone (Geo)、まえだゆかり Yukari Maeda

Illustration map
みよこみよこ Miyokomiyoko

Proofreading
株式会社東京出版サービスセンター Tokyo Shuppan Service Center Co.,Ltd.

Special Thanks to
飯田桃子 Momoko Iida、久保田みお Mio Kubota、グエン・ヴァン・ハイ Nguyen Van Hai、コラージュ：wool, cube, wool!

地球の歩き方 aruco ⑩ ホーチミン ダナン ホイアン 2024～2025

2023年12月26日　初版第1刷発行

著作編集	地球の歩き方編集室
発 行 人	新井邦弘
編 集 人	宮田崇
発 行 所	株式会社地球の歩き方 〒141-8425　東京都品川区西五反田2-11-8
発 売 元	株式会社Gakken 〒141-8416　東京都品川区西五反田2-11-8
印刷製本	開成堂印刷株式会社

※本書は基本的に2023年7～8月の取材データに基づいて作られています。発行後に料金、営業時間、定休日などが変更になる場合がありますので、最新情報は各施設のウェブサイト・SNS等でご確認ください。
更新・訂正情報 URL https://www.arukikata.co.jp/travel-support/

✉ **本書の内容について、ご意見・ご感想はこちらまで**
〒141-8425　東京都品川区西五反田2-11-8
株式会社地球の歩き方
地球の歩き方サービスデスク「arucoホーチミン」投稿係
URL https://www.arukikata.co.jp/guidebook/toukou.html
地球の歩き方ホームページ（海外・国内旅行の総合情報）
URL https://www.arukikata.co.jp/
ガイドブック『地球の歩き方』公式サイト
URL https://www.arukikata.co.jp/guidebook/

○ **この本に関する各種お問い合わせ先**
・本の内容については、下記サイトのお問い合わせフォームよりお願いします。
URL https://www.arukikata.co.jp/guidebook/contact.html
・広告については、下記サイトのお問い合わせフォームよりお願いします。
URL https://www.arukikata.co.jp/ad_contact/
・在庫については　Tel ▶ 03-6431-1250（販売部）
・不良品（落丁、乱丁）については　Tel ▶ 0570-000577
学研業務センター　〒354-0045　埼玉県入間郡三芳町上富279-1
・上記以外のお問い合わせは　Tel ▶ 0570-056-710（学研グループ総合案内）

感想教えてくださ～い♪

読者プレゼント
ウェブアンケートにお答えいただいた方のなかから抽選ですてきな賞品をプレゼントします！詳しくは下記の二次元コードまたはウェブサイトをチェック☆

応募の締め切り
2024年12月31日

ココから
取りはずせます！

ホーチミン

ダナン　ホイアン

Ho Chi Minh　Da Nang,Hoi An

取り
はずせる　別冊
MAP

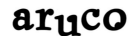

Contents

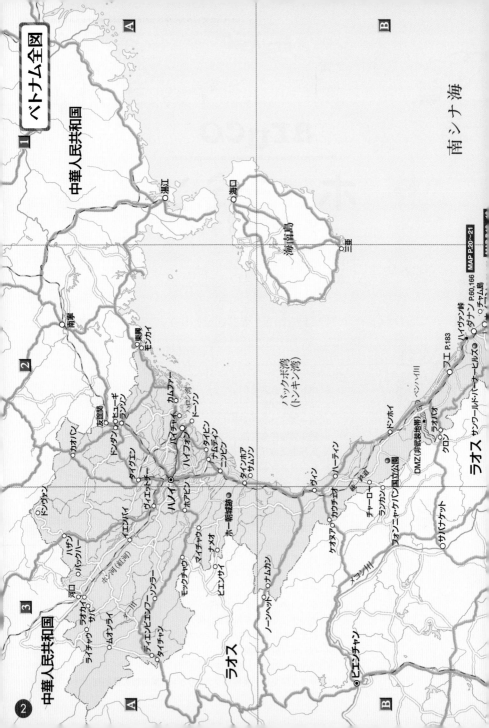

ベトナム全図

南シナ海

中華人民共和国

海南島

海口

三亜

遠江

南寧

東興
モンカイ

バック・ボ湾
(トンキン湾)

友誼関
ランソン
ドンダン
ティエンイエン
カオバン
カムファー
ドーソン
バイチャイ
ハイフォン
タイビン
ナムディン
ニンビン
タインホア
サムソン

ドアイエン
ハノイ
ホアビン
ホア一朝城跡
ホー

カオバン

カオバン

ドンヴァン
バクハー
ハザン
バンニ
イエンバイ
タイグエン

河口
ラオカイ
サパ
ライチャウ
ムオンライ
タイチャン
ディエンビエンフー ソンラー
モクチャウ
スイチャウ
ナメオ
ビムサイ

ノーンヘット
ナムカン
ナムソン

ラオス

ヴィン

ベンヤン
カウラオ
ハティン
ドンホイ

フォンニャケバン国立公園
DMZ(非武装地帯)
ドンハ ペンハイ川
ラオバオ
クロン
フエ P.183

ラオス ヤンワールドパーナーヒルズ
ハイヴァン峠
ダナン P.60,166
チャム島

カウヴェト
チャーロー
ランカン
サバナケット

バナナヒル

ビエンチャン

中華人民共和国

ラオス

MAP P.20~21

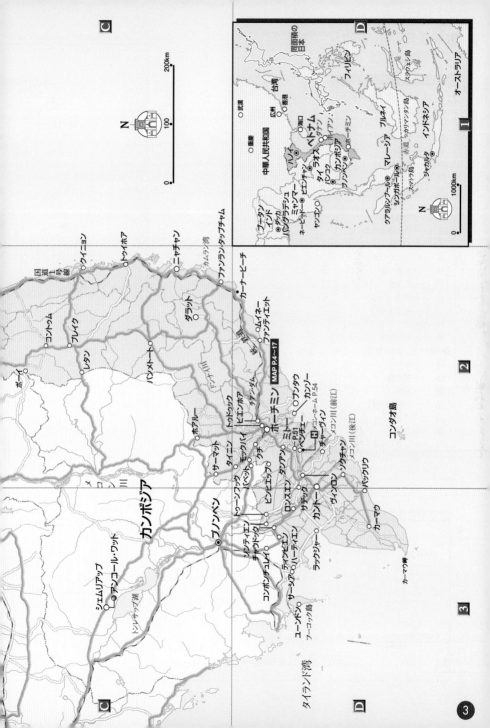

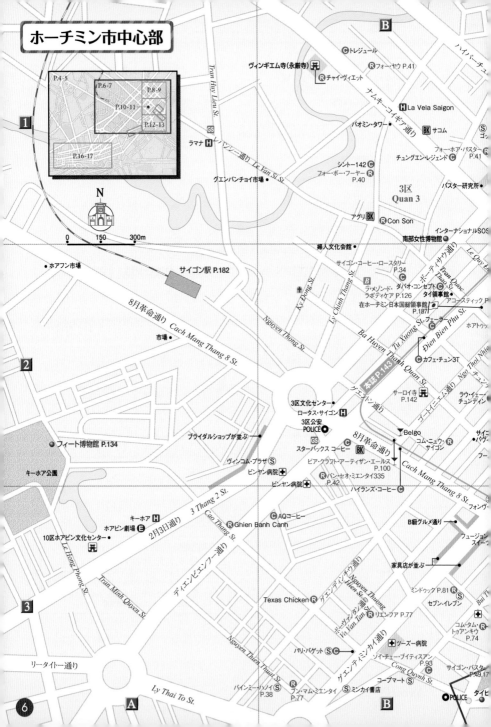

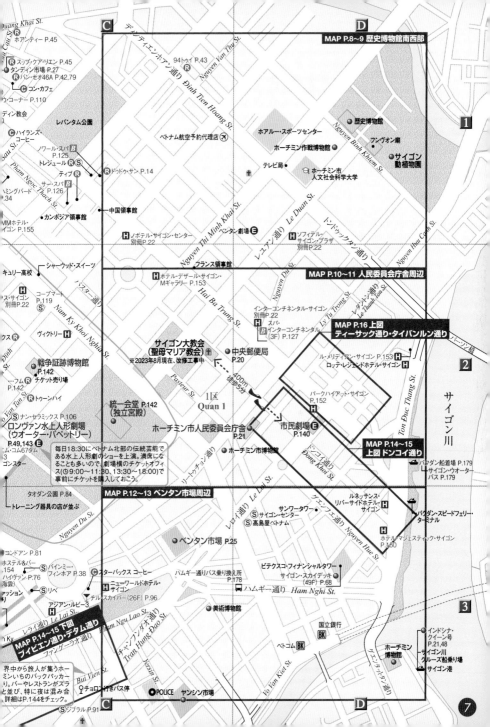

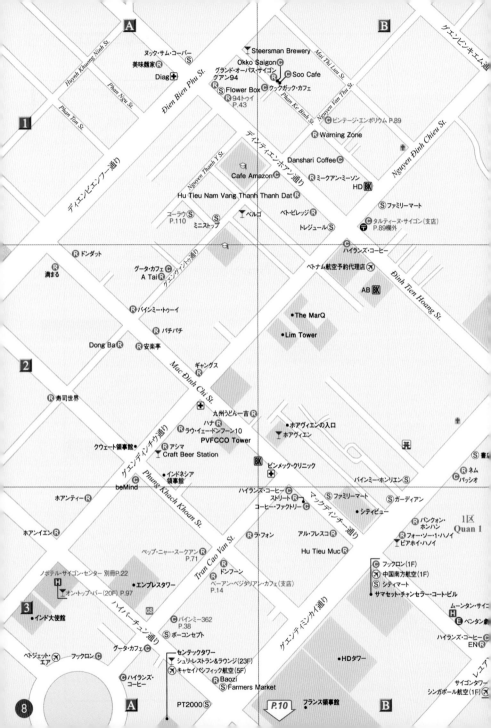

A

B

ヌック・サム・コーバー

美味麺館 R

Diag ✚

Huynh Khuong Ninh St.

Phan Ngu St.

Dien Bien Phu St.

Phan Ton St.

1

ディエンビエンフー通り

Steersman Brewery

Okko Saigon C

グランド・オーパス・サイゴン

クアン94

Flower Box S

94トゥイ
P.43

C Soo Cafe

クックガック・カフェ

Mai Thi Luu St.

Phan Ke Binh St.

Nguyen Van Thu St.

グエンビンキエム通り

ビンテージ・エンポリウム P.89

Warning Zone R

Nguyen Dinh Chieu St.

Nguyen Thanh Y St.

ディエンティエンホアン通り

Cafe Amazon C

Danshari Coffee C

ミークアン・ミーソン
HD BK

Hu Tieu Nam Vang Thanh Thanh Dat R

コーラウ
P.110
ミニストップ S

ベルゴ R

ベト・ビレッジ
トレジュール S

ファミリーマート S

タルティーヌ・サイゴン（支店）
P.89欄外

ドンダット R

満まる R

グータ・カフェ C
A Tai

グエンヴァントゥ通り

バインミー・トゥーイ R

パチパチ R

Dong Ba R

安楽亭 R

Mac Dinh Chi St.

ハイランズ・コーヒー C

ベトナム航空予約代理店

AB BK

Dinh Tien Hoang St.

The MarQ

Lim Tower

2

寿司世界 R

ギャングス

九州うどん一吉 R

ハナ
ラウ・イェー・ドンフーン10
PVFCCO Tower

クウェート領事館

アシマ
Craft Beer Station

グエンディンチウ通り

Phung Khach Khoan St.

インドネシア
領事館

beMind

ホアヴィエンの入口

ホアヴィエン

BK
ビンメック・クリニック

バインミー・ホンリエン S

書店 S

ネム R
パッソ R

ホアンティー R

ホアンイエン R

ハイランズ・コーヒー C
ストリート
コーヒー・ファクトリー R

ラ・フォン R

ペップ・ニャー・スークアン
P.71

Tran Cao Van St.

ドンフーン R

ベーアン・ベジタリアン・カフェ（支店）
P.14

マックディンチー通り

ファミリーマート S

シティビュー

ガーディアン S

バンクォン・
ホンハン R

フォー・ソー・イ・ハノイ R
ビアホイ・ハノイ

1区
Quan 1

アル・フレスコ C

Hu Tieu Muc R

フックロン(1F) C
中国南方航空(1F)
シティマート S
サマセット・チャンセラー・コート・ビル

ムーンタン・サイゴン

ノボテル・サイゴン・センター 別冊P.22
オン・トップ・バー(20F) P.97

エンプレスタワー

3

インド大使館

ハイバーチュン通り

GS

グータ・カフェ C

バインミー362
P.38

ボーコンセプト S

ベトジェット・
エア

フックロン C

ハイランズ・
コーヒー C

センテックタワー
シュリ・レストラン＆ラウンジ(23F)
キャセイパシフィック航空(5F)
Baozi C
Farmers Market S

グエンティミンカイ通り

HDタワー

ペンタン劇

ハイランズ・コーヒー C
EN R

サイゴンタワー
シンガポール航空(1F)

8

PT2000 S

P.10

フランス領事館

A

B

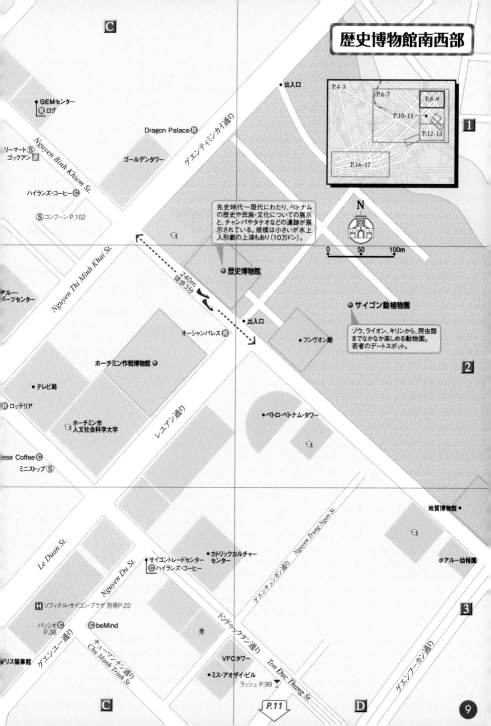

C

P.4-5
P.6-7
P.8-9
P.10-11
P.12-13
P.16-17

1

GEMセンター
Ⓡログ

Dragon Palace Ⓡ

ゴールデンタワー

グエンティミンカイ通り

出入口

Nguyen Binh Khiem St.

リーマート Ⓢ
ゴックアン Ⓑ

ハイランズ・コーヒー Ⓒ

Ⓢ コンフーン P.102

先史時代〜現代にわたり、ベトナム
の歴史や民族・文化についての展示
と、チャンパやタケオなどの遺跡が展
示されている。規模は小さいが水上
人形劇の上演もあり（10万ドン）。

N

0   50   100m

ブルー・
ポーツセンター

Nguyen Thi Minh Khai St.

240m
徒歩3分

◉ 歴史博物館

◉ サイゴン動植物園

出入口

オーシャンパレス Ⓡ

ホーチミン作戦博物館 ◉

テレビ局

Ⓡ ロッテリア

ゾウ、ライオン、キリンから、爬虫類
までなかなか楽しめる動物園。
若者のデートスポット。

フンヴオン廟

ホーチミン市
人文社会科学大学

レユアン通り

ペトロ・ベトナム・タワー

ese Coffee Ⓒ
ミニストップ Ⓢ

2

地質博物館 ・

Le Duan St.

Nguyen Du St.

サイゴントレードセンター
Ⓒ ハイランズ・コーヒー

カトリックカルチャー
センター

Nguyen Trung Ngan St.

ホアルー幼稚園

Ⓗ ソフィテル・サイゴン・プラザ 別冊 P.22

パッシオ Ⓒ
P.38

Ⓒ beMind

Ton Duc Thang St.

3

ギリス領事館

グエンユー通り

チューマンチン通り
Chu Manh Trinh St.

トンドゥックタン通り

VFCタワー

・ ミス・アオザイ・ビル
ラッシュ P.99 ▼

グエンフーカン通り

C

P.11

D

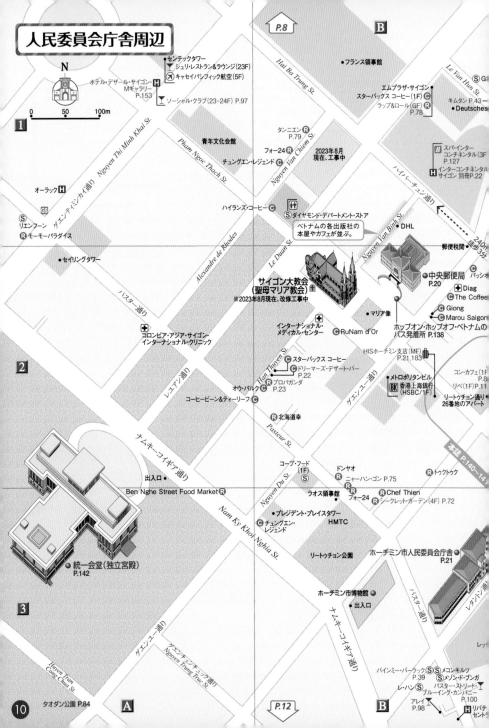

人民委員会庁舎周辺

ホテル・デザール・サイゴン・
Mギャラリー
P.153

センテックタワー
シュリ・レストラン&ラウンジ(23F)
キャセイパシフィック航空(5F)
ソーシャル・クラブ(23-24F) P.97

フランス領事館

エムプラザ・サイゴン
スターバックス コーヒー(1F)
ラップ&ロール(GF) P.78

キムタン P.43
Deutsches

青年文化会館

タンニエン R
P.79

フォー24 R
チュングエン・レジェンド

2023年8月
現在、工事中

スパ・インター
コンチネンタル(3F)
P.127
インターコンチネンタル
サイゴン 別館P.22

オーラック H

リエンフーン S
GS

モーモーパラダイス R

ハイランズ・コーヒー C

ダイヤモンド・デパートメント・ストア

ベトナムの各出版社の
本屋やカフェが並ぶ。

DHL

郵便税関

セイリングタワー

サイゴン大教会
(聖母マリア教会)
※2023年8月現在、改修工事中

マリア像

中央郵便局
P.20

Diag
The Coffee

コロンビア・アジア・サイゴン・
インターナショナル・クリニック

インターナショナル・
メディカル・センター

RuNam d'Or

ホップオン・ホップオフ・ベトナムの
バス発着所 P.138

Giong

Marou Saigon

2

スターバックス コーヒー C
ドリーマーズ・デザート・バー
P.22

プロパガンダ
P.23

HISホーチミン支店(MF)
P.21,183

コン・カフェ(1F
P.8

オウ・パルク C

チュングエン
レジェンド

メトロポリタンビル

香港上海銀行
(HSBC/1F)

リベ(1F)P.11

コーヒービーン&ティーリーフ C

北海道幸 R

リートゥチョン通り
26番地のアパート

コープ・フード
(1F) S

ドンヤオ

ニャーハン・ゴン P.75

トゥクトゥク R

出入口

Ben Nghe Street Food Market R

ラオス領事館

フォー24

Chef Thien R
シークレット・ガーデン(4F) P.72

プレジデント・プレイスタワー
HMTC

チュングエン・
レジェンド C

3

統一会堂(独立宮殿)
P.142

リートゥチョン公園

ホーチミン市人民委員会庁舎
P.21

ホーチミン市博物館

出入口

バインミー・バーラック S メゾンキルツ
P.39

レ・ハン R

バスター・ストリード
ブルーイング・カンパニー
P.100

アレイ
P.98

リバテ
セン

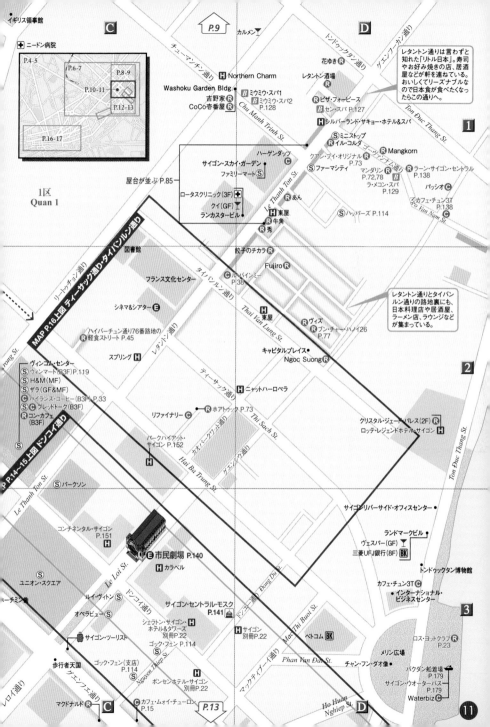

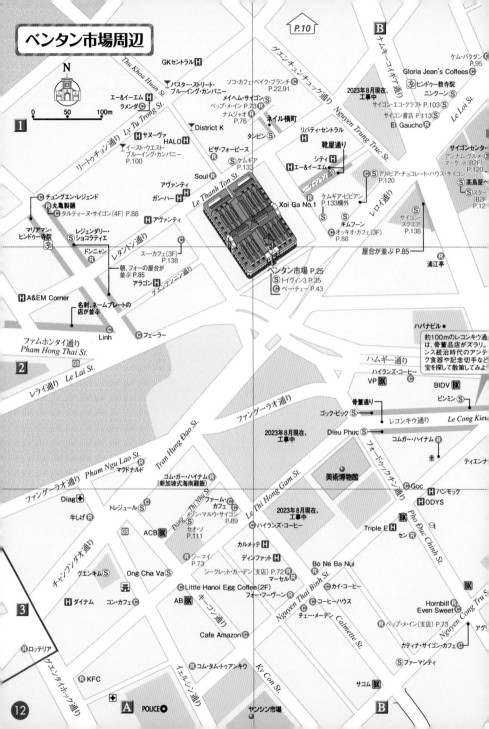

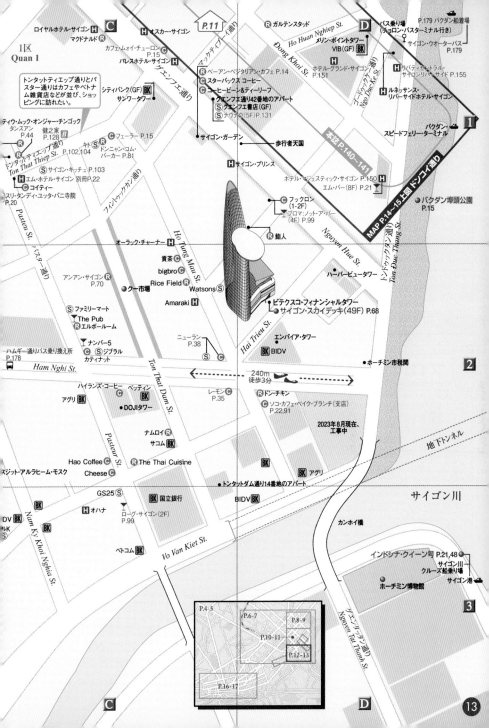

ロイヤルホテル・サイゴン H C
マクドナルド R
オスカー・サイゴン H
P.11
ガルテンスタッド R
Ho Huan Nghiep St.
バス乗り場（チョロン・バスターミナル行き）D
P.179 バクダン船着場
サイゴン・ウオーターバス P.179

1区 Quan 1

カフェム・オイ・チューロン R P.15
パレスホテル・サイゴン H
ベーアン・ベジタリアン・カフェ P.14
スターバックス コーヒー R
コーヒービーン＆ティーリーフ R
グエンフエ通り42番地のアパート C
グエンフエ書店（GF） C
ナウナウ（5F）P.131 R

Dong Khoi St.
メリン・ポイントタワー
VIB（GF）BK
ホテル・グランド・サイゴン P.151
ルネッサンス・リバーサイドホテル・サイゴン P.155
リバティセントラル・サイゴン・リバーサイド P.155

トンタットティエップ通りとパスター通りはカフェやベトナム雑貨店などが並び、ショッピングに訪れたい。

シティバンク（GF）BK
サンワータワー

ティウ・ムック・オンジャー・チンゴック タンスアン P.44
健之家 P.128
フェーラー P.15
ドンニャン・コム・バーカー P.81
キト R
サイゴン・ガーデン
歩行者天国
ホテル・マジェスティック・サイゴン P.150
エム・バー（8F）P.21 H

Ton That Thiep St. P.102,104
サイゴン・キッチ P.103
エム・ホテル・サイゴン 別冊P.22 H
コイティー
スリ・タンディ・ユッタ・バニ寺院 P.20

Pasteur St.
フィンドッッカン通り
Ho Tung Mau St.
サイゴン・プリンス H
フックロン C（1-2F）
ブロマ：ノット・ア・バー（4F）P.99
鮨人 R

Nguyen Hue St.
バクダン埠頭公園 P.15

オーラック・チャーナー R
貢茶
bigbro R
Rice Field
Watsons
ハーバービュータワー

アンアン・サイゴン R P.70
クー市場
Amaraki H

ビテクスコ・フィナンシャルタワー
サイゴン・スカイデッキ（49F）P.68

ファミリーマート S
The Pub
エルボールーム
ナンバー5
ジブラル
カティナット
ニューラン C P.38
Hai Trieu St.
エンパイア・タワー
BIDV BK

Ton Duc Thang St.
ドンドゥックタン通り

ハムギー通りバス乗り換え所 P.178
Ham Nghi St.
Ton That Dam St.
240m 徒歩3分
ホーチミン市税関

ハイランズ・コーヒー
アグリ BK
ベッティン BK
DOJIタワー
レ・モン R P.35
ドン・チキン
ソコ・カフェ・ベイク・ブランチ（支店）P.22,91

Pasteur St.
ナムロイ R
サコム BK
2023年8月現在、工事中
地下トンネル

Hao Coffee C
The Thai Cuisine R
Cheese C
アグリ BK

スジット・アルラヒーム・モスク
GS25 S
国立銀行 BK
BIDV BK
サイゴン川

DV BK
LK
オハナ H
ローグ・サイゴン（2F）P.99
トンタットダム通り14番地のアパート

Nam Ky Khoi Nghia St.
ベトコム BK
Vo Van Kiet St.
カンホイ橋

インドシナ・クイーン号 P.21,48
サイゴン川・クルーズ船乗り場
サイゴン港

ホーチミン博物館

Nguyen Tat Thanh St.

C
D
I
2
3
13

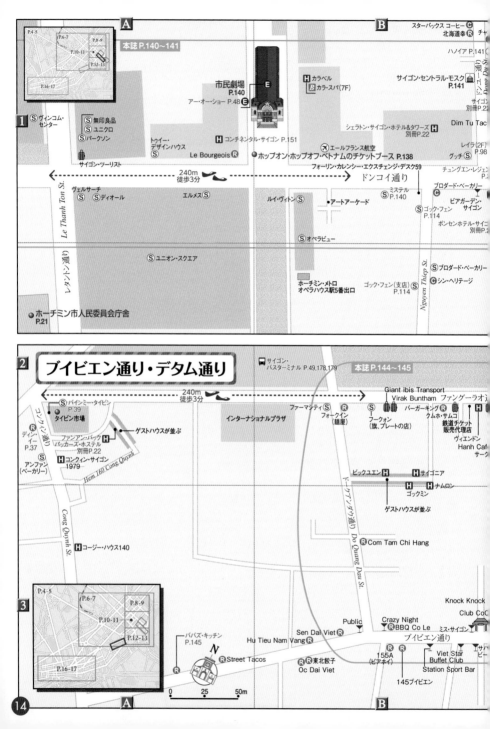

上の地図

スターバックス コーヒー C
北海道幸 チ
ハノイア P.141
サイゴン・セントラル・モスク P.141
別冊P.22
Dim Tu Tac
カラベル H
カラ・スパ(7F) B
市民劇場 P.140 E
アー・オー・ショー P.48 E
シェラトン・サイゴン・ホテル&タワーズ 別冊P.22 H
レイラ(2F)
グッチ S P.98
S ヴィンコム・センター
S 無印良品
S ユニクロ
S パークソン
H コンチネンタル・サイゴン P.151
✈ エールフランス航空
ホップオン・ホップオフ・ベトナムのチケットブース P.138
チュングエン・レジェ P.
トウイー・デザインハウス S
Le Bourgeois R
サイゴン・ツーリスト
フォーリン・カレンシー・エクスチェンジ・デスク59
ドンコイ通り
240m 徒歩3分
ヴェルサーチ
S ディオール
エルメス S
ルイ・ヴィトン S
アートアーケード
ミステル P.140
S ゴック・フェン P.114
プロダード・ベーカリー C
ビアガーデン・サイゴン
ボンセンホテル・サイ 別冊P.
Le Thanh Ton St.
ハイバ・チュン通り
S オペラビュー
S ユニオン・スクエア
ホーチミン・メトロ
オペラハウス駅5番出口
ゴック・フェン(支店) S P.114
S プロダード・ベーカリー
S シン・ヘリテージ
Nguyen Thiep St.
ホーチミン市人民委員会庁舎 P.21

下の地図

2 ブイビエン通り・デタム通り

サイゴン・バスターミナル P.49,178,179
240m 徒歩3分
Giant ibis Transport
Virak Buntham ファングーラオ
S バインミー・タイビン P.39
タイビン市場
インターナショナルプラザ
ファーマシティ S
フォークイン(麺屋) R
S バーガーキング R
クムホ・サムコ H
鉄道チケット販売代理店
ヴィエンドン
Hanh Caf
サーク
R ディー・P.37
ファンアン・バック バッカーズ・ホステル 別冊P.22
H コンクィン・サイゴン 1979
ゲストハウスが並ぶ
S アンファン(ベーカリー)
フークィン(旗、プレートの店) R
Hem.160 Cong Quynh
ビックユエン H
H サイゴニア
H ナムロン
ゴックミン
ゲストハウスが並ぶ
Cong Quynh St.
Do Quang Dau St.
H コージー・ハウス140
R Com Tam Chi Hang
Knock Knock
Club CoC
3
P.4-5
P.6-7
P.8-9
P.10-11
P.12-13
P.16-17
Public
Crazy Night
R BBQ Co Le
ミス・サイゴン
ブイビエン通り
R ババズ・キッチン P.145
Sen Dai Viet R
Hu Tieu Nam Vang R
N
R Street Tacos
R 東北餃子
Oc Dai Viet
R 155A (ビアホイ)
Viet Star Buffet Club
サ ビー
145ブイビエン
Station Sport Bar
0 25 50m

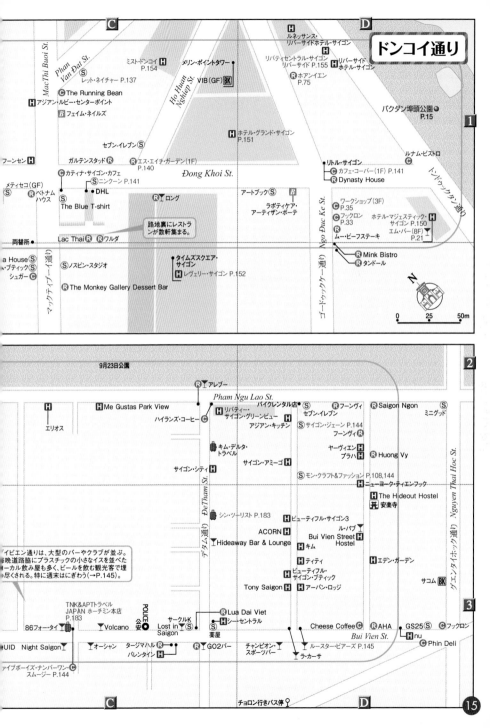

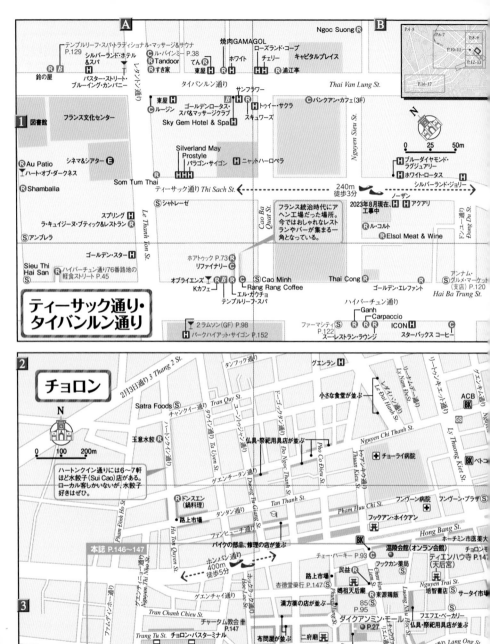

A

Ngoc Suong ℞

B

テンプルリーフ・スパ・トラディショナル・マッサージ&サウナ P.129
焼肉GAMAGOL
ローズランド・コープ
キャピタルプレイス

シルバーランド・ホテル &スパ
℞ 鈴の屋
バスター・ストリート・ブルーイング・カンパニー
Ⓒ ル・バインミー P.38
℞ Tandoor
℞ すき家
てん
東屋 H
ホワイト
チェリー
℞ 浦江亭

タイバンルン通り
サンフラワー
Thai Van Lung St.

図書館
フランス文化センター
東屋 Ⓒ
ルージン
ゴールデンロータス・スパ&マッサージクラブ
Sky Gem Hotel & Spa H
H トゥイー・サクラ
スキューワーズ
Ⓒ バンクアン・カフェ(3F)

ブルーダイヤモンド・ラグジュアリー
H ホワイト・ロータス

℞ Au Patio
シネマ&シアター Ⓔ
Ⓗ ハート・オブ・ダークネス
Silverland May
Prostyle
パラゴン・サイゴン
HHH
ニャット・ハーロペラ
シルバーランド・ジョリー ACB

℞ Shamballa
Som Tum Thai
ティーサック通り Thi Sach St. ◄----- 240m 徒歩3分 -----► ノーザン
H アクアリ

スプリング H
ラ・キュイジーヌ・ブティック&レストラン ℞
Ⓢ アンブレラ
Ⓢ シャトレーゼ
2023年8月現在、工事中
℞ ル・コルト
℞ Elsol Meat & Wine

Sieu Thi Hai San Ⓢ
ゴールデン・スター H
ハイバーチュン通り76番路地の軽食ストリート P.45
ホアトゥック P.73 ℞
リファイナリー
フランス統治時代にアヘン工場だった場所。今ではおしゃれなレストランやバーが集まる一角となっている。

オブライエンズ ℞
Kカフェ
Ⓢ Cao Minh
Rang Rang Coffee
エル・ガウチョ
テンプルリーフ・スパ
Thai Cong ℞
ゴールデン・エレファント
アンナム・グルメ・マーケット (支店) P.120 Ⓢ
Hai Ba Trung St.

ハイバーチュン通り
Ganh
Carpaccio
ICON H
Ⓒ

Ⓨ 2ラムソン(GF) P.98
H パークハイアット・サイゴン P.152
ファーマシティ Ⓢ P.122
スー・レストラン・ラウンジ
スターバックス コーヒー

ティーサック通り・タイバンルン通り

2

チョロン

2月3日通り 3 Thang 2 St.
タンフック通り
グエンラン H

Satra Foods Ⓢ
チャンクイー通り
Tran Quy 通り
小さな食堂が並ぶ
ACB BK
GS

玉意水餃 ℞
ハートンクイン通り
仏具・祭祀用具店が並ぶ
チョーライ病院

ハートンクイン通りには6〜7軒ほど水餃子(Sui Cao)店がある。ローカル客しかいないが、水餃子好きはぜひ。

グエンチータン通り Nguyen Chi Thanh St.
Pho Co Dieu St.
Thuan Kieu 通り

℞ ドンスエン (鶏料理)
タンタン通り
Tan Thanh St.
Pham Huu Chi St.
フンヴーン病院
フンヴーン・プラザ Ⓢ

路上市場
フデンヒュエ通り
バイクの部品、修理の店が並ぶ
Hong Bang St.
ホーチミン市医薬大
BK

本誌 P.146〜147
ホンバン通り 400m 徒歩5分
チェー・ハーキー P.93
温陵会館(オンラン会館)
フックアン薬局
チョロンモー
ティエンハウ寺 P.147 (天后宮)

グエンチャイ通り
吉徳堂薬行
路上市場
民益
Nguyen Trai St.
培智書店
サータイ市場

グエンチャイ通り
嬌祖天后廟 Ⓢ
85 Ⓢ P.95
東源鶏飯
フエフエ・ベーカリー

Tran Chanh Chieu St.
チャータム教会 P.147
漢方薬の店が並ぶ
ダイクアンミン・モール P.27
仏具・祭祀用具店が並ぶ

Trang Tu St. チョロン・バスターミナル
布間屋が並ぶ
二府廟
Hai Thuong Lang Ong St.
裁縫道具通り

チットゥー Ⓢ P.147
小公園
ハイトゥーンランオン通り Hai Thuong Lang Ong St.
キムビエン市場
チョロン中央郵便局
ファン・ディン・フン像

チュンエン・レジェンド Ⓒ
タップムーイ通り Thap Muoi St.
市内行き路線バス乗り場
東亜
漢方薬の店が並ぶ

ビンタイ市場 P.28,146

A
B

Tau Hu Can

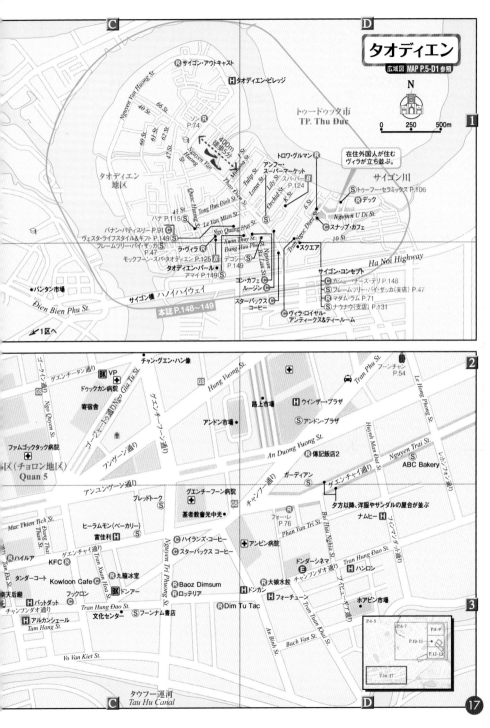

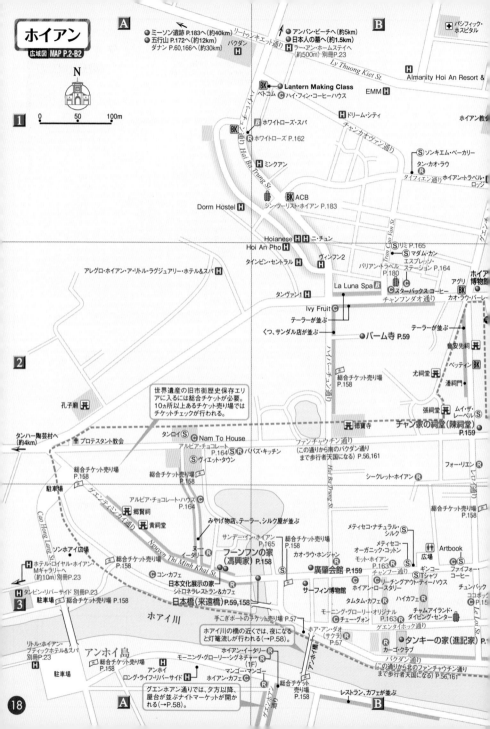

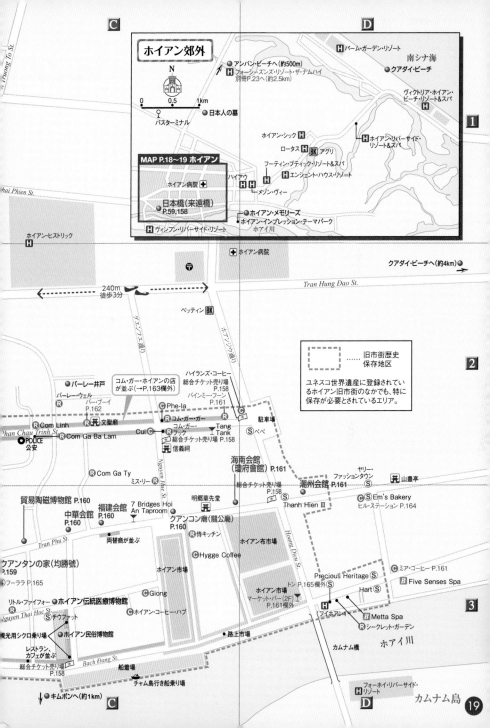

ホイアン郊外

ホイアン郊外

N

0　0.5　1km

バスターミナル

MAP P.18〜19 ホイアン

ホイアン病院 ✚

日本橋（来遠橋）
P.59,158

ⓗ ヴィンパン・リバーサイド・リゾート

南シナ海

ⓗ パーム・ガーデン・リゾート

クアダイ・ビーチ

◎ アンバン・ビーチへ（約500m）

ⓗ フォーシーズンズ・リゾート・ザ・ナムハイ
別冊P.23へ（約2.5km）

◎ 日本人の墓

ホイアン・シック ⓗ

ロータス ⓗ BK アグリ

フーティン・ブティック・リゾート&スパ

ハイアウ ⓗ
├ メゾン・ヴィー

ヴィクトリア・ホイアン・
ビーチ・リゾート&スパ

ⓗ ホイアン・リバーサイド・
リゾート&スパ

ⓗ エンシェント・ハウス・リゾート

◎ ホイアン・メモリーズ
ホイアン・インプレッション・テーマパーク
ホアイ川

ホイアン・ヒストリック
ⓗ

✚ ホイアン病院

〒

クアダイ・ビーチへ（約4km）◎→

Tran Hung Đao St.

240m
徒歩3分

ベッティン BK

┈┈┈ 旧市街歴史
保存地区

ユネスコ世界遺産に登録されてい
るホイアン旧市街のなかでも、特に
保存が必要とされているエリア。

ⓡ バーレー井戸

バーレー・ウェル

ⓡ バー・ブイ
P.162

ⓡ Com Linh

ⓡ Com Ga Ba Lam

●POLICE
公安

ⓡ Com Ga Ty
ミス・リー

貿易陶磁博物館 P.160

中華会館
P.160

福建会館
P.160

7 Bridges Hoi
An Taproom

クアンタンの家（均勝號）
P.159

ⓒ フーララ P.165

リトル・ファイフォー

ⓢ チウファット

観光用シクロ乗り場

ⓡ ホイアン民俗博物館

レストラン、
カフェが並ぶ

総合チケット売り場
P.158

ハイランズ・コーヒー
総合チケット売り場
P.158

ⓡ Phe-la

ⓡ コム・ガーガー

コム・ガー・
フック

総合チケット売り場 P.158

信義祠

コム・ガー・ホイアンの店
が並ぶ（→P.163欄外）

パインミー・フーン
P.161

駐車場

ⓢ ベベ

Tang
Tank

Cui ⓒ

ⓗ ホイアン伝統医療博物館

ⓒ ホイアン・コーヒー・ハブ

文聖廟

海南会館
（瓊府會館）P.161

総合チケット売り場
P.158

明郷萃先堂

クアンコン廟（關公廟）
P.160

ⓒ Giong

ⓒ 侍キッチン

両替商が並ぶ

ホイアン市場

ホイアン布市場

ⓒ Hygge Coffee

潮州会館 P.161

Thanh Hien III

ⓢ

ヤリー・
ファッションタウン
ⓢ

山豊亭

ⓒ Em's Bakery
ヒル・ステーション P.164

ⓢ ミア・コーヒー P.161

ⓡ Hart ⓢ

ⓡ Five Senses Spa

ホイアン市場
マーケット・バー（2F）
P.161欄外

ⓢ Precious Heritage

トン P.165欄外 ⓢ

路上市場

船着場

チャム島行き船乗り場

↓ キムボンへ（約1km）

Bach Đang St.

フェホアン ⓗ

ⓡ Metta Spa

ⓡ シークレット・ガーデン

カムナム橋

ホアイ川

ⓗ フォーホイ・リバーサイド・
リゾート

カムナム島

C

D

19

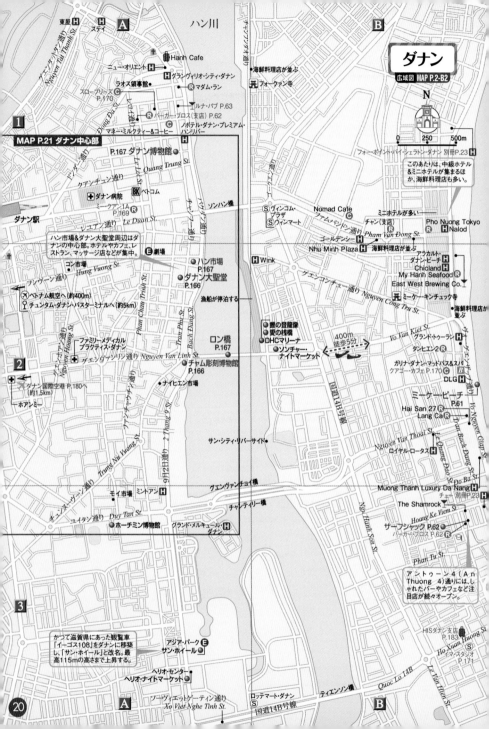

ハン川

ダナン

広域図 MAP P.2-B2

N

0　　250　　500m

このあたりは、中級ホテル＆ミニホテルが集まるほか、海鮮料理店も多い。

東屋 H
H ステイ A

B

ニュー・オリエント H
Hanh Cafe

H グランヴィリオ・シティ・ダナン
海鮮料理店が並ぶ
ラオス領事館 C
マダム・ラン
フォークァン寺

スロープリーズ P.170

バーガー・ブロス（支店）P.62
ルナ・パブ P.63

マネー・ミルクティー＆コーヒー R
ホテル・ダナン・プレミアム・ハンリバー

MAP P.21 ダナン中心部

P.167 ダナン博物館

フォー・ポイント・バイ・シェラトン・ダナン 別冊P.23 H

ダナン病院
BK ベトコム

ヴィンコム・プラザ S
Nomad Cafe
ミニホテルが多い

ミークァン1A R P.169
ダナン駅

ヴィンマート S
ファム・ヴァン・ドン通り Pham Van Dong St.
チャン（支店）H
Pho Nuong Tokyo
H Nalod

ハン市場＆ダナン大聖堂周辺はダナンの中心部。ホテルやカフェ、レストラン、マッサージ店などが集中。

ゴールデンシー
Nhu Minh Plaza H 海鮮料理店が並ぶ
アラカルト・ダナン・ビーチ
Chicland
My Hanh Seafood
East West Brewing Co.

劇場

コン市場
ハン市場 P.167
Wink
グエンコンチュー通り Nguyen Cong Tru St.
ミーケー・キンチュック寺

ダナン大聖堂 P.166
漁船が停泊する
海鮮料理店が並ぶ

ベトナム航空へ（約400m）
チュンタム・ダナンバスターミナルへ（約5km）

鯉の登龍像
愛の桟橋
DHCマリーナ
ソンチャー・ナイトマーケット

400m徒歩5分
Vo Van Kiet St.
グランド・トゥーラン
タンヒエン2 R

ファミリーメディカルプラクティス・ダナン
ロン橋 P.167
グエンヴァンリン通り Nguyen Van Linh St.
チャム彫刻博物館 P.166

ガリナ・ダナン・マッドバス＆スパ
クアゴー・カフェ P.170 C
DLG H

ダナン国際空港 P.180へ（約1.5km）
ホアンミ

ナイヒエン市場

ミーケー・ビーチ
Hai San 27 R P.61
Lang Ca R

サン・シティ・リバーサイド
ロイヤル・ロータス R

グエンヴァンチョイ橋
Muong Thanh Luxury Da Nang
チャー 別冊P.23 H

モイ市場 ミントアン H
チャンティリー橋

The Shamrock

ホーチミン博物館
グランド・メルキュール・ダナン H
サーフジャック P.62
バーガー・ブロス P.62

かつて滋賀県にあった観覧車「イーゴス108」をダナンに移築し、「サン・ホイール」と改名。最高115mの高さまで上昇する。

アジア・パーク E
サン・ホイール

HISダナン支店 P.183
イマ・スタジオ P.171

ヘリオ・センター
ヘリオ・ナイトマーケット

アントゥーン4（An Thuong 4）通りには、しゃれたバーやカフェなど注目店が続々オープン。

ソー・ヴィエット・ゲーティン通り Xo Viet Nghe Tinh St.
ロッテマート・ダナン S
国道14B号線
ティエンソン橋
Quoc Lo 14B

A
B

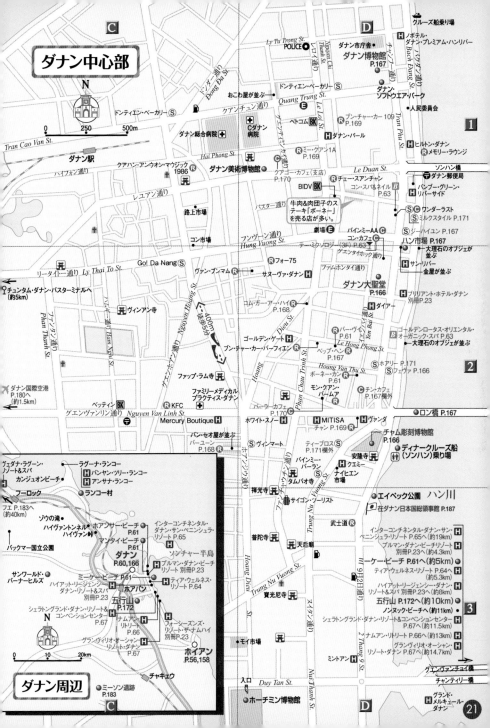

ダナン中心部

N

250　500m

Tran Cao Van St.

C

D

Ly Tu Trong St.
POLICE

ダナン市庁舎

ダナン博物館 P.167

クルーズ船乗り場

H ノボテル・ダナン・プレミアム・ハンリバー

Dong Da St.

ドンティエン・ベーカリー S

おこわ屋が並ぶ

クアンチュン通り

Quang Trung St.

ドンティエン・ベーカリー S

ダナン・ソフトウエア・パーク

ダナン駅

ダナン総合病院

Cダナン病院

Hai Phong St.

ベトコム BK

ブン・チャー・カー 109 P.169

人民委員会

ダナン・パール

H ヒルトン・ダナン
メモリー・ラウンジ

クアハン・アンウオン・マウジック
1986

ダナン美術博物館 P.167

ミー・クアン1A P.169

ソンハン橋

クアア・カフェ（支店）P.170

チェー・スアンティエン

ダナン郵便局

レウアン通り

C

R

Le Duan St.

B

バンブー・グリーン・
リバーサイド

路上市場

バスター通り

牛肉&肉団子のス
テーキ「ボーネー」
を売る店が多い。

コン・スパ&ネイル P.63

R

劇場

ワンダーラスト
ミルクスタイル P.171

S ジーハイユン P.167

コン市場

フンヴーン通り
Hung Vuong St.

バインミーAA C

テーミクソロジー(3F) P.63
グエンタイホック通り

コン・カフェ C

ハン市場 P.167
大理石のオブジェが並ぶ

H サンリバー
金星が並ぶ

Go! Da Nang S

Ly Thai To St.

ヴァン・ブンマム R

サヌーヴァ・ダナン H

ファム・ホンタイ通り

ダナン大聖堂 P.166

H ダイアー

ブリリアント・ホテル・ダナン
別冊 P.23

ヴィンアン寺

フォー75 R

コム・ガー・アー・ハイ P.168

ゴールデン・ゲート R

バー・ヴァー H

Le Hong Phong St.

ゴールデンロータス・オリエンタル・
オーガニック・スパ P.63

大理石のオブジェが並ぶ

ダナン国際空港 P.180へ
（約1.5km）

ファップ・ラム寺

ブン・チャー・カー・バーフィエン R

ベップ・ハン P.167

R ホアリー P.171

フェヴァ P.166

ベッティン BK

KFC R

Nguyen Van Linh St.
グエンヴァンリン通り

Mercury Boutique H

ファミリーメディカル
プラクティス・ダナン

バン・セオ屋が並ぶ
バーヌーン P.168

ホワイト・スノー H
チン P.169

ボーネー・カン R

モン・クアン・
バームア R

パーラーカフェ P.170

H MITISA

チンカフェ P.167別冊

ロン橋 P.167

ヴァンダ R

チャム彫刻博物館 P.166

ディナークルーズ船
（ソンハン）乗り場

ヴィンマート S

ティーブロス S

安gen 寺

エミー S

バインミー・
バラン

タムバオ寺

バインミー・
バーン

ナイトエン
市場

サイゴン・ツーリスト

禅光寺

普陀寺

武道館

エイペック公園　ハン川

在ダナン日本国総領事館 P.187

インターコンチネンタル・ダナン・サン・
ペニンシュラ・リゾート P.65へ（約19km）
プルマン・ダナン・ビーチリゾート
別冊P.23へ（約4.3km）
ティア・ウェルネス・リゾート P.64へ（約5.3km）
ハイアット・リージェンシー・ダナン・
リゾート&スパ 別冊P.23へ（約8km）
五行山 P.172へ（約10km）
ノンヌック・ビーチへ（約11km）
シェラトングランド・ダナン・リゾート&
コンベンションセンター P.67へ（約11.5km）
ナムアン・リトリート P.66へ（約13km）
グランヴィリオ・オーシャン・
リゾート・ダナン P.67へ（約14.7km）

天后廟

ホーチミン博物館

入口

Duy Tan St.

グエンヴァンチョイ橋
チャンティリー橋

グランド・メルキュール・
ダナン

C

D

1

2

3

ダナン周辺

ヴェダナ・ラグーン・
リゾート&スパ

ラグーナ・ランコー

バンヤン・ツリー・ランコー

アンサナ・ランコー

カンジョンビーチ

フーロック

ランコー村

フエ P.183へ
（約40km）

ゾウの滝

ハイヴァントンネル
ハイヴァン峠

バックマー国立公園

サンワールド・
バーナーヒルズ

インターコンチネンタル・
ダナン・サン・ベニンシュラ・
リゾート P.65

ホアンサー・ビーチ P.61

マンタイ・ビーチ P.61

ダナン P.60,166

ソンチャー半島

プルマン・ダナン・ビーチ
リゾート 別冊 P.23

ミーケービーチ P.61

ハイアット・リージェンシー・
ダナン・リゾート&スパ
別冊 P.23

ホアバン

ティア・ウェルネス・リゾート P.64

H

五行山 P.172

ナムアン・
リトリート P.66

シェラトングランド・ダナン・リゾート&
コンベンションセンター P.67

フォーシーズンズ・
リゾート・ザ・ナムハイ
別冊 P.23

グランヴィリオ・オーシャン・
リゾート・ダナン P.67

ホイアン P.56,158

チャキウ

N

0　10　20km

ミーソン遺跡 P.183

21

中心部にある高級～格安ホテル10軒をリストアップ。このままタクシーの運転手に見せてもOK！

高級 インターコンチネンタル・サイゴン
InterContinental Saigon

Map 別冊P.10-B1 **サイゴン大教会周辺**

ホテル、オフィス、アパートの3棟からなる5つ星ホテル。客室は竹や木材など自然の素材を多用したオリエンタル・モダンスタイル。3階の「スパ・インターコンチネンタル」（→P.127）も好評。ホテル棟の隣にレストラン街「エムプラザ・サイゴン」がある。

🏠 Corner Hai Bà Trung & Lê Duẩn
☎ 3520-9999
💰 シングル・ツイン345万ドン、スイート621万ドン（＋税・サ15%、スイートルームは朝食付き）**Card** A.D.J.M.V. 🛏 305室
📍 サイゴン大教会から徒歩約3分
URL www.icsaigon.com

高級 シェラトン・サイゴン・ホテル＆タワーズ
Sheraton Saigon Hotel & Towers

Map 別冊P.14-B1 **ドンコイ通り周辺**

ドンコイ通りとドンユー通りの角に立つ23階建ての大型ホテル。メインタワーとグランドタワーのふたつのタワーからなり、メインタワーは2019年に全面改装。客室はモダンなデザインとともにより快適で機能的な空間に生まれ変わった。

🏠 88 Đồng Khởi
☎ 3827-2828
💰 シングル・ツイン550万ドン～、スイート1300万ドン～（朝食付き）**Card** A.D.J.M.V. 🛏 485室
📍 市民劇場から徒歩約3分
URL sheratonsaigon.com

高級 ソフィテル・サイゴン・プラザ
Sofitel Saigon Plaza

Map 別冊P.9-C3 **ティーサック通り周辺**

設備の整ったフランス系5つ星ホテル。館内は、フランス人デザイナーによるエスプリの利いたモダンなデザイン。アメニティはランバンを提供している。レベルの高いフレンチを供する「ル・17ビストロ」、多国籍料理ビュッフェが楽しめる「メッズ」も好評だ。

🏠 17 Lê Duẩn
☎ 3824-1555
💰 シングル・ツイン360万ドン～、スイート550万ドン～（＋税・サ15%。朝食付き）**Card** A.D.J.M.V. 🛏 286室
📍 中心部からタクシーで約5分
URL sofitel-saigon-plaza.com

高級 ホテル・ニッコー・サイゴン
Hotel Nikko Saigon

Map 別冊P.5-C2 **チョロン周辺**

数名の日本人スタッフが駐在する日系の5つ星ホテル。ホーチミン中心部とチョロン地区の中間あたりの立地で、中心部へは無料シャトルバスを1日7便運行している。豪華ビュッフェが話題の「ラ・ブラッセリー」やラグジュアリーな「蓮スパ」など施設が充実。

🏠 235 Nguyễn Văn Cừ
☎ 3925-7777
💰 シングル・ダブル・ツイン300～360US$、スイート550US$～（＋税・サ15%。朝食付き）**Card** A.D.J.M.V. 🛏 334室 📍 中心部からタクシーで約15分 **URL** www.hotelnikkosaigon.com.vn

---

高級 マイ・ハウス・サイゴン
Mai House Saigon

Map 別冊P.7-C2 **3区**

2022年にオープンした、白亜のフレンチコロニアル風の大きな建物が目を引く5つ星ホテル。最小でも30㎡の客室は、アイボリーを基調としたあたたかみがありつつもクラシカルな家具を配置し、エレガントな空間。スパ、屋外プール、ジム、レストランがある。

🏠 157 Nam Kỳ Khởi Nghĩa, Q.3
☎ 7303-9000
💰 シングル・ダブル・ツイン240万2000ドン～、スイート413万5000ドン～（朝食付き）**Card** A.D.J.M.V. 🛏 180室
📍 中心部からタクシーで約10分
URL maihouse.com.vn

高級 ノボテル・サイゴン・センター
Novotel Saigon Centre

Map 別冊P.8-A3 **市北部**

世界で展開するノボテルグループの4つ星ホテル。館内と客室は白を基調にシンプルにまとまっており、清潔感がある。コンパクトなホテルだが、プール、インターナショナルビュッフェを供するレストランやカフェ、「オン・トップ・バー」（→P.97）もある。周辺にもレストランが多い。

🏠 167 Hai Bà Trung
☎ 3822-4866
💰 シングル・ダブル・ツイン250万ドン～ **Card** A.D.J.M.V. 🛏 247室
📍 中心部からタクシーで約5分
URL www.novotel-saigon-centre.com

中級 エム・ホテル・サイゴン
M Hotel Saigon

Map 別冊P.13-C1 **ドンコイ通り周辺**

ヒンドゥー寺院のスリ・タンディ・ユッタ・パニ寺院（→P.20）前に立つ、グレーとホワイトで統一された都会的なデザインのホテル。客室も機能性にこだわりつつもスタイリッシュにまとめている。小さな庭園付きの客室もある。レストラン、ジムを完備。

🏠 39 Tôn Thất Thiệp
☎ 3821-2888
💰 シングル・ダブル372万8738ドン～、スイート496万2950ドン～（朝食付き）**Card** A.J.M.V. 🛏 55室
📍 ベンタン市場から徒歩約10分
URL mhotel.vn

中級 サイゴン
Saigon

Map 別冊P.14-B1 **ドンコイ通り周辺**

ドンコイ通りにほど近く、日本からのツアーにもよく利用される。木のあたたかみを生かした客室は、エアコン、冷蔵庫、バスタブ、セーフティボックスを完備。バスタブやバルコニーの付く部屋もある。レストラン、ジム、ビジネスセンターなどがある。

🏠 41-47 Đồng Du
☎ 3829-9734
💰 シングル・ダブル・ツイン140万ドン～、スイート220万ドン～（朝食付き）**Card** M.V. 🛏 86室
📍 市民劇場から徒歩約5分
URL www.saigonhotel.com.vn

中級 ボンセンホテル・サイゴン
Bong Sen Hotel Saigon

Map 別冊P.14-B1 **ドンコイ通り周辺**

ドンコイ通りの中心部という絶好のロケーションに立つ老舗ホテル。客室は数年ごとにリノベーションを行っているが、古さは感じない。館内にはレストラン、フィットネスジム、ツアーデスクなどがある。レストラン「ガン」のベトナム料理ビュッフェは、宿泊客以外も訪れるほど人気。

🏠 117-123 Đồng Khởi ☎ 3829-1516
💰 シングル125万ドン～、ダブル・ツイン150万ドン～、スイート250万ドン～ **Card** A.D.J.M.V. 🛏 130室
📍 市民劇場から徒歩約5分
URL www.bongsenhotel.com

格安 ファンアン・バックパッカーズ・ホステル
Phan Anh Backpackers Hostel

Map 別冊P.14-A2 **ビュービン通り周辺**

ブイビエン通りすぐそば、ファングーラオ通りの路地にある。レセプションで靴を脱いで上がるスタイルで、館内は清潔。客室はシンプルだが明るく基本的な設備が整う。メニューを選べるボリュームたっぷりの朝食も人気。

🏠 373/6 Phạm Ngũ Lão ☎ 3920-9235
💰 シングル35万ドン～、ダブル・ツイン40万ドン～、トリプル50万ドン～（＋税・サ15%。朝食付き）**Card** A.D.M.V. 🛏 20室
📍 ベンタン市場から徒歩約5分
✉ sales@phananhbackpackershostel.com

プルマン・ダナン・ビーチリゾート
Pullman Danang Beach Resort

ワールドワイドでホテルを展開するアコーグループ経営のビーチリゾート。プールやプライベートビーチはもちろん、スパ施設が充実しているのも特徴。レストラン＆バー、テニスコートなどもありリゾートライフを存分に楽しめる。

Map 別冊P.21-C3　ダナン郊外

🏠101 Võ Nguyên Giáp, Q.Ngũ Hành Sơn　☎0236-3958-888　💴シングル・ツイン718万6500ドン～、スイート898万6500ドン～、ヴィラ998万6500ドン～　Card A.D.J.M.V.　🛏186室、11ヴィラ　📍ダナン中心部からタクシーで約30分　URLwww.pullman-danang.com

ハイアット・リージェンシー・ダナン・リゾート＆スパ
Hyatt Regency Danang Resort & Spa

電気カートで移動可能な敷地には約700mのプライベートビーチ、5つのプール、5つのレストランを含む10軒の飲食施設、スパなどが点在し、非日常を満喫できる。目の前には五行山が立ち、ホイアンやダナンへのアクセスに便利。客室が窓が大きく、リゾートを感じさせる。

Map 別冊P.21-C3　ダナン郊外

🏠5 Trường Sa, Q.Ngũ Hành Sơn　☎0236-3981-234　💴シングル・ツイン540万ドン～、ヴィラ2240万ドン～（＋税・サ15％）　Card A.D.J.M.V.　🛏198室、22ヴィラ　📍ダナン中心部からタクシーで約20分　URLdanang.regency.hyatt.com

フォー・ポイント・バイ・シェラトン・ダナン
Four Points by Sheraton Danang

マンタイ・ビーチ（→P.61）すぐ近くに立つシェラトンブランドの36階建て高層ホテル。全室バスタブ付きで、高層階の客室からはダナンの海岸線や町並みを見下ろせる。屋上のバー、屋外プール、スパ、24時間営業のジムなど施設も充実。

Map 別冊P.20-B1　ミーケー・ビーチ北側

🏠118 120 Võ Nguyên Giáp, Q.Sơn Trà　☎0236-3997-979　💴シングル・ダブル・ツイン・スイート200万ドン～（＋税・サ15％。朝食付き）　Card A.D.J.M.V.　🛏390室　📍ハン市場からタクシーで約9分　URLfourpointsdanang.com

ブリリアント・ホテル・ダナン
Brilliant Hotel Danang

ダナン中心部、ハン川沿いの17階建てホテル。こぢんまりとした造りながら館内は洗練された内装。客室やアジアとヨーロッパのエッセンスが融合した都会的なデザインで、最新設備が揃っている。デラックス以上はバスタブ付き。レストラン、屋上バー、スパ、インドアプールなどがある。

Map 別冊P.21-D2　ダナン中心部

🏠162 Bạch Đằng, Q.Hải Châu　☎0236-3222-999　💴シングル・ダブル・ツイン189万ドン～、スイート300万ドン～（朝食付き）　Card A.D.J.M.V.　🛏102室　📍ハン市場から徒歩約1分　URLwww.brillianthotel.vn

チュー
Chu

ミーケー・ビーチ南側のミニホテルが多く集まるアントゥーン・エリアにあり、ビーチまで徒歩約10分のミニホテル。客室はアンティーク風の落ち着いた調度品でまとめられ、基本的なアメニティや設備が整う。テラス席が心地よいカフェ・レストランを併設。

Map 別冊P.20-B3　ミーケー・ビーチ南側

🏠2-4-6 An Thượng 1, Q.Ngũ Hành Sơn　☎0236-3955-123　💴シングル・ダブル・ツイン60万ドン～、スイート95万ドン～（朝食付き）　Card A.D.J.M.V.　🛏27室　📍ハン市場からタクシーで約12分　URLwww.facebook.com/chuhotel.danang

フォーシーズンズ・リゾート・ザ・ナムハイ
Four Seasons Resort The Nam Hai

フォーシーズンズグループ傘下の贅を尽くしたラグジュアリーホテル。約35ヘクタールの広大な敷地は、電気カートでの移動になるほどの広さだ。約1kmのプライベートビーチ、3つのプール、100棟のヴィラ、テニスコート、スパ棟、ジム棟などが点在する。

Map 別冊P.21-C3　ホイアン郊外

🏠Block Hà My Đông B, Điện Dương Village　☎0235-3940-000　💴ヴィラ760US$～（＋税・サ15％。朝食付き）　Card A.D.J.M.V.　🛏100ヴィラ　📍旧市街からタクシーで約15分　URLwww.fourseasons.com/hoian

ホテル・ロイヤル・ホイアン・Mギャラリー
Hotel Royal Hoi An-Mgallery

トゥボン川沿いの5つ星ブティックホテル。モダンなデザインの客室には、バスタブ、コーヒーメーカーなどを備え、モダンかつクラシカルなインテリアで洗練の趣。屋外プール、スパ、寿司店「ワカク」などがある。

Map 別冊P.18-A3参照　ホイアン中心部

🏠39 Đào Duy Từ　☎0235-3950-777　💴シングル・ダブル・ツイン300万ドン～、スイート695万ドン～（朝食付き）　Card A.D.J.M.V.　🛏187室　📍旧市街から徒歩約10分　URLwww.hotelroyal-hoian.com

タンビン・リバーサイド
Thanh Binh Riverside

ベトナムのホテルチェーン、タンビングループのホテル。客室は白壁と木目調の床のコントラストが上品な雰囲気で、全室バルコニー付き。またシャワールームとバスタブが分かれているのもうれしい。レストラン＆カフェやプール、スパなども揃っている。

Map 別冊P.18-A3　ホイアン中心部

🏠Hamlet 5, Nguyễn Du　☎0235-3922-923　💴シングル・ダブル・ツイン90万ドン～、スイート130万ドン～（朝食付き）　Card M.V.　🛏81室　📍旧市街から徒歩約10分　URLwww.thanhbinhriversidehotel.com

リトル・ホイアン・ブティックホテル＆スパ
Little Hoi An Boutique Hotel & Spa

こぢんまりとしたブティックホテル。3階建ての小さな造りながら、レストラン、プール、スパ、ジムなどの施設がある。客室はデラックスとスイートの2タイプあり、スイートがリバービュー。ホイアンらしいアンティーク調と都会的なデザインがマッチし、シックな雰囲気。

Map 別冊P.18-A3　ホイアン中心部

🏠2 Thoại Ngọc Hầu　☎0235-3869-999　💴シングル・ダブル・ツイン360万ドン～、スイート480万ドン～（朝食付き）　Card A.J.M.V.　🛏30室　📍旧市街から徒歩約3分　URLwww.littlehoian.com

ラー・アン・ホームステイ
La An Homestay

旧市街から徒歩約10分と、少し離れたエリアに立つミニホテル。女性オーナーがデザインした客室はおしゃれなインテリアで統一。ホイアン名物料理や西洋料理など選べる朝食が好評で、清潔＆居心地もいいとあって、常に満室状態のため、早めに予約を。

Map 別冊P.18-B1参照　ホイアン中心部

🏠455 Hai Bà Trưng　☎094-6920808（携帯）　💴シングル・ダブル・ツイン35万ドン～　Card A.M.V.　🛏6室　📍旧市街から徒歩約10分

生春巻ありますか？
ゴーゴイクォンホン？
Có gỏi cuốn không?

ベトナム料理図鑑

絶対食べたいベトナム料理の代表的メニューを
南部のものを中心にジャンルごとにご紹介。
ベトナム語を指さして、オーダー時に使ってね。
本誌のP.40、74、162、168でもベトナムのソウルフードや
中・南部ならではのおすすめグルメを紹介しています。
スイーツ＆ドリンクは本誌P.92を見てね。

01 Khai Vị/Gỏi
カイ・ヴィ／ゴーイ

前菜＆サラダ

メイン料理までのつなぎと侮る
なかれ！ ひと口目でベトナム
料理のトリコになっちゃうはず

南部

生春巻
Gỏi Cuốn　ゴーイ・クォン
モチモチのライスペーパーの中
にはエビや香草がたっぷり。南
部では軽食に食べられる

揚げ春巻
Chả Giò　チャー・ヨー
豚ひき肉やキクラゲ、春雨など
をライスペーパーで包み、パリッ
と香ばしく揚げた一品

中部

蒸し春巻
Bánh Ướt Thịt Nướng　バン・ウット・ティット・ヌーン
薄く延ばして蒸したプルプル食
感のライスペーパーで豚肉や野
菜を巻いたフエ料理

中部

からし菜の生春巻
Cuốn Diếp　クォン・ジップ
ライスペーパーの代わりに、か
らし菜でエビや春雨などを巻い
たフエ料理

ハスの茎のサラダ
Gỏi Ngó Sen　ゴーイ・ゴーセン
ハスの茎をエビ、豚肉などと一
緒にヌックマムベースの甘めの
たれであえた一品

グリーンパパイヤのサラダ
Gỏi Đu Đủ　ゴーイ・ドゥドゥ
未熟なパパイヤの果肉を千切り
にしたさっぱりサラダは、映画
『青いパパイヤの香り』で有名

南部

ザボンのサラダ
Gỏi Bưởi　ゴーイ・ブイ
柑橘系のフルーツであるザボン
とエビなどをあえて、少量のヌッ
クマムで味付けしたサラダ

南部

バナナの花のサラダ
Gỏi Hoa Chuối　ゴーイ・ホア・チュイ
千切りにしたバナナの花を野菜
や肉などと一緒にあえた、さっ
ぱり味のサラダ

干し牛肉のサラダ
Gỏi Khô Bò　ゴーイ・コーボー
ビーフジャーキーと青パパイヤを
ヌックマムだれであえたもの。
おやつとしても人気

中部

エビのすり身のグリル
Chạo Tôm　チャオ・トム
エビのすり身をサトウキビに巻
き焼いたフエ料理。ライスペー
パーに包んで食べる

ベトナム風さつま揚げ
Chả Cá　チャー・カー
白身魚をすりつぶしたものに
ディルを混ぜ合わせて揚げたも
のが定番。カルシウムたっぷり

レストランで
使える

ミニ
単語

メニュー	Thực đơn	トゥック ドン		レストラン	Nhà hàng	ニャー ハン
つまようじ	Tăm	タム		スプーン	Muỗng／Thìa	ムオン／ティア
箸	Đũa	ドゥア		フォーク	Nĩa／Dĩa	ニア／ジア
茶碗	Chén／Bát	チェン／バット		ナイフ	Dao	ヤオ
ご飯	Cơm	コム		パン	Bánh mì	バンミー
水	Nước suối	ヌック スオイ		フォー(米粉麺)	Phở	フォー
氷	Đá	ダー		ビール	Bia	ビア
おしぼり	Khăn lạnh	カン ラン		コップ	Ly／Cốc	リー／コック

02 Canh カン スープ

ベトナムのスープは野菜たっぷり。野菜不足になりがちな旅行中にはうれしい

甘酸っぱいスープ
Canh Chua　カン・チュア
たっぷりの南国野菜と魚が入った甘酸っぱいスープは南部ベトナムのおふくろの味
［南部］

ニガウリの肉詰めスープ
Canh Kho Qua Heo Thit　カン・コー・クア・ヘオ・ティット
クリアな豚ベースのスープ。ニガウリは体の熱を取ってくれるので暑い日におすすめ

アスパラガスとカニのスープ
Súp Măng Cua　スップ・マン・クア
ホワイトアスパラガスとカニの贅沢スープは、とろりとした上品な味

03 Rau ラウ 野菜

ご飯が進む味付けの野菜料理がたくさん。珍しい南国野菜や花料理にトライ

空芯菜のニンニク炒め
Rau Muống Xào Tỏi　ラウ・ムォン・サオ・トーイ
強火でニンニクと空芯菜をサッと炒めた定番のおかず。ビールにも合う

カボチャの花のニンニク炒め
Bông Bí Xào Tỏi　ボン・ビー・サオ・トーイ
ベトナム南部の代表的な花料理。シャキシャキとしたカボチャの花の新食感がいい
［南部］

ゆで野菜とヌックマムのカラメルソース
Rau Củ Luộc Chấm Kho Quẹt　ラウ・クー・ルォック・チャム・コー・ウェッ
豚の脂や干しエビなどを砂糖で煮詰めたヌックマムだれにゆで野菜をディップ
［南部］

04 Thit ティット 肉料理

牛（Bò）、鶏（Gà）、豚（Heo/Lợn）の3つのベトナム語を覚えれば注文もラクラク

ビーフシチュー
Bò Kho　ボー・コー
肉やニンジン、ジャガイモ入りで日本のものに比べてサラッとしている。バインミー（バゲット）とともに
［南部］

牛肉のレモングラス炒め
Bò Xào Sả Ớt　ボー・サオ・サー・オッ
隠し味はピリリと効かせたトウガラシ。さわやかなレモングラスとピーマンの風味が食欲をそそる

サイコロステーキ
Bò Lúc Lắc　ボー・ルック・ラック
噛み応えがあるベトナム版牛肉のサイコロステーキ。黒コショウが効いていておいしい

豚肉団子
Nem Nướng　ネム・ヌーン
豚肉団子の網焼き。生野菜と一緒に米麺かライスペーパーでくるんで食べる

ゆで豚肉
Heo Luộc　ヘオ・ルォック
スライスしたゆで豚肉は、米麺と野菜とともにライスペーパーにくるんで食べる

鶏手羽先のバター揚げ
Cánh Gà Chiên Bơ　カン・ガー・チン・ボー
バターで香りよく揚げた鶏手羽先はおつまみにいい。塩コショウにライムを搾ってどうぞ

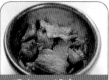

豚肉の土鍋煮込み
Thịt Kho Tộ　ティット・コー・トー
Tộは土鍋という意味。味付けのポイントはヌックマムとブラウンシュガー

料理用語

香草とつけだれ →本誌P.82

調理法		
巻く	Cuốn	クォン
包む	Gói	ゴイ
あえる	Gỏi	ゴイ
蒸す	Hấp	ハップ
煮付ける	Kho	コー
ゆでる	Luộc	ルォック
焼く	Nướng	ヌーン
揚げる	Chiên/Rán	チン/ザン
炒める	Xào	サオ

食材		
牛	Bò	ボー
鶏	Gà	ガー
豚	Heo/Lợn	ヘオ/ロン
肉	Thịt	ティット
卵	Trứng	チュン
ホウレンソウ	Bó xôi	ボーソイ
ライム	Chanh	チャン
モヤシ	Giá	ヤー
ショウガ	Gừng	グン

ニガウリ	Khổ qua	コー・ワー
キノコ	Nấm	ナム
空芯菜	Rau muống	ラウ・ムォン
ニンニク	Tỏi	トーイ

焼き魚おいしいよ！

05 Cá/Hải Sản
カー/ハイサン

魚介料理

バリエーション豊かで新鮮な
シーフードが日本よりお得に食
べられるのもベトナムならでは！

エビのココナッツジュース蒸し
Tôm Sú Hấp Nước Dừa トム・スー・ハップ・ヌック・ユア
ココナッツジュースで蒸すこと
で、身は軟らかく、よりジュー
シーな味わいに

ロブスターのチーズ焼き
Tôm Hùm Nướng Phô Mai トム・フム・ヌング・フォー・マイ
チーズとバターの香りが食欲を
そそる一品。焼きたてのアツア
ツをほおばりたい

カニの丸揚げ
Cua Rang Muối クア・ラン・ムオイ
丸揚げにしたカニをさらにニンニ
ク、塩コショウで炒めた贅沢な一
品。手づかみでバリバリいこう

ソフトシェルクラブ
Cua Lột クア・ロット
脱皮直後の軟らかいカニをから
揚げにした料理。サクサクの
衣とジューシーなカニが美味

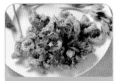
イカフライ
Mực Chiên Giòn ムック・チン・ヨン
カリカリに揚がっているものが
○。ニンニクが効いていてビー
ルのつまみにぴったり

南部

イカの一夜干し
Mực Một Nắng ムック・モッ・ナン
おつまみの定番のイカは新鮮で
比較的リーズナブル。ジュー
シーでビールが進む

カキのニンニクバター焼き
Hàu Nướng Bơ Tỏi ハウ・ヌーン・ボー・トイ
ニンニクチップとバターをカキ
にのせ、直火焼きにした贅沢な
一品

ハマグリのレモングラス蒸し
Nghêu Hấp Sả ゲウ・ハップ・サー
日本人に人気のメニュー。ベト
ナムのハマグリはやや小ぶり。レ
モングラスの香りで食欲アップ

蒸し魚
Cá Quả Hấp カー・クワー・ハップ
ベトナムではポピュラーな淡水
魚、雷魚のショウガ蒸し。顔は
怖いが味は淡白でウマイ

南部

象耳魚のから揚げ
Cá Tai Tượng カー・タイ・トゥーン
ミトー（→本誌P.50）の名物料
理。身は野菜とともにライス
ペーパーにくるんで食べる

魚の土鍋煮
Cá Kho Tộ カー・コート
淡水魚をヌックマムとココナッ
ツジュースで甘辛く煮付けた家
庭料理

06 Lẩu
ラウ

鍋料理

南国ベトナムでも意外と
ポピュラーな鍋料理。具材は花
やヤギなどちょっと個性的

キノコ鍋
Lẩu Nấm ラウ・ナム
キノコを中心に、肉、魚、野菜
などの具を入れて楽しむ。ヘル
シーさから若い女性に大人気

花鍋
Lẩu Hoa ラウ・ホア
カボチャや夜来香といった食用
の花を使った鍋は南部のメニュ
ー。独特の花の食感を楽しもう

南部

ヤギ肉鍋
Lẩu Dê ラウ・イェー
薬膳風のスープでヤギ肉、湯
葉、タロイモなどの具材を煮込
む栄養満点の鍋

飲み物に関する
ベトナム語

覚えておくと便利なミニ単語		
冷たいお茶	Trà đá	チャーダー
温かいお茶	Trà nóng	チャーノン
コーヒー	Cà phê	カフェ
コーラ	Côca	コカ
ビール	Bia	ビア
ソフトドリンク	Nước ngọt	ヌック ゴット
水	Nước suối	ヌック スオイ

コーヒー→本誌P.30

伝えてみよう！ ベトナム語

冷たいお茶を1杯ください。
Cho một ly trà đá.
チョー モッ リー チャーダー

冷たいビールはありますか？
Có bia ướp lạnh không?
コー ビア ウップ ラン ホン？

氷を入れないでください。
Đừng cho đá nhé!
ドゥン チョー ダー ニェー

のど
かわいい～

Cơm
コム

ご飯

米文化が根付く
ベトナムのご飯料理は
バラエティ豊か

鶏肉の炊き込みご飯
Cơm Tay Cầm　コム・タイ・カム
土鍋で作るのでご飯ふっくら。
鍋底にできるおこげも香ばしく
ておいしい

中部

チキンライス
Cơm Gà　コム・ガー
鶏ガラスープで炊き上げたご飯
の上に、ゆでた鶏肉をのせた中
国風メニュー

南部

パイナップルチャーハン
Cơm Chiên Thơm　コム・チン・トム
パイナップルの皮の中にフルー
ティなチャーハンが入って、眺
めているだけでも楽しくなる

土鍋のおこげご飯
Cơm Đập　コム・ダップ
土鍋で炊き上げた際にできるカ
リカリのおこげがおいしい。ネ
ギやゴマをかけて食べる

南部

五目おこわ
Xôi Thập Cầm　ソイ・タップ・カム
南部風の五目おこわは、サラミ
や豚フレーク、ウズラの卵など
がのる

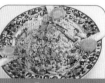
南部

五目チャーハン
Cơm Chiên Thập Cầm　コム・チン・タップ・カム
ラップスーンというやや脂っぽ
く甘いサラミソーセージを入れ
るのが、ベトナム風

南部

焼き豚のせご飯
Cơm Sườn　コム・スーン
炭火焼きの豚肉を白米にのせて
食べるがっつりメニュー。朝食
として人気

Phở/Bún
フォー/ブン

麺類

本誌P.40、76〜77の
ご当地麺以外にもまだまだ
おすすめ麺がいっぱい！

ゆで牛肉入りフォー
Phở Bò Chín　フォー・ボー・チン
フォーのバリエーションのひと
つ。「ボー」は牛肉、「チン」は
よく火を通した状態

レア牛肉入りフォー
Phở Bò Tái　フォー・ボー・タイ
こちらもフォーのバリエーショ
ン。「タイ」は半生の意味で、
レア牛肉入り

牛肉入り炒めフォー
Phở Xào Bò　フォー・サオ・ボー
牛肉、野菜、フォーを炒めた料
理。どこで食べてもハズレがな
いが味は濃いめ

南部

焼き豚肉の汁なし米麺
Bún Thịt Nướng　ブン・ティット・ヌーン
細めの米麺ブンに豚の焼肉や野
菜、揚げ春巻をトッピング。
ヌックマムだれをかけて食べる

かた焼きそば
Mì Xào Dòn　ミー・サオ・ヨン
麺のパリパリ食感が楽しい。ち
なみに軟らかい焼きそばは
「ミー・サオ・メム」

北部

白身魚とディル入りのスープ米麺
Bún Cá Thì Là　ブン・カー・ティーラー
白身魚とディル入りのスープ米
麺は、トマトベースで優しい
味。ベトナム北部メニュー

鶏肉入りスープ春雨
Miến Gà　ミエン・ガー
おもに緑豆を原料に作られた乾
麺「ミエン」は春雨みたいな食
感で食欲のないときでも◎

One Point Advice　高級店、食堂、屋台の違い

へ〜
知らなかった！

高級店
★予約がベター
★小ぎれいな服装で
★基本的にチップは不要だが、
10％の税金＋5％の
サービス料がかかる店が多い

庶民派食堂
★英語メニューがない店も多い。
困ったら指さし注文で
★席に着いたら出されるおしぼりは
たいてい有料。持参したものが
あればそれを使ってOK
★会計が合っているかどうか、
支払い前に注意して見たほうがよい

屋台
★テーブルに置いてある
スプーンや箸を使う前には
ティッシュで拭くこと
★トイレはないが、近くの店で
借りられることもある
★衛生面は安心とはいえない
ので自己責任で

はい　　　ヴァン（ヤ）　Vâng (Dạ)
いいえ　　ホン　Không

こんにちは。
シン　チャオ　Xin chào.

ありがとう。
カム　オン　Cám ơn.

どういたしまして。
ホン　コー　チー　Không có chi.

ごめんなさい。
シン　ローイ　Xin lỗi.

おやすみなさい。
チュック　グー　ゴン　Chúc ngủ ngon.

どうぞ。
シン　モーイ　Xin mời.

すみませんが……。
シン　ローイ　Xin lỗi.

さようなら。
タム　ビェット　Tạm biệt.

私は日本人です。
トイ　ラー　グォイ　ニャット　Tôi là người Nhật.

あなたのお名前は?
バン　テン　ラー　ジー　Bạn tên là gì?

私の名前は佐藤です。
トイ　テン　ラー　サトー　Tôi tên là Sato.

あなたは何歳ですか?
バン　バオ　ニュウ　トゥーイ　Bạn bao nhiêu tuổi?

私は22歳です。
トイ　ハイ　ムオイ　ハイ　トゥーイ　Tôi 22 tuổi.

お元気ですか?
バン　コー　ホエー　ホン　Bạn có khỏe không?

はい、元気です。
ヴァン（ヤ）　トイ　ホエー　Vâng (Dạ),tôi khỏe.

私は会社員です。
トイ　ラー　ニャン　ヴィエン　コン　ティー　Tôi là nhân viên công ty.

私は大学生です。
トイ　ラー　シン　ヴィエン　Tôi là sinh viên.

また会いましょう。
ヘン　ガップ　ライ　Hẹn gặp lại.

お元気で。
バン　ジィウ　スック　ホエー　ニェー　Bạn giữ sức khỏe nhé!

街で使うフレーズ

ベンタン市場はどこですか?
チョ　ベン　タン　オー　ダウ　Chợ Bến Thành ở đâu?

近いですか?　コー　ガン　ホン　Có gần không?

何分くらいかかりますか?
マッ　ホアン　メイ　フット　Mất Khoảng mấy phút?

○○まで行ってください　（タクシー乗車時）。
チョー　トイ　デン○○　Chở tôi đến ○○.

道が違います。ニャム　ドゥーン　ローイ　Nhầm đường rồi.

メーターで行ってください。
ティン　テオ　ドン　ホー　ニェー　Tính theo đồng hồ nhé!

右に!／左に!ウェオ　ファイ／チャイ　ニェー　quẹo phải／trái nhé!

このバスはチョロン行きですか?
セー　ナイ　コー　ディー　チョロン　ホン　Xe này có đi Chợ Lớn không?

何時に出発しますか?
メイ　ヨー　セー　チャイ　Mấy giờ xe chạy?

ここで停めてください。ユン　ライ　デイ　Dừng lại đây.

ここはどこですか?　デイ　ラー　オー　ダウ　Đây là ở đâu?

住所を書いてください。
ヴィエット　ユム　ディア　チー　チョー　トイ　ヴォイ　Viết dùm địa chỉ cho tôi với.

写真を撮ってもいいですか?
チュップ　ヒン　ドゥック　ホン　Chụp hình được không?

ショッピングで使うフレーズ

これはいくらですか?
カイ　ナイ　ヤー　バオ　ニュウ　Cái này giá bao nhiêu?

全部でいくらですか?
タット　カー　ヤー　バオ　ニュウ　Tất cả giá bao nhiêu?

高過ぎる!　マック　クア　Mắc quá!

まけてください。
シン　ボッ　チョー　トイ　Xin bớt cho tôi.

これをください。
チョー　トイ　カイ　ナイ　Cho tôi cái này.

おつりをください。
シン　ティエン　トイ　ライ　チョー　トイ　Xin tiền thối lại cho tôi.

アオザイを作りたい。
トイ　ムオン　マイ　アオ　ヤーイ　Tôi muốn may áo dài.

何日かかりますか?　マッ　バオ　ニュウ　ガイ　Mất bao nhiêu ngày?

これは何ですか?
カイ　ナイ　ラー　カイ　ジー　Cái này là cái gì?

あれを見せてください。
チョー　トイ　コイ　カイ　キーア　Cho tôi coi cái kia.

ふたり(4人)席を予約したい。
トイ　ムォン　ダッ　バン　チョー　ハイ　(ボン)　グォイ
Tôi muốn đặt bàn cho hai (bốn) người.

メニューを見せてください。
チョー　トイ　セム　トゥック　ドン
Cho tôi xem thực đơn.

何がおいしいですか？　モン　ナオ　ゴン　Món nào ngon?

チャー・ヨー（揚げ春巻）はありますか？
コー　チャー　ヨー　ホン　Có chả giò không?

ビールをもう1缶（本）ください。
チョー　トイ　テム　モッ　ロン　(チャイ)　ビア
Cho tôi thêm một lon (chai) bia.

おいしい！　ゴン　クア　Ngon quá!

これをください。
チョー　トイ　モン　ナイ
Cho tôi món này.

これは何の料理ですか？
モン　ナイ　ラー　モン　ジー　Món này là món gì?

氷は入れないでください。
ドゥン　チョー　ダー　Đừng cho đá nhé!

お勘定をお願いします。
ティン　ティエン　ニェー
Tính tiền nhé!

Cho tôi thêm một lon bia.

空き部屋はありますか？
オー　デイ　コン　フォン　チョン　ホン
Ở đây còn phòng trống không?

1泊いくらですか？
モッ　デム　バオ　ニュウ　ティエン　Một đêm bao nhiêu tiền?

もっと安い部屋はありますか？
コー　フォン　レー　ホン　ホン
Có phòng rẻ hơn không?

部屋を替えてください。
シン　ドイ　チョー　トイ　フォン　カック
Xin đổi cho tôi phòng khác.

3泊します。
トイ　セー　オー　バー　デム　Tôi sẽ ở ba đêm.

予約していません。
トイ　ホン　ダッ　チュック　Tôi không đặt trước.

チェックアウトは何時ですか？
メイ　ヨー　トイ　ファイ　チャー　フォン
Mấy giờ tôi phải trả phòng?

クーラーが故障しています。
マイ　ラン　ビ　フー　Máy lạnh bị hư.

荷物を預かってください。
シン　ジィウ　ハン　リー　チョー　トイ
Xin giữ hành lý cho tôi.

チェックアウトします。
チョー　トイ　チャー　フォン
Cho tôi trả phòng.

警察(公安)を呼んでください。
バン　ゴイ　ユム　コン　アン　チョー　トイ
Bạn gọi dùm công an cho tôi.

カメラ／サイフを盗まれました。
トイ　ビ　アン　カップ　マイ　ヒン／ヴィー　Tôi bị ăn cắp máy hình／ví.

おなかが痛い。　トイ　ビ　ダウ　ブン　Tôi bị đau bụng.

カゼをひきました。　トイ　ビ　カーム　Tôi bị cảm.

病院へ行きたい。　トイ　ムォン　ディー　ベン　ヴィエン　Tôi muốn đi bệnh viện.

あっちへ行け！　ディー　ディー　Đi đi!

泥棒！　アン　クップ　An cướp!

助けて！　クゥ　トイ　ヴォイ　Cứu tôi với!

パスポートをなくしました。
トイ　ビ　マット　ホ　チウ　ローイ　Tôi bị mất hộ chiếu rồi.

紛失届出受理証明書を書いてください。
シン　ヴィエット　チョー　トイ　ヤイ　チュン　ニャン　マット　ドー
Xin viết cho tôi giấy chứng nhận mất đồ.

1	モッ	một
2	ハイ	hai
3	バー	ba
4	ボン	bốn
5	ナム	năm
6	サウ	sáu
7	バイー	bảy
8	タム	tám
9	チン	chín
10	ムォイ	mười
11	ムォイ　モッ	mười một
12	ムォイ　ハイ	mười hai
19	ムォイ　チン	mười chín
20	ハイ　ムォイ	hai mươi
100	モッチャム	một trăm
1000	モッギン	một nghìn
10000	ムォイギン	mười nghìn

サイズ早見表

町なかで見かけるウエアやシューズは、ベトナム製、韓国製、中国製、タイ製などさまざまで、サイズ表記や基準もバラバラ。ここに記載した表はあくまで目安と考え、買う前には必ず試着してね！

レディスウエア

日本	SS	S	M	L	XL
ベトナム	36	38	40	42	44

メンズウエア

日本	S	M	L	XL
ベトナム	37~38	39~40	41~42	43~44

レディスシューズ

日本	22	22.5	23	23.5	24	24.5
ベトナム (アメリカ表記)	4	5	6	7	8	9
ベトナム (ヨーロッパ表記)	34	35	36	37	38	39

メンズシューズ

日本	24.5	25	25.5	26	26.5
ベトナム (アメリカ表記)	7.5	8	8.5	9	9.5
ベトナム (ヨーロッパ表記)	39	40	41	42	43

ひとめで
わかるね～

お買い物に役立つ単語いろいろ

チェック	カロー		Carô	長い	ヤーイ		Dài	暑い	ノン		Nóng
無地	チョン		Trơn	短い	ガン		Ngắn	寒い	ラン		Lạnh
大きい	ローン		Lớn	多い	ニュウ		Nhiều	赤	マウ	ドー	Màu đỏ
さらに大きい	ローン	ホン	Lớn hơn	少ない	イッ		Ít	白	マウ	チャン	Màu trắng
小さい	ニョー		Nhỏ	高い	マッ		Mắc	黒	マウ	デン	Màu đen
さらに小さい	ニョー	ホン	Nhỏ hơn	安い	レー		Rẻ	青・緑	マウ	サン	Màu xanh
重い	ナン		Nặng	よい	トッ		Tốt	黄	マウ	ヴァン	Màu vàng
軽い	ニェ		Nhẹ	悪い	サウ		Xấu	ピンク	マウ	ホン	Màu hồng

便利なウェブサイト

ベトナム観光総局
URL vietnam.travel/jp

ベトナム航空
URL www.vietnamairlines.com

外務省海外安全ホームページ
URL www.anzen.mofa.go.jp

在ベトナム日本国大使館
URL www.vn.emb-japan.go.jp

在ホーチミン日本国総領事館
URL www.hcmcgj.vn.emb-japan.go.jp

在ダナン日本国総領事館
URL www.danang.vn.emb-japan.go.jp

最新の情報はウェブでチェックしてね

緊急時の連絡先 スグ電話！

警察	113	消防	114

救急 115

在ベトナム日本国大使館（ハノイ）
(024) 3846-3000

在ホーチミン日本国総領事館
(028) 3933-3510

在ダナン日本国総領事館
(0236) 3555-535